dtv junior Lexikon
Ein Lexikon für die Jugend
in zehn Bänden

Nachschlagen, lesen, Zusammenhänge erkennen – das ist der Sinn dieses Lexikons.

Ein paar Hinweise zu seinem Gebrauch:

Die Herausgeber dieses Lexikons haben bewußt auf viele Verweise verzichtet. Der Lesefluß des Textes sollte möglichst nicht unterbrochen werden. Fremdwörter oder schwierige Begriffe, die zur Erklärung eines Stichwortes unvermeidlich waren, sind meist in Klammern gleich eingedeutscht oder verdeutlicht worden. Der Leser wird manch ein Wort, das er nicht richtig versteht oder von dem er noch mehr wissen möchte, nachschlagen wollen. Er sollte das auch dann tun, wenn kein ausdrücklicher Verweis darauf aufmerksam macht. Viele dieser Begriffe und Wörter findet er nämlich unter einem selbständigen Stichwort. Verweise gibt es nur in drei Fällen:
1. wenn die weiterführende Erklärung eines Begriffes unter einem anderen Stichwort zu finden ist,
2. wenn auf die großen zusammenfassenden Sachartikel aufmerksam gemacht wird und
3. wenn auf Abbildungen in den Farbtafeln hingewiesen wird.

Ein Ratschlag für den Anfänger:
Es gibt Begriffsblöcke (z. B. Mono-, Monokultur, Monopol), die in mehreren miteinander verwandten Stichwörtern abgehandelt werden. Diese Stichwörter stehen meist untereinander, da sie mit den gleichen Silben beginnen. Man sollte sie alle lesen, um den gesamten Begriffsbereich zu erfassen.

Zum Schluß noch etwas über die Lautschrift:
Man findet sie in eckigen Klammern hinter dem Stichwort. Sie ist bewußt nur mit den Buchstaben unseres Alphabets ausgestattet. Die phonetischen Zeichen der internationalen Lautschrift sind mit Rücksicht auf die jüngeren Leser weggelassen worden. Dadurch ergibt sich eine vereinfachte Darstellung des Lautbildes.

dtv junior Lexikon
Ein Lexikon für die Jugend

Band 6: Kroatien–Mozarteum

Deutscher
Taschenbuch
Verlag

dtv

Von der Lexikonredaktion des Deutschen Taschenbuch Verlages durchgesehene Fassung des Lexikons ›Domino-Wissen von A–Z‹

Februar 1975
Deutscher Taschenbuch Verlag GmbH & Co. KG, München
© 1970–74 Domino Verlag Günther Brinek GmbH & Co. KG, München
Umschlaggestaltung: Celestino Piatti
Satz: IBV Lichtsatz KG, Berlin
Druck und Bindung: Graph. Werkstätten Kösel, Kempten
Printed in Germany · ISBN 3-423-07176-1

Kroatien ist ein 56 538 Quadratkilometer großer Gliedstaat Jugoslawiens mit etwa viereinhalb Millionen Einwohnern. Zagreb, das früher Agram hieß, ist die Hauptstadt des Landes, Rijeka und Split sind bekannte Hafenstädte. Vor der Adriaküste liegen viele Inseln, von denen Rab, Krk und Pag die beliebtesten Reiseziele sind. Die Haupterwerbszweige bilden der Anbau von Weizen, Mais, Tabak, Obst und Zuckerrüben in Niederkroatien sowie die Viehzucht (Schafe, Ziegen) in Hochkroatien. Neuerdings spielt der Fremdenverkehr eine große Rolle als Devisenbringer. Kroatien hat eine unruhige Geschichte. Einst war es eine römische Provinz, später kam es an Ungarn, große Teile fielen an die Türken, dann gehörte es zur österreichisch-ungarischen Monarchie. 1918 wurde es Bestandteil des Königreichs Jugoslawien, 1945 der Sozialistischen Föderativen Republik Jugoslawien.

Krösus war ein unermeßlich reicher König in Kleinasien. Er lebte um das Jahr 550 v. Chr. Die Redewendung »Er ist ein Krösus« bedeutet, daß jemand sehr reich sei.

Kröten gehören zur Familie der Froschlurche. Die meist plumpen Tiere haben vier kurze, fast gleich lange Beine und eine warzige Haut. Kröten besitzen keine Zähne. Aus einer Drüse über dem Ohr scheiden sie eine giftige, schleimige Flüssigkeit, das Bufotalin, aus. Kröten sind feuchtigkeitsliebende Nachttiere, die mehr an Land leben, wo sie sich kriechend fortbewegen. Sie vertilgen Ungeziefer, vor allem Ackerschnecken. Ihre Eier, den Laich, legen sie in Schnüren im Wasser ab, wo sich die Nachkommen auch entwickeln. Am bekanntesten ist die auch bei uns heimische etwa zwölf Zentimeter große dunkle Erdkröte. Die graue,

Erdkröte

grüngefleckte Wechselkröte kann ihre Farbe ändern. Die südamerikanische Riesenkröte oder Aga wird sogar über 20 Zentimeter lang. Im Volksmund werden auch andere Froschlurcharten wie z. B. Krötenfrösche, Geburtshelferkröten, Knoblauchskröten als Kröten bezeichnet. (Siehe auch Stichwort »Frösche«.)

Krokodile sind Kriechtiere (Reptilien), die zu den Panzerechsen gehören. Sie leben vorwiegend in Süßwasser. Schon ihr Aussehen, ihre urtümliche Panzerung und ihr zähnestarrender Rachen kennzeichnen sie als Urweltwesen. Krokodile hat es bereits zur Zeit der Saurier gegeben. Im Erdmittelalter (Mesozoikum) fanden sie im überwiegend tropischen Klima hervorragende Lebensbedingungen. Es entwickelte sich eine große Zahl von Arten, von

Krok

Nilkrokodile: Unbeweglich liegen die Reptilien an den Ufern in der Sonne.

denen sich etwa 20 in unsere Zeit hinübergerettet haben. Die Zoologen unterscheiden neben den Krokodilen als weitere Panzerechsen Alligator, Kaiman und Gavial. Das Nilkrokodil ist das bekannteste Krokodil. In Indien lebt das Sumpfkrokodil. Das Leistenkrokodil bewohnt Brack- und Meereswasser. In amerikanischen Gewässern haust das langschnauzige Spitzkrokodil.

Der eigentliche Lebensraum der Krokodile ist das Wasser. An Land sind sie unbeholfen, wenn sie auch über kurze Strecken recht schnell laufen können. Sie sind Meister im Schwimmen und Tauchen, vor allem aber in der Tarnung. Wie ein treibender Baumstamm liegt das Krokodil im Wasser. Nur die beiden Nasenlöcher ragen heraus, nicht ein Kräuseln an der Oberfläche verrät dem Tier an der Tränke sein Vorhandensein. Mit einem einzigen peitschenden Schlag seines muskulösen Ruderschwanzes schießt das Krokodil heran, das Beutetier wird gepackt, ins tiefe Wasser gezogen und ertränkt. Ein Krokodil vermag seine Beute nicht mit den Zähnen zu zerkleinern. Es kann nur Fetzen aus dem Tier herausreißen und hinunterschlingen. Seine Zähne, die bis ins hohe Alter hinein immer wieder von neuem nachwachsen, taugen nur zum Packen und Festhalten des Beutetiers.

Alle Krokodile legen hartschalige Eier, etwa in der Größe von Gänseeiern, und treiben Brutpflege. Das Nilkrokodil legt seine 30 bis 50 Eier in eine flache Grube, die es nach der Eiablage mit Sand bedeckt. In der Nähe hält das weibliche Krokodil dann Wache über sein Gelege. Die Sonne brütet die Eier aus. Die ausschlüpfenden Jungen geben einen Pfeifton ab. Auf dieses Zeichen hin gräbt das Muttertier die Grube auf, um den schlüpfenden Jungen den Weg zum Wasser zu ebnen.

Ein Krokodil wächst zuerst rasch, dann immer langsamer. Es wird in Freiheit etwa 6,50 m lang und hat dann ein Gewicht von 25 Zentnern. Krokodile erreichen ein hohes Lebensalter, doch dürften Angaben, die von mehreren hundert Jahren sprechen, maßlos übertrieben sein.

Die Häute der Krokodile werden zu wertvollen Lederartikeln verarbeitet. Deshalb wurde auf viele Arten der Panzerechsen rücksichtslos Jagd gemacht. In Amerika werden Krokodile sogar in Farmen gezüchtet.

Krokodilwächter nennt man sandfarbene, schwarz-, weiß- und graugefiederte Regenpfeifervögel. Sie leben in Nordostafrika und picken den Krokodilen Ungeziefer aus der Haut und vom Zahnfleisch.

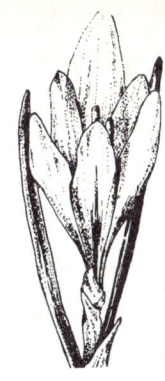

Der Frühlingskrokus erblüht in den Alpen gleich nach der Schneeschmelze.

Krokus heißt ein Schwertliliengewächs. Die Pflanze hat grasähnliche Blätter, eine zwiebelartige Knolle und eine Blüte mit sechs weißen, gelben oder violetten Blütenblättern. Der aus dem Mittelmeergebiet stammende Krokus blüht schon im Vorfrühling auf feuchten Wiesen. Aus dem im Herbst blühenden violetten Safrankrokus gewinnt man den Safran, der in früherer Zeit gern zum Würzen von Speisen und zum Gelbfärben von Backwaren verwendet wurde.

Krone ist ein Wort mit vielen Bedeutungen. Man nennt z. B. den meist mit wertvollen Steinen verzierten Kopfschmuck eines Herrschers Krone; sie ist das Sinnbild seiner Macht und Würde. Auch den hohen Wipfel eines Baums bezeichnet man so. Krone wird auch die Währungseinheit in Dänemark, Norwegen, Schweden, Island und in der Tschechoslowakei genannt.

Krüger-Nationalpark heißt ein 19 000 Quadratkilometer umfassendes Naturschutzgebiet und Wildreservat in der südafrikanischen Provinz Transvaal. Er wurde im Jahre 1898 von dem südafrikanischen Präsidenten »Oom« Krüger gegründet.

Kruzifix nennt man die Darstellung des ans Kreuz geschlagenen Christus.

Kuala Lumpur liegt auf der Halbinsel Malakka und ist mit 451 000 Einwohnern die Hauptstadt Malaysias. Die moderne Universitätsstadt ist durch ergiebige Zinnbergwerke und große Kautschukplantagen in ihrer Umgebung ein bedeutender Handelsplatz geworden.

Kuba, die größte Insel der Großen Antillen, ist unter dem Stichwort »Cuba« beschrieben.

Kuban [kubáhn] heißt ein rund 900 Kilometer langer nordkaukasischer Fluß. Er entspringt in den Gletschern des Elbrus und teilt sich kurz vor seiner Mündung. Der eine Arm fließt ins Schwarze, der andere ins Asowsche Meer.

Kubikmeter, abgekürzt cbm oder m^3, ist eine räumliche Größe. Ein

In der Forstwirtschaft wird das Holz nach Festmetern berechnet. Ein Festmeter ist ein Kubikmeter Holzmasse ohne Zwischenräume.

Kubi

Kubikmeter ist das Raummaß eines Würfels von je 1 m Länge, Breite und Höhe. Die Zeichen für Kubikzentimeter sind ccm oder cm^3, für Kubikmillimeter cmm oder mm^3.

Kubismus nennt man eine um 1908 begründete Richtung der Malerei. Kubistische Bilder geben die Dinge nicht in ihren natürlichen Formen, sondern auf geometrische Formen (Kreis, Würfel, Zylinder, Kegel, Kugel) zurückgeführt wieder. Die wichtigsten Vertreter des Kubismus sind Picasso, Braque, Gris, Feininger sowie die Maler der Münchener Künstlergemeinschaft »Blauer Reiter«.

Kubus ist das lateinische Wort für Würfel, einen von sechs Quadraten begrenzten Körper.

Kuckucke heißt eine Vogelfamilie mit etwa 120 verschiedenen Arten, die über die ganze Welt verbreitet ist. Bei uns gibt es als einzigen Vertreter dieser Vogelart nur den Gemeinen Kuckuck. Er ist scheu, lebt auf Bäumen und ernährt sich von behaarten Raupen und anderen Insekten. Im Herbst zieht er in wärmere Länder, um Ende April wieder zurückzukehren. Er besitzt einen langen, schmalen Schnabel, einen langen Schwanz und Kletterfüße. Unser einheimischer Kuckuck gehört zu den Brut-Schmarotzern. Das Weibchen verteilt seine 8 bis 15 Eier in die Nester fremder Singvögel. Die Wirtseltern erkennen das Kuckucksei meist nicht und brüten es mit ihren eigenen Eiern aus. Nach zwölfeinhalb Tagen schlüpft dann ein junger Kuckuck aus dem Ei.

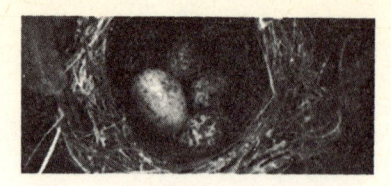

In dieses Nest hat ein Kuckuck den angehenden Vogeleltern sein Ei gelegt. In Zeichnung und Farbe ist es den übrigen Eiern täuschend angepaßt, nur durch seine Größe läßt es sich erkennen.

Schon sehr bald braucht er den ganzen Platz, und er wirft die Eier oder die Jungen seiner Pflegeeltern einfach aus dem Nest. Andere Kuckucksarten, z. B. die amerikanischen Regenkuckucke, sind Selbstbrüter. In vielen Kinderliedern, Sprichwörtern und Sagen kommt der Kuckuck vor, und der Kuckucksruf spielt im Volksglauben eine gewisse Rolle.

Kuckucksblume heißen verschiedene Knabenkrautgewächse, auch die Sumpfdotterblumen und die Waldhyazinthen.

Kuckucksei nennt man etwas, das jemandem einfach untergeschoben wird und das sich als etwas Unangenehmes entpuppt. Das kann ein zweifelhaftes Geschenk oder eine unangenehme Aufgabe sein. Der Ausdruck spielt darauf an, daß der Kuckuck seine Eier zum Ausbrüten in fremde Nester legt.

Kühlanlagen ermöglichen es, leichtverderbliche Lebensmittel vorübergehend frisch zu erhalten oder tiefgefroren langfristig aufzubewahren. Schlachthäuser, Molkereien, Metzgereien, Eisfabriken, Hotels, Gaststätten und Kantinen brauchen große Kühlanlagen mit durch Strom oder Gas betriebenen Kältemaschinen. Auch Transporter, Lastkraftwagen, Schiffe u. a., die verderbliche oder tiefgekühlte Ware befördern, sind mit Kühlanlagen ausgestattet. Im Haushalt, in Lebensmittel- und Milchgeschäften werden Kühlschränke und Gefriertruhen verwendet.

Schema eines Kompressor-Kühlschranks:

1 *Kompressor (Kolbenpumpe) verdichtet (komprimiert) das Kühlmittel*
2 *Dampfförmiges Kältemittel*
3 *Flüssiges Kältemittel*
4 *Verdampfer*
5 *Verflüssiger (mit Kühlrippen)*

Kühlschrank oder Eisschrank ist ein doppelwandiges Haushaltsgerät. Durch die eingebaute, meist elektrische, aber auch mitunter durch Gas betriebene Kältemaschine werden Lebensmittel frisch und Getränke kühl gehalten.

So erzeugt der Kühlschrank Kälte: In einem geschlossenen Kreislauf werden die Kältemittel befördert. Einem physikalischen Gesetz entsprechend erwärmen sich Flüssigkeiten sowie Gase beim Verdichten (Komprimieren) und kühlen sich ab, wenn sie verdampfen. Die Kältemittel sind also Flüssigkeiten, die sich leicht vom gasförmigen Zustand in den flüssigen und umgekehrt verwandeln lassen. Dabei nehmen sie gewisse Wärmeeinheiten auf oder geben sie ab.

Kühlung ist für jeden Verbrennungsmotor nötig, damit sich der Motor und die Schmierstoffe nicht überhitzen. Es gibt Luftkühlung und Wasserkühlung. Bei Wasserkühlung wird das vom Motor erwärmte Kühlwasser im sogenannten Kühler durch Fahrtwind und einen Ventilator wieder abgekühlt.

Kümmel ist eine Gewürzpflanze aus der Familie der Doldenblütler. Er wird angebaut. Seine Früchte würzen Brot, Salzgebäck, Käse und viele Speisen.

Künstliche Atmung kann Menschen vor dem Erstickungstod retten. Sie wird z. B. angewandt bei Arzneimittelvergiftung, spinaler Kinderlähmung, nach elektrischen Unfällen und bei Ertrunkenen. Es ist der Versuch, die Tätigkeit der Lungen wieder in Betrieb zu setzen oder zu verstärken. Man unterscheidet zwei Methoden: die Mund-zu-Mund-Beatmung sowie das Hervorrufen von Ein- und Ausatmungsbewegungen des Brustkorbs. Bei der Atemspende bläst der Helfer dem Verunglückten

Küns

Luft in den Mund oder in die Nase. Durch regelmäßige Pausen muß er dafür sorgen, daß die Luft wieder entweichen kann. Bei der zweiten Methode setzt der Helfer die Arbeit der Lungen durch Hochziehen (Einatmen) und Herunterdrücken (Ausatmen) der Arme des Verunglückten wieder in Gang. Ein automatisch arbeitendes Gerät für künstliche Atmung ist die »Eiserne Lunge«, die unter diesem Stichwort beschrieben ist.

Künstliche Nieren übernehmen die Arbeit der menschlichen Nieren, wenn diese ausgefallen sind. Es handelt sich dabei um komplizierte Apparate, an die der Mensch über Schläuche angeschlossen wird. Künstliche Nieren reinigen das Blut und retten den Kranken vor dem Tod. (Siehe auch Farbtafel »Ersatzteile des Menschen«, Band 2)

Künstliches Herz oder Herz-Lunge-Maschine heißt ein medizinisches Gerät, ohne das Herzoperationen nicht durchgeführt werden könnten. Während der Operation übernimmt das Gerät die Tätigkeit von Herz und Lunge, die stillgelegt sind. Statt des Herzens hält eine Pumpe den Blutkreislauf in Gang. Anstelle der Lunge entzieht ein Apparat dem Blut die Kohlensäure und versorgt es mit Sauerstoff.

Kürbis, eine meist rankende Pflanze, besitzt gelappte Blätter, glockenförmige gelbe Blüten und große, fleischige, samenreiche Früchte. Die Pflanze gedeiht vor allem in wärmeren Ländern. Ihre gelben, weißen oder grünen Früchte werden als

Kalebassen sind Gefäße, die aus Flaschenkürbissen hergestellt werden.

Viehfutter, Gemüse und Kompott verwendet. Die Früchte des Riesen- oder Zentnerkürbisses werden so groß wie ein Faß und wiegen bis zu 100 Kilogramm. Zierkürbisse werden wegen ihrer lustigen Formen gezogen. Aus Flaschenkürbissen stellt man, hauptsächlich in Mittel- und Südamerika, oft reichverzierte Flaschen, die sogenannten Kalebassen, her. Der tropische Schwammkürbis liefert den Luffaschwamm, der, härter als normale Schwämme, die Haut beim Waschen und Baden angenehm massiert.

Kürübungen, auch Kür genannt, stellen die Teilnehmer an einem sportlichen Wettkampf nach eigenem Ermessen und Können zusammen. Sie müssen sich allerdings im Rahmen der vorgeschriebenen Wettkampfbedingungen halten. Die in ausgewogener Form zusammengestellten Einzelübungen sollen mit flüssigen Übergängen dargeboten werden. Der Schwierigkeitsgrad und die Ausführung einer Kür werden von Schiedsrichtern nach Punkten bewertet. Den Gegensatz zu den Kürübungen bilden die Pflichtübungen, kurz Pflicht genannt. Sie sind genau vorgeschrieben und müssen von allen Teilnehmern ausgeführt werden. Kürübungen gibt es beim Eiskunstlauf, Rollschuhlauf, Bodenturnen, Geräteturnen und Wasserspringen.

Die Bewertung einer Kür treffen die Schiedsrichter. Sie zeigen durch Hochheben von Täfelchen ihre Benotung. Bei großen Wettkämpfen werden die Noten neuerdings elektronisch angezeigt.

Küste nennt man festes Land, das sich vom Meer abhebt. Sie stellt die Berührungslinie zwischen Land und Meer dar. Flachküsten sinken mit Dünen, Lagunen und Nehrungen langsam ins Meer ab, während Steilküsten mit Felsen, Kliffen und Klippen schroff aufragen. Die Meeresbrandung, Ebbe und Flut, Ablagerungen aus den ins Meer mündenden Flüssen und aus dem Meer selbst tragen dazu bei, daß sich die Küstenlinien ständig verändern.

Küstenschiffahrt wird im Küstenbereich mit kleineren Schiffen betrieben. Sie steht im Gegensatz zur Seeschiffahrt, die über Meere führt, und zur Binnenschiffahrt auf Flüssen, Kanälen, Seen und Haffs.

Kufstein liegt am Inn im österreichischen Bundesland Tirol nahe der bayerischen Grenze. Seine 12 800 Einwohner leben vom Fremdenverkehr sowie von der Maschinen- und Keramikindustrie. Von Kufstein aus kann man ins Kaisergebirge wandern.

Kugel nennt man einen Körper mit einer gleichmäßig gekrümmten, in sich geschlossenen Oberfläche, auf der jeder Punkt gleich weit vom Kugelmittelpunkt entfernt ist. Diesen Abstand nennt man Radius oder Halbmesser. Runde Körper, wie z. B. auch die Erde, werden allgemein als Kugeln bezeichnet. Auch die früher kugelförmigen Geschosse von Gewehren und Kanonen heißen Kugeln, ebenfalls die beim Kugelstoßen verwendeten Geräte.

Kugelblitz ist eine grelleuchtende, kugelförmige Lichterscheinung, mit der sich ein Blitz entladen kann. Die Entstehung dieser äußerst seltenen Erscheinung ist nicht geklärt. Sie konnte bisher nie fotografiert werden. Augenzeugen berichten, daß ein kleiner Feuerball durchs Zimmer schwebte und sekundenlang an metallischen Gegenständen haftenblieb.

Kugellager werden dort eingebaut, wo einem sich drehenden Teil, der Achse, innerhalb eines festen Teils, des Achslagers, ein leichter Lauf ermöglicht werden soll. Ein Kranz sehr genau gearbeiteter, dazwischengesetzter Kugeln vermindert die Reibung. Kugellager werden für Maschinen, Autos, Fahr- und Motorräder gebraucht.

Kugelschreiber sind Schreibgeräte, deren Schreibspitze aus einer etwa einen Millimeter dicken Kugel besteht, die sich am Ende eines mit farbiger Schreibpaste gefüllten Röhrchens befindet.

Kugelstoßen ist eine leichtathletische Übung. Bei dieser Sportart müssen aus einem Kreis mit 2,13 m Durchmesser die Männer eine 7,25 kg und die Frauen eine 4 kg schwere Eisenkugel möglichst weit stoßen.

Ku-Klux-Klan [kjúhklakßklän] ist der Name eines politischen Geheimbundes in den USA, der nach dem amerikanischen Bürgerkrieg 1861/65 in den Südstaaten gegründet wurde. Er kämpfte vergeblich mit Terror und Lynchjustiz gegen die Rechte, die den Negern nach deren Befreiung eingeräumt worden waren. Außerdem richtete er sich auch

»Milch stammt von glücklichen Kühen«, behauptet ein Werbespruch. – Wissenschaftlern ist es gelungen, eine Maschine zu konstruieren, die genau wie die Kuh aus »eingefütterten« Pflanzen die Nährstoffe herauszieht und Kunstmilch erzeugt.
Die künstliche Kuh auf unserem Bild ist natürlich ein Phantasietier aus Blech. Diese Milchmaschine steht nicht auf der Weide. Sie braucht kein hochwertiges Futtergras, sondern begnügt sich für die Herstellung von Kunstmilch mit minderwertigen Pflanzen. Fett und Vitamine werden künstlich zugesetzt. »Die Kunstmilch wird tiefgreifende Auswirkungen haben, nicht nur für Länder wie Indien, sondern darüber hinaus für die ganze Welt«, sagte dazu ein Sprecher der UNO. Sechs Millionen Milchkühe werden jetzt in der Bundesrepublik Deutschland gehalten. Werden sie eines Tages durch die »künstlichen Kühe« abgelöst sein?

Kuh wird das weibliche Rind nach dem ersten Kalben genannt. Auch das Muttertier bei Büffel, Hirsch, Elefant, Nashorn, Flußpferd und Elch wird so bezeichnet.

Kuhantilopen heißen zur Ordnung der Paarhufer gehörende Antilopen, die Ähnlichkeit mit Kühen haben. Sie leben in Afrika. Kuhantilopen besitzen starke Hörner und einen Quastenschwanz.

gegen Juden, Katholiken und Ausländer. Zeitweise hatte er politischen Einfluß, nach der Auflösung der Geheimbündelei ging er jedoch 1869 stark zurück. Nach 1960 trat er mit rassistisch-rechtsradikaler Zielsetzung wieder auf. Die Mitglieder des Ku-Klux-Klan tragen bei ihren Zusammenkünften besondere Tracht.

Kuli ist in China, Japan, Indien und Malaysia ein Taglöhner, der als Lastenträger und billigste Arbeitskraft eingesetzt wird. In Südamerika und Westindien arbeiten Kulis auch in Pflanzungen. Im weiteren Sinne meint man mit Kuli einen ausgebeuteten Schwerarbeiter.

Kulissen sind Teile des Bühnenbilds. Meist bestehen sie aus Holzrahmen, die mit bemalter Leinwand überzogen sind. Sie bilden, hintereinander aufgestellt oder aufgehängt, den seitlichen Abschluß einer Bühne.

Kultivieren bedeutet, einen Boden nutzbar oder urbar machen. Urwaldboden wird, um Raum für Plantagen zu erhalten, kultiviert. Man kann auch eine Lebensart kultivieren, d. h. diese verfeinern.

Kultur kommt aus dem Lateinischen und bedeutet ursprünglich Ackerbau. Unter Kultur faßt man alle Tätigkeiten und Leistungen zusammen, durch die der Mensch seine Umwelt und auch sich selbst gestaltet und veredelt. Zur Kultur gehören Religion und Kunst ebenso wie die Architektur, die Mode oder die Formen des sozialen Zusammenlebens.

Die Entwicklungsgeschichte des Menschen ist demnach auch die Geschichte seiner Kultur. Bereits die Herstellung von einfachen Geräten, die Nutzung des Feuers, die Erfindung des Rades und schließlich die Bewirtschaftung von Ackerland sind ebenso kulturelle Leistungen wie die Felsbilder der Eiszeitmenschen. Die Funde aus der menschlichen Frühzeit (Altsteinzeit, Jungsteinzeit, Bronzezeit, Eisenzeit) geben beredte Auskunft über die Kulturleistungen der vorgeschichtlichen Menschen.

Die ersten Hochkulturen tauchten im 4. Jahrtausend v. Chr. im Niltal (Ägypten) und im Zweistromland (Mesopotamien) auf (Babylonier). Im 2. Jahrtausend v. Chr. gewann die ägyptische Kultur bestimmenden Einfluß auf Vorderasien und auf den Mittelmeerraum; in Kleinasien entstand das Reich der Hethiter. Die Insel Kreta im Mittelmeer erblühte im 3. und 2. Jahrtausend zu einem Mittelpunkt der sogenannten mittelmeerischen Kultur. Unabhängig davon entstanden auch im Fernen Osten die chinesischen und indischen Hochkulturen. Im 2. vorchristlichen Jahrtausend begann sich in Griechenland nach der Einwanderung nordischer Völkergruppen unter dem Einfluß Kretas die frühgriechische Kultur zu entwickeln; sie erreichte ihren Höhepunkt im 5. und 4. Jahrhundert v. Chr. als »klassische Antike«. Die Elemente der griechischen Kultur verschmolzen nach dem Zusammenbruch Griechenlands mit der römischen Kultur und den Wertvorstellungen des Christentums zur christlich-abendländischen Kultur; diese christlich-abendländische Kultur prägt den Geist Europas und gewann weltweiten Einfluß. Durch den technischen Fortschritt, der im 19. Jahrhundert einsetzte und der im 20. Jahrhundert unser Leben beherrscht, bahnt sich eine neue Kulturentwicklung an, die man das »technische Zeitalter« nennt.

Kult

Kulturpflanzen sind Nutzpflanzen, die durch planmäßigen Anbau und ständige Pflege aus wilden Arten entstanden sind. Dazu gehören vor allem Nahrungspflanzen (Getreide, Obst, Gemüse), Gewürzpflanzen, Industriepflanzen (z. B. Kautschuk, Kork) und Arzneipflanzen.

Kultursteppe nennt man eine Landschaft, bei der durch Abholzen von Wäldern der ursprüngliche Pflanzenwuchs und Tierbestand fast ganz verschwand und durch Steppen- bzw. Kulturpflanzen ersetzt wurde.

Kultursteppe in Jugoslawien

So waren z. B. weite Teile des südlichen Jugoslawiens einst von Wäldern bewachsen. Sie wurden seit der Römerzeit zur Gewinnung von Nutzholz (insbesondere für den Schiffsbau) so lange gerodet, bis auch der letzte Baum gefallen war. Die Landschaft hatte ihr Gesicht verändert. Heute hat jeder, der an die Küstenlandschaften Jugoslawiens und Griechenlands denkt, nur noch ein verkarstetes Gebiet vor Augen: Der Mensch machte eine einst schöne Landschaft zur Kultursteppe.

Kultusministerium heißt die oberste staatliche Behörde zur Pflege des Bildungs- und Erziehungswesens, der Künste und der Wissenschaften. In der Bundesrepublik Deutschland liegt die Kulturhoheit bei den Ländern. Das heißt, die einzelnen Bundesstaaten treiben eine selbständige Kulturpolitik.

Kunst umfaßt die bildenden Künste (Architektur, Plastik Malerei, Graphik) sowie die musischen Künste (Musik, Dichtung, Theater, Tanz). Kunstwerke werden von Menschen mit schöpferischer Begabung geschaffen. Sie stehen im Gegensatz zur selbstgewachsenen Natur und zum technisch nachschaffenden Handwerk. Das Kunsthandwerk ist eine Mischform, bei der Phantasie und Handfertigkeit zusammentreffen müssen.

Kunstdruckpapier ist einseitig oder beiderseitig mit einer besonders behandelten Oberfläche versehen. Das glatte mattweiße Papier ermöglicht einen feinen und genauen einfarbigen oder mehrfarbigen Bilddruck.

Kunstdünger, auch Handelsdünger genannt, soll den gleichen Zweck erfüllen wie natürlicher Dünger (Stallmist, Jauche, Kompost, Gründüngung). Er soll die Fruchtbarkeit des Bodens erhalten und erhöhen. Mit künstlichem Dünger werden Äckern und Wiesen wichtige Nährstoffe, vor allem Stickstoff, Phosphor, Kali und Kalk, zugeführt.

Kunsthandwerk und Kunstgewerbe gehören zur angewandten Kunst. Ein Kunsthandwerker stellt künstlerisch gestaltete Gebrauchsgegenstände und Schmuck her. Gehen seine Entwürfe in die industrielle Serienerzeugung, so heißen sie Industrieform. Das verwendete Material ist sehr vielfältig: Gold, Silber, Kupfer, Messing, Eisen, Holz, Elfenbein, Edel- und Halbedelsteine, Email, Ton, Porzellan, Glas, Textilfasern u. a. Als Techniken werden angewendet: Schmieden, Schnitzen, Hämmern, Brennen, Bemalen, Blasen, Knüpfen, Weben, Töpfern u. a.

Kunsthochschulen oder Kunstakademien heißen Hochschulen, die junge Menschen zu Künstlern und Kunsterziehern ausbilden. Lehrfächer sind Malerei, Graphik, Bildhauerei und Kunsthandwerk. Studieren kann dort jeder, der über eine ausreichende künstlerische Begabung verfügt. Wer Kunsterzieher an einem Gymnasium werden will, braucht außerdem das Abitur.

Kunststoffe haben wertvolle technische Eigenschaften, die von Naturstoffen oft nicht erreicht werden. Kunststoffe werden auf chemischem oder organisch-chemischem Wege hergestellt. Neu aufgebaute Stoffe nennt man synthetische Stoffe. Kunststoffe gibt es etwa seit Beginn des 20. Jahrhunderts, aus ihnen werden Textilien, Kunstleder, Fußbodenbeläge, Kunstborsten, Haushaltsgegenstände, Klebstoff, Isoliermittel, Schutzbrillen, Uhrgläser, Folien, Verpackungsmaterial, Schallplatten usw. hergestellt. Da viele Kunststoffe jedoch nicht verrotten, gibt deren Beseitigung nach Gebrauch große Probleme auf.

Kupfer hat das chemische Zeichen Cu. Es ist ein glänzendes, an Schnittflächen hellrotes, verhältnismäßig weiches, dehnbares, aber doch zähes Metall.

In der Natur kommt Kupfer sowohl rein in Form von Kristallen, Platten und Klumpen als auch in Erzen, wie Kupferkies, Kupferglanz, Buntkupfererz, Rotkupfererz und Malachit, vor. Die größten Kupferlager der Erde befinden sich in Chile, den USA und Sambia. Kupfer ist nach Silber der beste Leiter für Wärme und elektrischen Strom. Daher werden Kupferdrähte und Kupferröhren viel in der Elektroindustrie verwendet. Kupferblech nimmt man zum Dachdecken, für Kühlgeräte, Pfannen, Braukessel, Dichtungsringe und vieles andere mehr. Wichtig sind auch die Kupferlegierungen. Kupfer und Zink ergibt Messing, aus Kupfer und Zinn entsteht Bronze.

Kupferstich ist ein Verfahren, das zu den graphischen Künsten gehört. In eine glatte Kupferplatte wird eine Zeichnung seitenverkehrt eingeritzt, dann wird die Platte mit Druckerschwärze eingerieben und auf angefeuchtetes Papier gedrückt. Den fertigen Druckabzug bezeichnet man ebenfalls als Kupferstich.

Kuppel heißt eine meist halbkugelförmige Wölbung über einem runden, viereckigen oder vieleckigen Gebäude. Schon in frühen Zeiten wurden Bauten mit ringförmig verlegten, übereinander vorragenden Steinschichten überwölbt, wie z. B. die berühmten Kuppelgräber von Mykene.

(Siehe Abb. Seite 16)

Kupp

Diese von Michelangelo erbaute Kuppel des Petersdoms in Rom war zu ihrer Zeit eine architektonische Sensation.

Kupplung nennt man eine lösbare Verbindung zwischen einer Antriebsmaschine und einem von dieser in Bewegung gesetzten Teil. Eine Kupplung befindet sich z. B. im Auto zwischen Motor und Getriebe. Tritt der Fahrer auf das Kupplungspedal, wird die Kraftübertragung vorübergehend unterbrochen. Ein anderer Gang kann dann eingelegt werden.

Kurare (Curare) ist ein Pfeilgift, das die Eingeborenen Südamerikas aus der Rinde der Strychnosbäume gewinnen. Es hat die Eigenschaft, Muskeln zu lähmen. In der Medizin wendet man es deshalb bei Operationen an, um die Muskeln zum Erschlaffen zu bringen.

Kurbelwelle wird eine meist aus Stahl angefertigte Stange genannt, die im Automotor die Kraft der Kolben aufnimmt und sie auf das Getriebe überträgt.

Kurdistan heißt eine vorderasiatische Landschaft zwischen dem Armenischen Hochland, dem Euphrat und dem Zagrosgebirge. Politisch ist das etwa 10 000 qkm umfassende, hauptsächlich von Kurden bewohnte Gebiet zwischen der Türkei, dem Irak und dem Iran aufgeteilt. 1923–37 wurden mehrere Aufstände der Kurden niedergeschlagen. Seit 1958 kämpften die Kurden im Irak um mehr Rechte, die ihnen 1966 von der irakischen Regierung auch zugestanden wurden. Die Unterdrückung der Kurden scheint aber doch noch nicht aufgehört zu haben.

Kurfürsten hatten im Deutschen Reich von 1257 bis 1806 das alleinige Recht, den deutschen König zu wählen. 1356 bestätigte Kaiser Karl IV. in der Goldenen Bulle ihre mit vielen Vorrechten ausgestattete Stellung. Ursprünglich gab es sieben Kurfürsten, und zwar drei geistliche (Erzbischöfe von Mainz, Trier und Köln), und vier weltliche (Brandenburg, Pfalz, Sachsen und Böhmen). Später kam als achter Kurfürst der von Bayern und als neunter der von Hannover dazu. Nach 1806 wurde das Wahlrecht nicht mehr ausgeübt.

Kurie nennt man die zentrale päpstliche Verwaltungsbehörde sowie den päpstlichen Hof in Rom. Die geistlichen und weltlichen Beamten der Kurie heißen Kurialen.

Kurier wird ein Eilbote oder ein Überbringer wichtiger, geheimer Nachrichten genannt. Viele Zeitungen nennen sich ebenfalls »Kurier«.

Kurilen heißt eine über 1200 km lange Inselkette zwischen der Südspitze Kamtschatkas und Hokkaido, der nördlichsten Insel Japans. Zu den Kurilen gehören 32 teilweise bewohnte, kaum bewaldete Inseln mit vulkanischem Charakter, die das Ochotskische Meer vom Stillen Ozean trennen. Die Bewohner der an Kälte und Nebel reichen Inseln leben vom Fisch- und Pelztierfang. Seit 1875 gehörten die Kurilen zu Japan, 1945 gingen sie in sowjetischen Besitz über.

Kurisches Haff ist eine Meeresbucht im Gebiet der Memelmündung. Das nur bis 10 m tiefe Wasser ist durch die 98 km lange, sehr schmale Kurische Nehrung fast ganz von der Ostsee abgetrennt. Nur das Memeler Tief gibt den Wasserweg zur Ostsee frei. Auf der Kurischen Nehrung sind die Wanderdünen 70 bis 80 m hoch. Die Landzunge ist reich an Vögeln.

Kurs, ein Wort mit vielen Bedeutungen, bezeichnet einen Lehrgang (Fremdsprachenkurs), die Fahrtrichtung eines Schiffs oder die Flugrichtung eines Flugzeugs (Kurs auf Helgoland), den Verkehrsplan von Eisenbahnzügen, Autobussen und Schiffen (Kursbuch), den Preis der an der Börse gehandelten Wertpapiere (Aktienkurs) sowie den Wert ausländischer Währungen (Devisenkurs).

Kurzarbeit wird in einem Betrieb dann ausgerufen, wenn nur ein Teil der Arbeiter voll beschäftigt werden könnte. Um Entlassungen zu vermeiden, einigen sich dann Arbeitgeber und Arbeitnehmer auf eine Verkürzung der Arbeitszeit. Meist ist sie mit einer Kürzung des Arbeitslohns verbunden. Die Gründe für Kurzarbeit können Mangel an Aufträgen oder an Material sein.

Kurzflügler heißt eine Käferfamilie, deren Deckflügel den Hinterleib überhaupt nicht oder nur zum Teil bedecken. Die Kurzflügler halten sich unter Baumrinden, im Moos, Mist oder Moder auf. Der mit goldenen Streifen gezeichnete Moderkäfer gehört zu ihnen.

Kurzgeschichte nennt man eine kleine Erzählung, die eine Begebenheit aus dem Alltag knapp und spannend berichtet. Der Höhepunkt liegt meist im Schluß. Kurzgeschichten werden vor allem in Zeitungen und Zeitschriften veröffentlicht.

Kurzschluß entsteht, wenn sich die beiden stromführenden Drähte eines Kabels, das zu einem eingeschalteten elektrischen Gerät führt, infolge schadhafter Isolierung berühren. Ein Kurzschluß kann auch erfolgen, wenn durch gleichzeitiges Einschalten mehrerer elektrischer Geräte eine Überlastung der Leitung eintritt. Bei Kurzschluß entsteht ein sehr starker Strom, der die Kabel zum Glühen bringen und zu Bränden führen kann.

Solche Brände dürfen niemals mit Wasser gelöscht werden. Kurzschlüsse werden durch eine am Anfang eines Stromkreises eingebaute Sicherung verhindert, die den Stromkreis gegebenenfalls sofort unterbricht.

Kurzschrift (Stenographie) ermöglicht es, einen Text ebenso schnell mitzuschreiben, wie er gesprochen wird. Sie besteht aus einfachen Zeichen und einer flüssigen Linienfüh-

Kurz

rung. Silben, Wörter, sogar Wortgruppen werden durch Abkürzungen, genannt Kürzel oder Sigel, zusammengefaßt. Beim Aufnehmen von Diktaten sowie beim Mitschreiben von Reden und Vorträgen ist die Kurzschrift unentbehrlich. Ein guter Stenograph schreibt 200 bis 250 Silben in der Minute.

Kurzsichtigkeit beruht auf einem Brechungsfehler des Auges. Die parallel einfallenden Lichtstrahlen, die von der Linse gebrochen wurden, vereinigen sich in diesem Falle bereits vor der Netzhaut, so daß auf ihr ein unscharfes Abbild entsteht. Der Fehler kann durch eine zu große Länge des Augapfels (das heißt, der Abstand zwischen Hornhaut und Netzhautebene ist zu groß) oder durch eine falsch gewölbte Linse hervorgerufen werden. Ein Kurzsichtiger nimmt also entferntere Gegenstände nur verschwommen wahr, während er nahe gelegene meist gut sieht. Eine Brille mit Konkavgläsern kann ihm helfen.

Kurzstreckenlauf, eine sportliche Disziplin (Sportart) der Leichtathletik, umfaßt Läufe über Strecken bis zu 400 m.

Kurzwellen sind elektromagnetische Wellen. Mit ihnen lassen sich in der Funktechnik sehr große Entfernungen überbrücken. Daher werden sie vor allem im Überseefunk verwendet. Sie sind außerdem gegen Störungen weit weniger anfällig als Mittel- oder Langwellen. (Siehe auch Stichwort »Ionosphäre«)

In der Heilkunde werden Kurzwellen zur Behandlung angewendet.

Kusnezker Kohlenbecken, kurz Kusbas genannt, ist ein westsibirisches Bergbaugebiet, das im Süden vom Großen Altai und im Norden von der Transsibirischen Eisenbahn begrenzt wird. Das Kusnezker Kohlenbecken ist das größte Kohlenrevier der Sowjetunion mit einer bedeutenden Schwerindustrie.

Kutte heißt ein knöchellanges, weites gegürtetes Kapuzengewand mit langen Ärmeln, wie es die Mönche tragen.

Kutter werden in der Küstenschiffahrt und zum Fischfang eingesetzt. Es sind einmastige Segelboote. Heutzutage fahren Fischkutter fast ausschließlich mit Motorkraft, die Segel haben nur noch Hilfsfunktionen.

Kuwait (Kuweit), ein 16 000 qkm großes, unabhängiges arabisches Scheichtum, liegt am Persischen Golf. Nach 47 Jahren britischer Schutzherrschaft wurde es 1961 selbständig und ist Mitglied der Vereinten Nationen sowie der Arabischen Liga. Heute leben in dem Land, dessen Hauptstadt ebenfalls Kuwait heißt, etwa 914 000 Menschen. Kuwait ist einer der größten Erdöllieferanten der Erde. Ausgeführt werden auch Pferde, Datteln und Wolle. Auch Perlenfischerei und Fischerei spielen noch eine Rolle.

Kybernetik (abgeleitet von Kybernetes, dem griechischen Wort für »Steuermann«) bezeichnet ein neues Forschungsgebiet, das die Steuerung und Regelung von Abläufen und die Informationsübertragung bei Lebewesen und Maschinen untersucht und das die Theorien und Erfahrungen aus Technik, Biologie, Soziologie und Psychologie zusammenfaßt, vergleicht und Erkenntnisse des einen Gebietes auf das andere überträgt. Aus ähnlichem Verhalten von Modellen und Lebewesen wird auf ähnlichen Aufbau und ähnliche Arbeitsweise geschlossen.

Kykladen (Zykladen) heißt eine Gruppe von über 200 kleinen griechischen Inseln im Ägäischen Meer, nördlich von Kreta. Die Inseln – unter ihnen Naxos, Andros, Paros und Mykonos die bekanntesten – sind buchtenreich und gebirgig. Sie spielten in der griechischen Sage eine Rolle.

Kyrillische Schrift, nach dem Slawenapostel Kyrill benannt, ist die Schrift der Russen. Sie wurde von den griechischen Großbuchstaben abgeleitet und unter Peter dem Großen den lateinischen Buchstaben angeglichen. Seitdem ist sie die Schrift aller griechisch-orthodoxen Slawen, also auch der Ukrainer, Bulgaren und Serben.

А Б Ц Д Е Ф Г Х І Й К Л

L

Laacher See heißt das größte Maar der Eifel. Es handelt sich um eine trichterförmige und durch vulkanische Gasexplosion entstandene Vertiefung. Seine Fläche beträgt 3,24 qkm, seine Tiefe 53 m. Seit 1926 ist der Laacher See Naturschutzgebiet. An seinem westlichen Ufer steht die berühmte Abtei Maria Laach.

Labil kommt aus dem Lateinischen und heißt soviel wie schwankend, unzuverlässig, unbeständig. Man kann den Charakter eines Menschen als labil bezeichnen. Der Gegensatz von labil ist stabil.

Laboratorium, kurz Labor genannt, ist ein Arbeitsraum für naturwissenschaftliche und technische Versuche sowie Untersuchungen. Ein Labor ist mit speziellen Arbeits- und Meßgeräten ausgestattet.

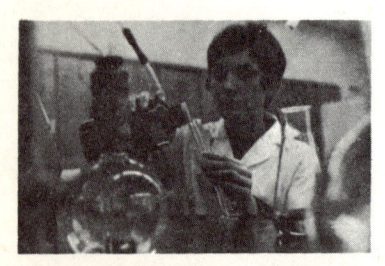

In einem Labor arbeitet auch der Arzt, wenn er z. B. Blutuntersuchungen durchführt.

Laborieren bedeutet, sich mit etwas herumplagen, an etwas leiden. Man kann z. B. an einer Krankheit laborieren.

Labour Party [léhba páhti], die britische Arbeiterpartei, hat sich 1900 gebildet, 1906 bekam sie ihren Namen. Die Labour Party ist sozialistisch, aber nicht marxistisch eingestellt. Sie hat schon wiederholt die englische Regierung gebildet.

Labrador, eine große Halbinsel im Osten Kanadas, liegt zwischen der Hudsonbai und dem Atlantischen Ozean. Die 1,4 Millionen qkm große Halbinsel besteht aus einem welligen, nur im Süden bewaldeten Hochland mit vielen fischreichen Flüssen und Seen, der Norden ist Tundra. Das Klima ist durch die kalte Labradorströmung an der Ostküste kalt und rauh, und Ackerbau ist daher kaum möglich. Die etwa 50 000 Einwohner (Eskimos, Indianer, Weiße) leben von Rentierzucht sowie Robben- und Pelztierjagd. Der Boden ist reich an Eisenerzen, Gold- und Kupfervorkommen. Der Hafen Battle Harbour ist der größte Ort.

Labradorstrom heißt eine kalte Meeresströmung, die zwischen Grönland und Baffinland sowie Labrador von Norden nach Süden fließt. Vor Neufundland trifft der Labradorstrom auf den warmen Golfstrom. Im Labradorstrom schwimmen viele an Grönlands Küsten gebildete Eisberge, die die Schiffahrt gefährden.

Labyrinth ist ein Irrgarten oder Gebäude mit vielen verwirrenden Gängen, aus denen man nur schwer den Ausweg findet. Nach einer griechi-

In den französischen Gärten wurden mit Hecken oft Labyrinthe angelegt.

schen Sage baute Dädalus dem König von Kreta ein Labyrinth, in dem dieser das Ungeheuer Minotauros gefangen hielt.

Labyrinth heißt auch das Innenohr, in dem sich das Gleichgewichtsorgan befindet.

Labyrinthfische sind tropische, lebhaft gefärbte Süßwasserfische. In einer labyrinthartigen Höhlung ihrer Kiemen besitzen sie ein zusätzliches Atmungsorgan. Mit ihm können sie Luft an der Wasseroberfläche aufnehmen und sich sogar, wie der ostindische Kletterfisch, an Land begeben. In die Familie der Labyrinthfische gehören auch der Chinesische Großflosser, der sich ein Nest baut, und der Gurami, der so groß wird wie ein Karpfen.

Lachgas, eine Verbindung aus Stickstoff und Sauerstoff, wird als leichtes Betäubungsmittel verwendet. Kleine Mengen bewirken Schmerzlinderung. Größere Dosen verursachen Bewußtlosigkeit.

Lachs heißt ein bis zu 50 kg schwerer Raubfisch, der größtenteils im Meer lebt. Nur zur Laichzeit wandert er, ohne Nahrung aufzunehmen, die Flüsse hinauf. Er überwindet dabei die größten Hindernisse, überspringt bis zu drei Meter hohe Stauwehre und kann auch bis zu sechs Meter weit springen. Im Quellgebiet der Flüsse laichen die Fische. Viele von ihnen sind dann so geschwächt, daß sie die Rückkehr ins Meer nicht mehr erleben. Das Hochzeitskleid der Männchen ist prächtig blau und rot gefärbt. Nach zwei bis drei Jahren sind die Junglachse soweit, daß sie ins Meer wandern. Wenn sie zur Zeit der Geschlechtsreife in ihren Heimatfluß hinaufwandern wollen, finden sie sofort wieder dorthin. Diese Verhaltensweise bringen die Wissenschaftler mit dem feinen Geruchssinn der Lachse in Zusammenhang, denn Fische können im Wasser riechen. Die Lachse leben im Nordatlantik. In früherer Zeit kamen sie auch in unsere Flüsse. Mit zunehmender Wasserverschmutzung blieben sie jedoch aus. Heute werden die Lachse daher in eigenen Zuchtanstalten gezüchtet. Der Lachs wird auch Salm genannt. Sein rosa Fleisch zählt zu den Delikatessen. Das war nicht immer so. Ende des 19. Jahrhunderts noch gab es im Rhein jährlich etwa 70 000 Lachse. Die damals billigen Fische wurden so häufig verzehrt, daß sich die Dienstboten schließlich ausbedangen, nur zweimal in der Woche Lachs essen zu müssen.

Lack wird heutzutage hauptsächlich aus synthetischen Lackstoffen hergestellt, die in einem Lösungsmittel gelöst sind. Nach dem Auftragen

Lack

(Streichen, Spritzen, Heißspritzen, Eintauchen usw.) des Lacks bleibt infolge Verdunstung des flüchtigen Lösungsmittels auf dem lackierten Gegenstand ein glatter, feiner, glänzender oder matter Überzug zurück. Lacke dienen zur Verschönerung und zum Schutz. Sie machen z. B. ein Auto widerstandsfähig gegen die Einwirkungen der Witterung. Mit bestimmten Lackverbindungen werden Holzfußböden versiegelt und damit trittfest und abwaschbar gemacht. Mit intensiven, bunten Farben verschönern Lacke Gebrauchsgegenstände wie Dosen, Kästchen oder Möbel. Künstlerische Lackarbeiten aus China und Japan sind von alters her weltbekannt.

Lackmuspapier ist mit einem Farbstoff getränkt, der aus Flechtenarten gewonnen wird. Es wird in der Chemie verwendet, um Säuren von Basen zu unterscheiden. Blaues Lackmuspapier wird in einer Säureflüssigkeit rot, rotes in einer Lauge blau.

Ladakh liegt zwischen dem Himalaja und dem Karakorum. Der größere Teil dieser bis zu 7672 m ansteigenden Gebirgslandschaft am oberen Indus gehört zum indischen Teil von Kaschmir, der kleinere zu Pakistan. Die Hauptstadt mit vielen buddhistischen Klöstern ist Leh.

Ladebaum heißt eine am Schiffsmast befestigte, schwenkbare Hilfsvorrichtung, mit der Schiffe be- und entladen werden können.

Ladenpreis ist der Preis für Waren, die in einem Einzelhandelsgeschäft verkauft werden. Bei Markenartikeln wird der Ladenpreis vom Hersteller festgelegt und ist in allen Geschäften gleich. Den Gegensatz bildet der Großhandelspreis, der um die Verdienstspanne des Einzelhändlers geringer ist.

Ladogasee heißt der mit 18 400 qkm größte See Europas. Er liegt nordöstlich von Leningrad und gehört seit 1940 zur Sowjetunion. Der See ist aus einer eiszeitlichen Verbindung des Weißen Meers mit der Ostsee übriggeblieben. Er ist bis zu 230 m tief, reich an Fischen und bleibt 120 Tage im Jahr mit einer Eisschicht bedeckt. Im Süden ist sein Ufer flach, das steilere Norduferist reich an Buchten und Inseln. Seinen Abfluß zum Finnischen Meerbusen bildet die Newa.

Ladung ist ein Wort mit verschiedenen Bedeutungen. Mit ihm bezeichnet man ein Transportgut, das von Lastwagen, Güterzügen, Schiffen oder Flugzeugen befördert wird, die Pulvermenge, die bei Schußwaffen zum Heraustreiben des Geschosses erforderlich ist, die Elektrizitätsmenge, die sich auf einem Gegenstand befindet (elektrische Ladung), und die Aufforderung einer Behörde, meistens eines Gerichts, zu einem bestimmten Zeitpunkt, z. B. als Zeuge, zu erscheinen.

Lähmung wird durch Schädigung oder Erkrankung von Nerven und Muskeln hervorgerufen. Sind die Empfindungsnerven davon betroffen, so wirkt sich das als Schmerzunempfindlichkeit und Gefühllosigkeit aus. Solche Lähmungen werden vom Arzt zur Schmerzbekämpfung vorübergehend hervorgerufen. Sind die

Bewegungsnerven oder -muskeln geschädigt bzw. erkrankt, ist Unbeweglichkeit die Folge.

Lämmergeier sind unter dem Stichwort »Bartgeier« beschrieben.

Lärche heißt ein bis zu 45 m hoch wachsender Nadelbaum, der ursprünglich nur im Hochgebirge wuchs. Heute trifft man Lärchen auch in tieferen Lagen an. Die Bäume werfen im Herbst ihre weichen, büschelig wachsenden hellgrünen Nadeln ab, die im Frühling wieder nachwachsen. Die Lärchen besitzen rundliche, hängende männliche und purpurrote, aufrechtstehende weibliche Blütenzapfen, aus denen sich die Fruchtzapfen entwickeln. Die Lärche liefert ein gutes, harzreiches Bau-, Werk- und Furnierholz.

Lärm nennt man ein lautes, anhaltendes Geräusch, Getöse oder Geschrei. Lärm ist gesundheitsschädigend. Andauernder Lärm von 90 bis 100 Phon kann Gehörschäden hervorrufen. Bei 130 Phon setzen Ohrenschmerzen ein.

Lärmmeßwagen in der Innenstadt Münchens

Wir alle sind heute gezwungen, mit dem Lärm zu leben. Er ist bereits so in unser Unterbewußtsein gedrungen, daß wir manchen Lärm nicht mehr wahrnehmen, nicht mehr empfinden. Die Ärzte sagen dazu: »Der Betroffene mag den Lärm vergessen, nur sein Körper vergißt ihn nicht.« Der Krach in den Städten (Straßenlärm 90 Phon), der berieselnde Lärm in den eigenen vier Wänden (Radiomusik und Fernsehen 60 Phon, Kinderlärm 70 Phon), der Lärm beim Bau von Straßen (Preßlufthämmer 110 Phon) sowie ganz besonders der Flugzeuglärm (120 Phon) machen uns krank. Die Gefahr für unsere Gesundheit beginnt bereits bei 60 Phon. Lärmschäden zeigen sich nicht nur in Ohrenschmerzen: Herz- und Kreislaufstörungen, Magen- und Darmverkrampfungen, Nervenleiden sowie eine Vielzahl anderer Symptome lassen zunächst keinen Zusammenhang mit dem Lärm vermuten. Schwerhörigkeit und Taubheit sind an die vierte Stelle der Berufskrankheiten vorgerückt. Knapp die Hälfte der Einwohner der Bundesrepublik Deutschland leidet unter den Lärmfolgen, die ihnen das Leben allmählich unerträglich machen.

Bereits zu Anfang dieses Jahrhunderts erkannte der Arzt und Bakteriologe Robert Koch: »Eines Tages wird der Mensch ebenso unerbittlich den Lärm bekämpfen müssen wie wir heute die Cholera und die Pest.« Die Lärmbekämpfung ist für uns Menschen zu einem wichtigen Problem geworden. Jahrzehntelang hat

das niemand so richtig ernst genommen: verkehrsreiche Straßen wurden mitten durch Wohngebiete geleitet und Wohnsiedlungen an Verkehrsknotenpunkten gebaut. Häuser wurden mangelhaft gegen Lärm isoliert, und rücksichtslos legte man Einflugschneisen der Flughäfen über Wohngebiete. Besonders Fabrikarbeiter hatten und haben noch unter Maschinenlärm zu leiden. Die bestehenden Gesetze und polizeilichen Vorschriften reichten nicht aus, diese Lärmbelästigungen zu verhindern. Denn die Lärmdämpfung kostet in den meisten Fällen Geld.
Inzwischen hat man wohl allgemein eingesehen, daß das so nicht weitergeht. Seit man vor einigen Jahren den Umweltschutz entdeckt hat, versucht man auch, den Lärm ernsthaft zu bekämpfen. Die Gesetze und Verordnungen wurden strenger und drohen empfindliche Strafen an. Aber es wird noch Jahre dauern, bis die Fehler der Vergangenheit wieder gutgemacht sind.
Läuse gibt es als Pflanzenläuse, Tier- und Menschenläuse. Alle sind sie Schmarotzer, sie vermehren sich schnell und in großer Zahl. Pflanzenläuse saugen Pflanzensaft aus Blättern, Knospen, Zweigen, Wurzeln und aus der Rinde. Zu ihnen gehören Blattläuse, Rebläuse, Schildläuse, Blutläuse, die zum Teil als schlimme Schädlinge gelten. Tier- und Menschenläuse sind, von einigen beißenden Tierparasiten abgesehen, Blutsauger bei Säugetieren und Menschen. Sie bevorzugen immer nur eine bestimmte Blutsorte.

So finden sich Menschenläuse nur bei Menschen. Die blutsaugenden Läuse sind flügellose Kerbtiere mit abgeflachtem Körper, stechenden, saugenden Mundwerkzeugen und Klammerbeinen, mit denen sie sich festhalten. Zu den Menschenläusen gehören die Kopfläuse, Filzläuse und Kleiderläuse. Kopfläuse, zwei bis drei Millimeter groß, leben fast ausschließlich auf dem Kopf und befestigen ihre Eier, die Nissen, an den Haaren. Filzläuse werden bis eineinhalb Millimeter groß und nisten zwischen den Haaren der Achsel- und Schamgegend. Kleiderläuse, bis vier Millimeter groß, halten sich auf unbehaarten Körperstellen auf und legen ihre Eier in den Nähten der Kleider und Unterwäsche ab. Sie übertragen den gefährlichen Flecktyphus. Eine lästige Begleiterscheinung aller Läuse ist das durch ihren Stich hervorgerufene, oft unerträgliche Jucken.
Lafette nennt man das Fahrgestell eines Geschützes.
La Fontaine, Jean de [lafoñtähn], ein französischer Dichter, lebte von 1621 bis 1695. Durch seine Fabeln wurde er weltberühmt.
Lager kann verschiedenes bedeuten. Man bezeichnet mit dem Wort eine Schlaf- oder Ruhestatt für Menschen und manche Tiere, einen Aufbewahrungs- und Vorratsraum, eine vorübergehende, behelfsmäßige Unterkunft für Menschen, z. B. ein Jugend- oder ein Flüchtlingslager, bei Bauwerken eine Vorrichtung, die die Lasten eines Überbaus auf Pfeiler verteilt, wie bei Brücken oder

Kuppeln, und im Maschinenbau die Stelle, wo ein sich drehendes Teil, beispielsweise eine Welle, abgestützt wird.

Lagerlöf, Selma, eine schwedische Dichterin, erzählt in ihren Büchern Geschichten aus ihrer Heimat. Sie lebte von 1858 bis 1940. Im Jahre 1909 erhielt sie den Nobelpreis. ›Die wundersame Reise des Nils Holgerson mit den Wildgänsen‹ wurde als Erzählung für die Jugend weltberühmt. Weltruhm genießen auch der Roman ›Gösta Berling‹ und die Erzählung ›Das Mädchen vom Moorhof‹.

Lago Maggiore [lago madschóhre], ein 216 qkm großer, bis zu 372 m tiefer See, liegt am südlichen Alpenrand. Er wird vom Fluß Tessin durchflossen. Der größte Teil des Sees gehört zu Italien, ein Fünftel zur Schweiz. Der schön gelegene See ist wegen seines milden Klimas ein begehrtes Reiseziel. Bekannte Fremdenverkehrsorte sind Locarno und Ascona am schweizerischen Ufer, Stresa am italienischen. Berühmt sind die Parkanlagen auf der Isola Bella, einer Insel im Lago Maggiore.

Lagune nennt man in Italien einen seichten Strandsee, der durch einen Lido, eine Sandinsel, vom offenen Meer abgetrennt ist. An der Ostsee entspricht das Haff der Lagune, die Nehrung dem Lido.

Lahn heißt ein rechter Nebenfluß des Rheins. Er ist 245 km lang, wovon 137 km durch Einbau von Schleusen schiffbar gemacht wurden. Marburg, Gießen, Wetzlar und Bad Ems liegen im burgenreichen Lahntal. Bei Niederlahnstein mündet die Lahn in den Rhein.

Laich werden die ins Wasser abgelegten Eier von Fischen, Fröschen und anderen niederen Tieren genannt.

Laichkraut wächst im Süßwasser. Es ist wichtig für die Fischzucht, da die Fische ihren Laich häufig an dieser Pflanze ablegen.

Laie ist ein Wort aus dem Griechischen und heißt Volk. Ein Laie ist im Gegensatz zum Fachmann jemand, der ein Fachgebiet nicht studiert, nicht erlernt hat. In der Kirche ist der Laie der einfache Gläubige im Gegensatz zum Priester.

Laienspiel ist ein Theaterspiel ohne Berufsschauspieler. Es will natürliche Spielkräfte wecken und stützt sich meist auf Brauchtum und volkstümliche Überlieferungen.

Lakonisch bedeutet wortkarg, kurz und treffend. Eine Antwort kann lakonisch sein.

Lamaismus nennt man eine vor allem in Tibet und in der Mongolei, aber auch in China verbreitete Form des Buddhismus. Im Lamaismus sind buddhistische Philosophie und einheimischer Geisterkult miteinander verschmolzen. Ein Lama ist ein Priester oder ein Mönch. Der Dalai-Lama ist das weltliche, der Pantschen-Lama, auch Taschi-Lama genannt, das geistliche Oberhaupt dieser Religion.

Lamarck, Jean-Baptiste de, war ein französischer Naturforscher und Philosoph. Er lebte von 1744 bis 1829. Er beschäftigte sich mit der Abstammungs- und Entwicklungs-

Lama

lehre. (Siehe Stichwort »Abstammungslehre«.)

Lamas sind die Kamele Südamerikas. Die etwa hirschgroßen Tiere haben jedoch keinen Höcker. Das Fell ihrer wilden Stammväter, der Guanakos, ist rötlich- oder gelblichbraun, auf der Unterseite hell, das der Lamas weiß bis schwarz oder gescheckt bzw. gefleckt. Die Guanakos leben noch wild in den Steppen und Gebirgen von Peru, Bolivien und Chile sowie in Patagonien. Wie die Kamele kommen sie mit wenig Wasser aus. Als Haustier ist das Lama sehr nützlich. Es liefert Milch, Fleisch und eine Wolle, die noch feiner ist als die des Kamels. Doch werden männliche Tiere, die als Reit- oder Tragtiere dienen, nicht geschoren. Das Lama ist im allgemeinen gutmütig, manchmal störrisch. Wenn es angegriffen wird oder erschrickt, spuckt es. (Siehe auch Farbtafel »Haustiere«, Band 4).

Lamellen werden bei Pilzen die dünnen Blättchen an der Unterseite des Huts genannt, auf denen die Sporen sitzen. Der bekannteste Lamellenpilz ist der Champignon. In der Technik werden dünne Scheiben aus Metall, Holz oder anderem Material als Lamellen bezeichnet.

Lampion ist eine bunte Papierlaterne, die in China erfunden wurde.

Land nennt man alle festen Teile der Erdoberfläche. Den Gegensatz dazu bilden Meere, Flüsse und Seen. Ein größerer Landteil wird als Festland oder Kontinent bezeichnet, ein kleinerer als Eiland oder Insel. Der Teil eines Landes, der am Meer liegt, heißt Küsten-, der andere Binnenland. Je nachdem, in welcher Meereshöhe ein Land gelegen ist, spricht man von Hoch- oder Tiefland. Flach-, Hügel- oder Gebirgsland sind Bezeichnungen, die die Gestalt des Bodens betreffen. Mit Land meint man aber auch ein politisch abgegrenztes Gebiet, also einen Staat oder einen Teil innerhalb eines Staats. Im Gegensatz zur Stadt bezeichnet man außerdem ein landwirtschaftlich genutztes Gebiet als Land.

Der Kanal von Korinth

Landenge wird eine schmale Landbrücke genannt, die eine Halbinsel mit einem Festland oder auch zwei Festlandteile miteinander verbindet. Am bekanntesten sind die Landengen von Panama, Suez und Korinth. Oft werden Landengen von Kanälen durchschnitten, um die Schiffahrtswege zu verkürzen.

Landeshauptmann heißt der vom Landtag gewählte Regierungsvorsitzende eines österreichischen Bundeslands.

Landeslisten werden bei Bundestagswahlen in den deutschen Bundesländern zusammen mit den

Kreiswahlvorschlägen aufgelegt. Sie enthalten Namen der von den Parteien vorgeschlagenen Kandidaten. Über die Landeslisten werden 259 Abgeordnete gewählt. Das ist genau die Hälfte der im Deutschen Bundestag sitzenden Volksvertreter. Die anderen 259 Delegierten kommen über die Kreiswahlvorschläge in das Bundesparlament.

Landesregierung nennt man in der Bundesrepublik Deutschland die Regierung eines Bundeslands. Die Landesregierung setzt sich aus den Behörden, zu denen die Staatskanzlei und die Ministerien gehören, sowie aus dem Kabinett, das aus dem Ministerpräsidenten und den Ministern besteht, zusammen. In Bayern wird das Kabinett Staatsregierung genannt. In Hamburg, Bremen und Berlin heißt es Senat. Dem Ministerpräsidenten entspricht dort der Erste bzw. Regierende Bürgermeister, den Ministern entsprechen die Senatoren.

Landesverrat begeht, wer die Sicherheit und Machtstellung des Staats im Verhältnis zu anderen Staaten vorsätzlich durch Verrat von Staatsgeheimnissen oder Spionage gefährdet. Der Gegensatz dazu ist »Hochverrat«, der unter diesem Stichwort beschrieben ist.

Landflucht nennt man das Abwandern der Landbevölkerung in die Städte, wo sie bessere Lebens- und Arbeitsbedingungen zu finden glaubt. Durch Errichtung industrieller Betriebe in Landgemeinden will man der Landflucht begegnen.

Landgewinnung wird an flachen Meeresküsten, vor allem im Mündungsgebiet von Flüssen, und an Einbruchstellen des Meeres betrieben. Um der See neues Land abzuringen, schiebt man zunächst niedrige Dämme vom Ufer aus ins Wasser vor. Diese Dämme mindern den Wellenschlag und fördern die Ablagerung der im Wasser enthaltenen Sinkstoffe (Schlick). In den Schlick eingesetzte Salzwasserpflanzen, die sogenannten Queller, machen den Boden fester. Haben sich die neu entstandenen Bodenflächen genügend erhöht, werden sie mit festen, hohen Deichen umgeben, die dem Druck der See auch bei Sturmflut standhalten müssen. Der eingedeichte Raum wird durch Gräben und Pumpen allmählich ganz trockengelegt. Der gewonnene Boden ist besonders fruchtbar. Auf dem Gebiet der Landgewinnung haben die Holländer Außerordentliches geleistet. Sie konnten die anbaufähige Fläche ihres Landes um zehn Prozent vergrößern.

Landkreis heißt in der Bundesrepublik Deutschland ein unterer staatlicher Verwaltungsbezirk. Der Kreistag beschließt über Kreisangelegenheiten. Der Kreisausschuß, dem der Landrat vorsteht, ist die Verwaltungsbehörde. In Nordrhein-Westfalen und in Niedersachsen heißt der Landrat Oberkreisleiter. Größere Städte bilden Stadtkreise.

Landrat wird der Leiter der Verwaltung eines Landkreises genannt. In den meisten deutschen Bundesländern wird er für die Dauer von sechs bis zwölf Jahren vom Kreistag ge-

Land

wählt, in Bayern direkt von den Bewohnern der Landkreise.

Landschaftsschutz nennt man staatliche Maßnahmen, durch die das Bild einer Landschaft, die nicht unter Naturschutz steht, erhalten bleiben soll. Ein Landschaftsschutzgebiet darf beispielsweise nicht durch Reklametafeln verunstaltet werden.

Landshut liegt in Niederbayern an der Isar, unterhalb der berühmten Burg Trausnitz. Die Stadt hat rund 55 000 Einwohner. Die ehemalige Residenz der Wittelsbacher besitzt in ihrer Altstadt noch schöne mittelalterliche Bauten. Alle drei Jahre wird die »Landshuter Fürstenhochzeit« aufgeführt, ein Festspiel in historischen Kostümen, das an Ereignisse im Jahre 1475 erinnern soll.

Landsknechte zogen im 16. Jahrhundert nach Auflösung der Ritterheere für einen beliebigen Kriegsherrn gegen Sold in die Feldschlacht. Ihre Rüstung (Harnisch, Sturmhaube) und ihre Waffen (Pike, Hellebarde, Schwert, später auch Feuerwaffen) mußten sie selbst stellen. Sie waren ein bunt zusammengewürfeltes Volk. Anfangs wurden sie durch eiserne Zucht zusammengehalten, später verwilderten sie und zogen plündernd und mordend durch die Lande.

Landtag wird in der Bundesrepublik Deutschland die Volksvertretung eines Bundeslandes genannt. In Hamburg und Bremen heißt sie Bürgerschaft, in West-Berlin Abgeordnetenhaus. Die Mitglieder dieser Institutionen werden in freier, geheimer Wahl vom Volk gewählt.

Landwirtschaft
weniger Bauern – mehr Lebensmittel

Landwirtschaft ist die Nutzung des Bodens sowie das Züchten und Halten von Tieren. Sie bildet die Grundlage unseres Lebens, weil sie uns mit Nahrungsmitteln versorgt. Zur Landwirtschaft im weiteren Sinne gehören auch Gärtnereien, die Forstwirtschaft und die Jagd, der Fischfang sowie die landwirtschaftlich-industriellen Nebenbetriebe wie Molkereien, Mühlen, Brennereien, Mostereien, Kellereien usw.

Die Landwirtschaft ist eng mit der Kulturgeschichte der Menschheit verbunden. Aus dem herumstreifenden Jäger der Urzeit wurde der Bauer. Vor 130 Jahren begann das »arme, grüne« Deutschland, das reiche, aber graue Deutschland zu werden, das es heute ist. Einer der bedeutendsten Industriestaaten der Erde ist aus einem armen Agrarland entstanden, in dem früher genauso wie in allen anderen Nachbarländern die Landwirtschaft der beherrschende Wirtschaftszweig war. Um 1830 waren noch 80% aller Arbeitskräfte in der Landwirtschaft tätig, heute sind es noch 7%. Damals ernährte ein Bauer drei, 1971 26 Menschen. Es gibt kaum einen andern Wirtschaftszweig, in dem die Produktivität so stark gestiegen ist wie in der Landwirtschaft. Die deutsche

Landwirtschaft macht hier nicht nur keine Ausnahme, sie steht vielmehr in Mitteleuropa an erster Stelle. Vor dem letzten Krieg konnte die Landwirtschaft des Deutschen Reichs, zu der noch die fruchtbaren Ackerbaulandschaften Mittel- und Ostdeutschlands gehörten, die etwa 65 Millionen Einwohner 300 Tage im Jahr aus der eigenen Produktion ernähren. In der viel kleineren Bundesrepublik Deutschland leben jetzt nicht wesentlich weniger Menschen, nämlich 62 Millionen, und die Landwirtschaft produziert für 310 Tage im Jahr alle Nahrungsmittel, sofern sie im Klima der Bundesrepublik erzeugt werden können.

Die Produktion hat also außerordentlich stark zugenommen. Gleichzeitig ist jedoch die Zahl der landwirtschaftlichen Betriebe ebenso wie die der selbständigen Landwirte und ihrer Mitarbeiter stark zurückgegangen. 1949 gab es in der Bundesrepublik 1,9 Millionen landwirtschaftliche Betriebe. Ihre Durchschnittsgröße lag damals bei acht Hektar. 1970 waren es nur noch 1,2 Millionen mit einer durchschnittlichen Größe von elf Hektar. Das sagt natürlich nicht allzuviel über die Lebensmittelmengen aus, die auf einem solchen Hof produziert werden können. Auch auf kleiner Fläche können zum Beispiel große Tierbestände gehalten werden, oder es ist möglich, durch sehr intensive Bodenbearbeitung und Düngung im Gemüse- oder Obstbau sehr hohe Erträge zu erzielen. Die Zahl der Arbeitskräfte, die 1949 in der Landwirtschaft der Bundesrepublik tätig waren, betrug über vier Millionen, 1971 waren es nur noch 1,8 Millionen. Viele haben ihren Hof aufgegeben und die Flächen verpachtet oder verkauft, denn täglich werden in Westdeutschland 35 Hektar, das sind 350 000 qm, für Straßen- und Wohnungsbauten sowie für andere Zwecke, die nichts mit der Landwirtschaft zu tun haben, benötigt. Aus diesem Grunde ist die Gesamtnutzfläche der Bundesrepublik, die für die Nahrungsmittelerzeugung verwendet wird, in den letzten 23 Jahren von 14,1 Millionen Hektar auf 13,5 Millionen zurückgegangen. Frei werdende Bodenflächen, die nicht von anderen Landwirten übernommen und auch nicht als Bauland gebraucht wurden, sind aufgeforstet worden. Deshalb hat die Waldfläche Westdeutschlands wieder zugenommen. Sie lag vor dem Kriege bei 7 Millionen Hektar und nähert sich jetzt 7,2 Millionen.

Wohl das auffallendste Merkmal dieses Strukturwandels, wie die Fachleute sagen, ist aber die Abwanderung der jüngeren Arbeitskräfte aus der Landwirtschaft in die Industrie und ins Gewerbe. 2,8 Millionen Menschen sind diesen Weg gegangen, und zwar waren das keineswegs nur Arbeitnehmer oder mitarbeitende Familienangehörige, sondern auch sehr viele selbständige Landwirte. Daher gibt es heute die Begriffe des Neben- und Zuerwerbsbetriebs. Darunter versteht man Höfe, deren Besitzer nicht nur oder auch nicht mehr überwiegend auf ihrem Hof, sondern in der

Lang

Industrie, im Handwerk oder auch in einem Dienstleistungsberuf arbeiten und die landwirtschaftliche Tätigkeit lediglich nebenbei erledigen. Das hat für sie viele Vorteile, weil sie auf diese Weise nicht nur einen zweifachen Verdienst haben, sondern sich auch ihren wertvollen Besitz erhalten und vor allem sehr preiswert wohnen können, denn ihr Wohnhaus bleibt auf jeden Fall in ihrem Besitz. Von den 1,2 Millionen Landwirten in der Bundesrepublik sind 560 000 solche Nebenerwerbslandwirte, und 350 000 sind Zuerwerbslandwirte, das heißt, daß sie hauptsächlich noch in ihrem Betrieb tätig sind, aber gelegentlich einem andern Erwerb nachgehen.

Nur noch eine Minderheit lebt ausschließlich von der Landwirtschaft. Natürlich mußten die abgewanderten Arbeitskräfte ersetzt werden. Zum großen Teil ist das durch Maschinen geschehen. In der westdeutschen Landwirtschaft arbeiten heute 1,3 Millionen Schlepper sowie 150 000 Mähdrescher, um nur die in der Allgemeinheit bekanntesten Landmaschinen zu nennen. Ein Arbeitsplatz in der Landwirtschaft kostet heute mit Boden, Vieh, Maschinen und Gebäuden etwa 240 000 Mark, in der Industrie sind es 40 000 Mark. Durch den Einsatz der Technik, die Anwendung verbesserter Düngemittel und die Fortschritte der Tier- und Pflanzenzucht ist es möglich, daß immer weniger Menschen immer mehr Nahrungsmittel erzeugen. 1949 produzierten vier Millionen Menschen Lebensmittel im Wert von 13 Milliarden Mark. Heute bewältigen 1,8 Millionen eine Erzeugung im Wert von 38 Milliarden Mark.

Der Eintritt in die Europäische Wirtschaftsgemeinschaft hat die größte Veränderung für die deutschen Landwirte während der letzten Jahrhunderte gebracht. Die Landwirtschaft ist der einzige Lebens- und Wirtschaftsbereich, in dem ein Vereintes Europa schon seit 1967 besteht. Für die Landwirte dieser Gemeinschaft gibt es keine Grenzen und Zölle mehr. Auch die Preise für ihre Produkte sind gleich, unabhängig davon, ob der Weizen im niederländischen Nordostpolder, bei Paris, in der Nähe von Mailand oder in der Soester Börde erzeugt wird. Das gleiche gilt für die meisten anderen Agrarprodukte. Bei vielen Produkten gibt es sogar große Überschüsse, z. B. bei Butter und Wein. Die landwirtschaftlichen Direktionen der Europabehörden in Brüssel sind der Anfang einer gemeinsamen europäischen Verwaltung.

• • •

Langobarden hieß ein germanisches Volk, das im 2. Jahrhundert v. Chr. aus Skandinavien kam und bis zum 3. Jahrhundert n. Chr. an der unteren Elbe siedelte. Zur Zeit der Völkerwanderungen zogen die Langobarden ins Donaugebiet und von dort über die Alpen nach Italien. Nach Eroberung großer Teile Nord- und Mittelitaliens gründeten sie im Jahre

568 das Langobardenreich, die Lombardei. Pavia war die Hauptstadt. Als sie ihre Macht weiter nach Süden ausdehnen wollten, rief der Papst Karl den Großen zu Hilfe, der die Langobarden 774 bezwang und ihr Gebiet dem Frankenreich eingliederte.

Das Wort Langobarden bedeutet Langbärte.

Langstreckenlauf ist ein sportlicher Wettkampf der Leichtathletik. Es gehören dazu Läufe von 3000, 5000 und 10 000 m, auch der Marathonlauf, der über eine Stecke von 42 192 m ausgetragen wird.

Languste oder Stachelhummer heißt ein scherenloser Panzerkrebs mit zehn Füßen und einem langen Schwanz. Die Languste lebt im Mittelmeer sowie an der englischen und irischen Atlantikküste in einer Tiefe von 15 bis 100 m auf Felsen. Sie ist ein äußerst schmackhafter Speisekrebs. Sie wird bis zu 45 cm lang und bis zu 8 kg schwer.

Langwellen sind die elektromagnetischen Schwingungen mit einer Wellenlänge von 200–30 000 m, im engeren Sinn nur die mit 600–2000 m Wellenlänge. Sie werden in der Funktechnik benutzt.

Lanze heißt eine der ältesten Stoßwaffen. Sie bildete von der Altsteinzeit bis zur Erfindung der Feuerwaffen den wichtigsten Teil der Bewaffnung der Berittenen und des Fußvolks. Die speerartige Waffe bestand aus einer runden Holzstange und einer Holz-, Knochen-, Stein- oder Metallspitze.

Lanzenschlangen werden bis zu 2,5 m lang. Diese gefährlichen Giftschlangen leben in Südamerika.

Lanzettfischchen leben, im Sand vergraben, an den Küsten fast aller Meere. Sie haben weder Kopf noch Augen, Herz, Gehirn oder Wirbel. Durch ihren glashellen, bis zu sieben Zentimeter langen, zugespitzten Körper zieht sich jedoch ein biegsamer knorpeliger Stab, eine Art Wirbelsäule. Daher werden sie als eine Vorform der Wirbeltiere angesehen.

Laos, ein hinterindisches Königreich, liegt am mittleren Mekong. Es ist fast so groß wie die Bundesrepublik Deutschland. Im Laufe des 19. Jahrhunderts wurde Laos von Siam, dem heutigen Thailand, erobert. Ende des Jahrhunderts kam es unter französisches Protektorat. Seit 1956 ist Laos unabhängig. Heute leben dort etwa 3,1 Millionen Menschen überwiegend buddhistischen Glaubens. Die Hauptstadt des Landes ist Vientiane, die Residenz des Königs ist Luang Prabang. Nur acht Prozent des Bodens werden bebaut, hauptsächlich mit Reis, Mais, Kaffee, Tee und Baumwolle. Die Bodenschätze, wie Gold und Zinn, sind bisher kaum genutzt. Die dichten Wälder des Landes sind reich an Edelhölzern, vor allem an Teak. Das Land ist gebirgig, es hat keinen Zugang zum Meer, besitzt keine Eisenbahnen und nur wenige Straßen. Der Mekongfluß ist der wichtigste Verkehrsweg. Viele Orte können nur mit dem Flugzeug erreicht werden. Jahrelange Kämpfe zwischen Kommunisten und Neutralisten fanden 1973 durch die Vereinbarung einer

Laot

gemeinsamen Regierungsbildung ein Ende. Wegen des durch Laos führenden Nachschubwegs der nordvietnamesischen Truppen war das Land auch in den Vietnam-Krieg verwickelt.

Laotse [laóhtße] war ein chinesischer Philosoph, dessen Lebensdaten und Lebenslauf nicht genau bekannt sind.

Neuerdings bezweifelt man sogar, ob das bisher Laotse zugeschriebene Werk Tao-te-king wirklich von ihm selbst stammt. Das Buch soll um 300 v. Chr. entstanden sein. Es ist das am häufigsten übersetzte Werk der chinesischen Literatur. Der Taoismus, eine philosophisch ausgerichtetete chinesische Volksreligion mit Ahnenkult und Geisterglauben, hat das Leben Laotses mit Sagen umwoben und erzählt, wie es zu dem Werk Tao-te-king kam. Laotse wurde unter einem Pflaumenbaum aus der Achselhöhle geboren. Gleich nach der Geburt konnte er sprechen. Durch Zauberkünste konnte er sein Leben verlängern. Schließlich ritt er auf einem schwarzen Büffel nach Westen und wurde am Grenzpaß von einem Wächter gebeten, seine Lehre aufzuschreiben. Laotse schrieb 5000 Worte nieder, übergab sie dem Wächter und verschwand.

Lapidar (abgeleitet von lapis, dem lateinischen Wort für Stein) bedeutet soviel wie kurz und bündig, wuchtig. Eine Feststellung ist lapidar, wenn sie einen Sachverhalt knapp und treffend beschreibt.

Lapilli nennt man erbsen- bis nußgroße Schlackenstücke, die bei einem Vulkanausbruch aus dem Krater geschleudert werden.

Lapislazuli [–láhtßuli] oder Lasurstein heißt ein undurchsichtiger blauer, manchmal auch grünlicher oder violetter Halbedelstein, der zu Schmuck verarbeitet wird.

La Plata heißt die Hauptstadt der argentinischen Provinz Buenos Aires. Die Stadt hat 400 000 Einwohner, eine Universität und ein naturgeschichtliches Museum.

Rio de la Plata heißt die etwa 300 km lange und 50 bis 200 km breite, trichterförmige Mündungsbucht der südamerikanischen Ströme Paraná und Uruguay. Buenos Aires und Montevideo sind die wichtigsten Häfen an dieser Bucht. Rio de la Plata heißt, wörtlich übersetzt, Silberstrom. Sein Entdecker, Magalhães, gab ihm diesen Namen, weil die Indianer dort sehr reichen Silberschmuck trugen.

La-Plata-Staaten werden die im Stromgebiet des Rio de la Plata liegenden südamerikanischen Staaten Argentinien, Paraguay und Uruguay genannt.

Lappalie ist eine lächerliche Kleinigkeit. Manche Menschen geraten auch wegen einer Lappalie in Streit.

Lappland, eine nordeuropäische Landschaft, gehört zu Norwegen, Schweden, Finnland und zur Sowjetunion. Im schwedischen Teil befinden sich reiche Erzlager. Der Norden Lapplands ist ein Tundrengebiet mit Seen und sehr vielen Sümpfen, der Süden ist bewaldet. Die Bewohner Lapplands leben hauptsächlich von der Rentierzucht und von der Fischerei. Die Lappen sind ein kleinwüchsiger Menschenschlag mit leicht mongolischem Aussehen. Der nur neun Wochen dauernde Sommer ist wegen der riesigen Mückenschwärme oft kaum zu ertragen. Von Mai bis Juli sinkt die Sonne auch um Mitternacht nicht unter den Horizont. Man nennt diese Erscheinung Mitternachtssonne. Im Mittwinter herrscht dagegen die Polarnacht, in der die Sonne überhaupt nicht zu sehen ist. So ist beispielsweise das Nordkap 74 Tage im Jahr ohne Sonnenlicht.

Largo, ein musikalisches Zeitmaß, bedeutet breit, langsam.

Larve nennt man die Jugendform einiger Tiere, die sich in der Erscheinung und Lebensart vom ausgewachsenen Tier wesentlich unterscheiden kann. Die Larven der Kerbtiere sind Raupen, Engerlinge oder Maden, die der meisten Lurche heißen Kaulquappen.

Las Casas, Fray Bartolomé de, ein spanischer Geistlicher, ging im Jahre 1515 als Missionar zu den Indianern nach Mittelamerika. Leidenschaftlich setzte er sich gegen ihre Versklavung und Mißhandlung durch die spanischen Eroberer ein.

Laser ist ein elektronisches Gerät zur Erzeugung scharf gebündelter, sehr energiereicher Lichtstrahlen. Laserstrahlen werden in der Astronomie, beim Präzisionsschweißen und bei Augenoperationen angewendet. (Siehe auch Farbtafel »Moderne Weltwunder«, Band 10.)

Lasieren heißt, einen Gegenstand so dünn mit durchsichtiger Farbe bestreichen, daß der Untergrund durchscheint. Wenn die Holzmaserung erhalten bleiben soll, wird das Holz lasiert.

Lassalle, Ferdinand, ein deutscher Sozialist, lebte von 1825 bis 1864. Er war Mitarbeiter einer von Karl Marx herausgegebenen Zeitung und beteiligte sich an der Revolution von 1848. Seine Hauptforderung war das allgemeine und gleiche Wahlrecht. 1863 gründete er den »Allgemeinen deutschen Arbeiterverein«, aus dem die Sozialdemokratische Partei hervorging.

Lasso nennt man ein 10 bis 15 m langes Wurfseil mit einer zusammenziehbaren Schlinge. Cowboys und Gauchos fangen damit einzelne Herdentiere ein. Seine Handhabung erfordert große Geschicklichkeit.

Lasso, Orlando di, ein Niederländer, war neben Palestrina der berühmteste Komponist des 16. Jahrhunderts. Sein Schaffen umfaßt über 2000 geistliche und weltliche Werke.

Lasurstein ist unter dem Stichwort »Lapislazuli« beschrieben.

Latein, ursprünglich die Sprache der Latiner und Römer, wurde durch das Römische Weltreich zur Weltsprache. In den Schriften von Cicero, Vergil, Horaz, Ovid, Seneca, Tacitus und anderen fand das klassische Latein seine Vollendung. Die Sprache des Volks, das Vulgärlatein, wurde die Grundlage aller romanischen Sprachen. Das Christentum machte Latein zur Sprache der Kirche, die Gelehrten machten es zur Sprache der Wissenschaft. Noch heute ist die Kenntnis des Lateinischen unerläß-

Lateliche Voraussetzung für das Studium bestimmter Fächer, wie Medizin, Jura, Sprachen usw.

Lateinamerika wird die Gesamtheit der südamerikanischen Staaten genannt, in denen Spanisch oder Portugiesisch gesprochen wird. Latein ist die Grundlage dieser Sprachen.

Latex oder Gummimilch heißt der milchige Pflanzensaft, den man aus Kautschuk liefernden Pflanzen gewinnt.

Latifundien waren im Römischen Reich große, von Sklaven bewirtschaftete Landgüter. Heute bezeichnet man mit diesem Begriff privaten Großgrundbesitz.

Latschen wachsen in den Alpen an der Baumgrenze. Die Latsche ist eine Zwergform der Bergkiefer und sehr widerstandsfähig.

Lattich ist eine krautige Pflanze aus der Familie der Korbblütler, deren Stengel Milchsaft enthält. Manche Latticharten werden als Nutzpflanzen angebaut, zum Beispiel der Kopf- und der Endiviensalat.

Laubfall oder Blattfall nennen wir das Abfallen der Blätter von Bäumen und Büschen. Im Winter, wenn der Boden gefroren ist, können ihre Wurzeln kein Wasser aufnehmen. Da ihre Blätter jedoch ständig Wasser verdunsten, müßten diese Pflanzen vertrocknen, würden sie nicht im Herbst die Blätter abwerfen. Zuvor haben sie sich schon verfärbt: leuchtend gelb, rot oder purpurn. Wertvolle, in den Blättern enthaltene Nährstoffe sind in den Stamm zurückgewandert. Dabei hat sich das Blattgrün zersetzt, so daß gelbe und rote Farbstoffe übriggeblieben sind. Der Blattfall ist noch aus einem anderen Grund notwendig: Im Winter würde auf den Blättern viel Schnee liegenbleiben. Unter dieser Last würden Zweige und Äste abbrechen.

Laubfrösche unterscheiden sich von anderen Fröschen dadurch, daß sie hauptsächlich auf Bäumen und Sträuchern leben. Man nennt sie daher auch Baumfrösche. An ihren Zehenenden haben sie Haftscheiben, die ihnen ermöglichen, zu klettern und sich festzuhalten. Ihr glatter grüner Rücken hebt sich kaum von der Farbe der Blätter ab. Der Bauch ist gelblich, an den Seiten gelb und schwarz. Nur zur Eierablage gehen sie ins Wasser. Ihre Kaulquappen entwickeln sich dort wie die Larven der anderen Frösche. Der europäische Laubfrosch wird bis fünf Zentimeter lang. In den Tropen gibt es viele und auch größere Arten. Die Weibchen der Beutelfrösche, die in tropischen Gegenden Amerikas leben, tragen ihre Eier, in einer Hauttasche verpackt, auf dem Rücken. Die Makifrösche in Mittel- und Südamerika legen ihre Eier in ein Blatt, das über einem Bach oder einem See hängt. Automatisch fallen dann die Larven ins Wasser. (Siehe Farbtafel »Lurche« Seite 96/97)

Laubhölzer sind alle Bäume, Sträucher und Halbsträucher, die zu den bedecktsamigen Pflanzen (das sind Pflanzen, deren Samenanlagen in einem Fruchtknoten eingeschlossen sind, in dem sie zu Samen reifen) gehören. Sie besitzen meistens flächige Blätter, die sie im Herbst abwerfen.

Viele Laubhölzer liefern wertvolles und begehrtes Nutzholz.

Lauch gehört zu den Liliengewächsen. Die staudenartige Pflanze hat schmale oder schlauchähnliche Blätter und eine Zwiebel. Am bekanntesten sind die Nutzpflanzen Knoblauch, Zwiebel, Schalotte, Porree und Schnittlauch.

Laufen, eine Disziplin der Leichtathletik, umfaßt Kurzstreckenlauf (100 m, 200 m), Mittelstrecken- (400 m, 800 m, 1000 m, 1500 m), Langstrecken- (3000 m, 5000 m, 10 000 m, Marathon-, Wald- und Querfeldeinlauf), Hürden-, Staffel- und Hindernislauf. Schnell und ausdauernd laufen zu können ist Voraussetzung für viele Spiele, z. B. Fußball, Korbball, Handball und Hockey. Dauerlauf dient dem Training.

Laufkäfer, räuberische, schlanke Käfer, sind vorwiegend nachts unterwegs. Tagsüber halten sie sich unter Steinen verborgen. Sie sind mit langen Beinen, starken Kiefernzangen und fadenförmigen Fühlern ausgerüstet. Laufkäfer fressen Kerbtiere, Schnecken, Würmer und Larven. Sie reißen in ihre Opfer eine Wunde, in die sie ihren Magensaft spritzen. Dadurch wird die Beute derart vorverdaut, daß sie sie nur auszuschlürfen brauchen. Einige von ihnen sind nützliche Insektenvertilger, während der Getreidelaufkäfer ein großer Pflanzenschädling ist. Wenn man diese Käfer anfaßt, scheiden sie eine übelriechende Flüssigkeit aus. (Siehe auch Farbtafel »Käfer« Band 5)

Laugen sind wässerige Lösungen von Basen (ätzende Oxyde). Sie reagieren alkalisch, das heißt, Lackmuspapier färbt sich blau. Kaliumoxyd, Natriumoxyd, Kalziumoxyd ergeben Kalilauge, Natronlauge, Kalziumlauge. So bildet z. B. Seife beim Waschen in Wasser eine Kali- oder Natronlauge, die das Fett zwischen Haut und Schmutz auflöst. Auf diese Weise trennt sich der Schmutz von der Haut. Laugen bilden mit Säuren zusammen Salze.

Lausanne [lohsánn], die Hauptstadt des schweizerischen Kantons Waadt, liegt am Nordufer des Genfer Sees. Die Stadt hat etwa 140 000 Einwohner und ist reich an alten Bauten. Sie ist Sitz des Eidgenössischen Bundesgerichts, hat eine angesehene Universität sowie viele Schulen und Internate.

Lautsprecher verwandeln elektrische Schwingungen in Schallwellen. In der Fernsprech-, Rundfunk- und Fernsehtechnik werden durch sie Sprache, Musik und Geräusche wiedergegeben.

Lautstärke nennt man die Stärke der Hörempfindung. Die Maßeinheit ist das Phon.

Lava oder Magma heißt die glühende, flüssige Gesteinsmasse, die beim Ausbruch eines Vulkans mit Temperaturen von 1000 bis 1300 Grad an die Erdoberfläche strömt. Sie erstarrt zu einem grauschwarzen Gestein, das ebenfalls Lava genannt wird.

Auch bei den Schlamm- und Gesteinsmassen, die Wildbäche mit sich führen, spricht man von Lava.

Lava

Dieser Lavastrom ist seit Jahren erkaltet.

(Siehe auch Stichwort und Farbtafel »Vulkan« Band 10.)

La Valetta hat etwa 16 000 Einwohner und ist die Hauptstadt der Inselrepublik Malta im Mittelmeer, die 1530 Sitz des Johanniterordens wurde. Die Stadt ist nach Jean de Lavalette, dem damaligen Großmeister des Ordens, benannt.

Lavendel mit seinen blauen Blüten und seinem intensiven Duft wird jedem unvergeßlich bleiben, der einmal blühende Lavendelfelder gesehen hat. Die strauchartige Pflanze aus der Gattung der Lippenblütler ist auf steinigen Hügeln der Mittelmeerländer zu Hause. In Südfrankreich, vor allem in der Hochprovence, sowie in Südengland wird sie feldmäßig angebaut. Aus dem ätherischen Lavendelöl stellt man Lavendelwasser, Seifenzusätze und den als Einreibemittel verwendeten Lavendelspiritus oder Lavendelgeist her.

Lavieren bedeutet, sich vorsichtig durch Schwierigkeiten hindurchwinden. Durch geschicktes Lavieren kann ein Verhandlungspartner seine Ziele erreichen. In der Malerei bedeutet lavieren eine aufgetragene Farbe durch Wasser verwischen, so daß sie verläuft.

Lawinen bestehen aus Eis- und Schneemassen, aber auch aus Steinen und Erde. Sie stürzen im Hochgebirge an steilen Hängen mit lautem Getöse hinunter und wachsen dabei gewaltig an. Im Winter besteht erhöhte Lawinengefahr, wenn bei Temperaturen um oder über null Grad und völlig stiller Luft sehr viel Schnee fällt. Wetterwarnungen im Rundfunk orientieren Bergbewohner und Skiläufer über die drohende Gefahr. Sehr gefährlich sind Staublawinen, bei denen frischer Pulverschnee auf altem gefrorenem Schnee (Harsch) ins Rutschen kommt. Mit lautem Knall lösen sich plötzlich stäubende Schneemassen und erfüllen die Luft wie eine weiße Wolke. Die Lawine fährt zu Tal und wird dabei von einem starken Luftstrom begleitet, der allein schon große Zerstörungen anrichten kann. Bei Grundlawinen, die vor allem im Frühjahr abgehen, lösen sich Massen nassen Schnees durch Schmelzwasser vom Boden und stürzen donnernd zu Tal. Infolge ihrer riesigen Ausmaße und durch ihre Wucht vernichten sie alles, was in ihrem Weg liegt. Ganze Ortschaften werden dabei weggerissen. Auch Schneebretter können schlagartig in riesigen Schollen mit explosionsartigem Lärm abfallen. Schon kleinste Erschütterungen, z. B. ein Zuruf, können sie auslösen. An steilen Hängen abbrechende Gletscher bilden Eislawinen. Nach Lawinenkatastrophen übernimmt der alpine Rettungsdienst die Bergung der Vermißten. Lawinensuchhunde spüren die Verschütteten auf. Mit langen Stöcken (Sonden) wird die Lawine untersucht. Im Sommer entstehen durch Felssturz manchmal Steinlawinen. Nach starken Regenfällen wälzen sich manchmal ungeheure Schlamm- und Schuttmassen, die Muren, ins Tal und richten auf ihrem Weg ebenfalls schreckliche Zerstörungen an. Durch Lawinenverbauung (Dämme, Mauern, Galerien, Bremskeile) werden Dörfer, Straßen und Bahnlinien geschützt. Geschlossener Hochwald ist in lawinenbedrohten Gebieten der beste Schutz. In diesen sogenannten Bannwäldern darf kein Holz geschlagen werden.

Lawinenschnur wird eine 20 bis 25 m lange rote Schnur genannt, die sich ein Skifahrer in lawinengefährdetem Gebiet umbindet. Wird er verschüttet, können ihn seine Retter vielleicht durch die aus der Lawine herausschauende Schnur schneller finden.

Layout [léh-aut] nennt man den Entwurf der Druckvorlage mit Text und Bebilderung für Bücher, Zeitschriften, Zeitungen, Prospekte, Inserate, Verpackungen u. a.

Lazarett sagt man zu einem Militärkrankenhaus.

Leben ist das grundsätzliche Kennzeichen von Mensch, Tier und Pflanze, im Gegensatz zur unbelebten Natur. Zu den Lebenserscheinungen gehören der Stoffwechsel (Atmung, Ernährung), der Formwechsel (Wachstum, Entwicklung, Fortpflanzung, Vererbung) sowie das Aufnehmen und Beantworten von Reizen. Zu den Lebensbedingungen gehören Wasser, Licht Sauerstoff, Nahrung und Wärme. Biologie ist die Wissenschaft von den Lebewesen und Lebensvorgängen.

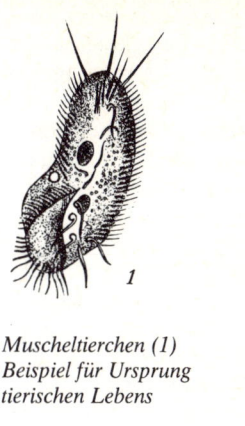

Muscheltierchen (1)
Beispiel für Ursprung
tierischen Lebens

Grünalge (2)
Beispiel für Ursprung
pflanzlichen Lebens

Die kleinste lebendige Einheit ist die Zelle. Die Urzelle, so nimmt man an, entstand im Meer. Dieses einzellige Lebewesen, das in seiner Entwicklungsstufe der heute noch lebenden Blaualge entspricht, existierte bereits vor 3,5 Milliarden Jahren. Jahrmilliarden waren die mikroskopisch kleinen Algen das einzige Leben, das es auf der Erde gab. Weiteres Leben konnten sich damals nicht bilden, weil die Erde noch von zuwenig Sauerstoff umhüllt war und deshalb von den gefährlichen ultravioletten Strahlen der Sonne beschienen wurde. Als die Bildung der Atmosphäre abgeschlossen war, konnte

Lebe

sich weiteres Leben entwickeln. Vor etwa 700 Millionen Jahren gab es neben den Algen schon niederste Tierorganismen (Protozoen, Urtiere). Vor rund 600 Millionen Jahren entwickelte sich die Tierwelt. Würmer und Hohltiere entstanden, bald schwammen Tintenfische in den Meeren, vor etwa 400 Millionen Jahren entstanden die Fische. Bald wucherten auch Moose und Farne und bedeckten die Ufer. Insekten entstanden und breiteten sich aus. Vor 300 Millionen Jahren entwickelten sich die Kriechtiere, vor 200 Jahrmillionen die Säugetiere. Menschen gibt es, gemessen an der Entwicklung des Lebens, erst seit ganz kurzer Zeit.

Lebendgewicht nennt man das Gewicht, das ein lebendes Tier auf die Waage bringt. Im Gegensatz dazu steht das Schlachtgewicht.

Lebendgebärend sind Tiere, die ihre Jungen nach einer im mütterlichen Organismus abgeschlossenen Entwicklung zur Welt bringen, z. B. die Säugetiere. Den Gegensatz dazu bilden die eierlegenden Tiere.

Lebensbäume gehören zu den Zypressengewächsen. Sie wachsen meistens kegelförmig, haben schuppenartige Blättchen, einhäusige Blüten und kurze Fruchtzapfen. In unseren Gärten sind sie Heckenpflanzen.

Lebensdauer ist das Alter, das Lebewesen erreichen. Beim Menschen hat sich die Lebensdauer durch Medizin und Hygiene sehr erhöht. Bei den Pflanzen erreicht der Affenbrotbaum mit 5000 Jahren das höchste Alter. Der Mammutbaum wird 4000, die Linde 1000, die Kiefer 700, der Rosenstock 300, der Apfelbaum 200, der Weinstock 150 Jahre alt. Bei den Tieren führt die Riesenschildkröte mit über 300 Jahren die Liste an. Ihr folgen die Perlmuschel mit 100, der Karpfen und der Elefant mit 70, die Hausgans, der Storch, der Hirsch und der Regenwurm mit 20, der Hund mit 13, die Katze mit 10 Jahren, die Eintagsfliege mit einigen Tagen oder nur Stunden. Es gibt Tiere, die sogar nur ein paar Minuten leben, wie das Männchen der Feigenwespe.

Hundertjähriger Russe

Noch vor hundert Jahren betrug die durchschnittliche Lebenserwartung des Menschen in Deutschland nicht mehr als 38 Jahre beim Mann, 41 Jahre bei der Frau. Wir haben gelernt, Krankheiten erfolgreich zu bekämpfen und durch überlegte Ernährung und Lebensgestaltung unsere Lebensdauer zu verlängern. Heute beträgt die durchschnittliche Lebenserwartung bei uns etwa 67

Jahre beim Mann, 73 Jahre bei der Frau. Natürlich hören wir immer wieder von Menschen, die dieses Alter weit überleben. Der hundertjährige russische Mann auf unserem Bild gehört keineswegs zu den ältesten lebenden Menschen. 1955 z. B. starb eine Frau im Alter von 113 Jahren.

Lebensmittel nennt man alle Nahrungs- und Genußmittel. Das Lebensmittelgesetz verbietet den Zusatz bestimmter Fremdstoffe, wie Farben oder Konservierungsmittel, bei der Gewinnung, Herstellung oder Zubereitung von Lebensmitteln. Erlaubte Fremdstoffe müssen auf Verpackungen und Speisekarten angegeben werden.

Lebensrettungs-Gesellschaft, Deutsche, abgekürzt DLRG, wurde 1913 gegründet. Sie ist eine Organisation, die den Tod durch Ertrinken bekämpft. Ihr Ziel: Jeder Mensch ein Schwimmer, jeder Schwimmer ein Retter!

Lebensstandard ist der Aufwand, mit dem ein einzelner Mensch, eine Familie oder ein Volk ihre Lebensbedürfnisse befriedigen. Der Lebensstandard hängt von der Einkommenshöhe, der Kaufkraft des Geldes und den persönlichen Ansprüchen ab.

Lebensversicherung heißt eine Einrichtung, durch die jemand für sich oder seine Angehörigen die Zukunft und das Alter finanziell sichern kann. Er zahlt, während er berufstätig ist und Geld verdient, monatlich eine bestimmte Summe an eine Versicherungsgesellschaft. Im Laufe der Jahre wächst dadurch ein ansehnlicher Betrag an. Dieses Geld läßt das Versicherungsunternehmen arbeiten, d. h., es verwendet es beispielsweise zum Bau von Häusern. Das investierte Kapital bringt Zinsen und vermehrt sich so. Der Versicherte profitiert davon, denn erreicht er die Altersgrenze, auf die seine Versicherung abgeschlossen wurde, so zahlt ihm die Versicherung die eingezahlten Beträge zuzüglich der angesammelten Zinsen je nach Vertrag entweder im ganzen oder in Raten bis zu seinem Lebensende zurück. Stirbt der Versicherungsnehmer, erhalten seine Erben die Versicherungssumme. Lebensversicherungen können Einrichtungen des Staats (Sozialversicherung) oder der Privatwirtschaft sein.

Leber heißt die größte Drüse des menschlichen und tierischen Körpers. Sie liegt rechts im Oberbauch unter dem Rippenbogen. Die Leber erfüllt zahlreiche lebenswichtige Aufgaben. Täglich stellt sie etwa 1 1/2 Liter Galle her, die zur Verdauung unentbehrlich ist und dem Darm zugeleitet wird. Ferner reguliert sie den Eiweiß-, Fett- und Kohlehydratstoffwechsel und speichert Glykogen. Außerdem entgiftet sie den Körper durch Reinigung des Bluts. Schließlich stellt sie den Harnstoff her und bildet Stoffe, die für die Blutgerinnung wichtig sind.

Leberblümchen, kleine, den Anemonen verwandte Pflanzen, blühen im Vorfrühling in Laubwäldern. Sehr hübsch sind ihre blauen, gelegentlich auch rosa oder weißen Blü-

Lebe

ten, die von kelchförmigen Hüllblättern getragen werden.

Leberegel nennt man Saugwürmer, die als Schmarotzer in den Gallengängen der Leber von Schafen, Rindern, Ziegen und anderen pflanzenfressenden Säugetieren leben. Sie rufen die Leberfäule hervor. Die Eier der Leberegel kommen mit dem Kot der befallenen Tiere ins Freie. Die sich aus ihnen entwickelnden Larven setzen sich nach mehrfachen Verwandlungen und Unterkünften bei Zwischenwirten an Gräsern fest. Dort kapseln sie sich ein. Sie werden von den Tieren mit dem Futter gefressen, und der Kreislauf beginnt von neuem.

Auch Menschen können vom Leberegel befallen werden.

Leberflecke sind kleine bräunliche, fleckenartige Hautstellen, die durch abnorme Farbanhäufung entstanden sind. Mit der Leber haben sie nichts zu tun. Sie treten bei Frauen, die ein Kind erwarten, und bei älteren Menschen auf. Kleine braune oder bläuliche Muttermale, oft etwas erhöht und behaart, werden auch so genannt.

Lebertran wird aus Leber von Fischen, vor allem von Dorsch und Schellfisch, gewonnen. Das hellgelbe Öl ist reich an Vitamin A und D und daher ein gutes Mittel zur allgemeinen Kräftigung und gegen Rachitis.

Lech ist ein rechter Nebenfluß der Donau. Er entspringt in Vorarlberg, trennt die Lechtaler von den Allgäuer Alpen und fließt ab Füssen auf bayerischem Gebiet. Östlich von Donauwörth mündet er in die Donau. Landsberg und Augsburg sind schöne alte Städte am Lech.

Leck nennt der Seemann eine undichte Stelle in der Schiffswand unterhalb der Wasserlinie.

Lecksteine werden Stücke aus Steinsalz genannt, die für Haustiere und Wild eine wichtige Ergänzung ihres Futters sind.

Le Corbusier [-korbüsiéh] nannte sich ein berühmter Architekt, der von 1887 bis 1965 lebte und die Baukunst unserer Zeit entscheidend beeinflußt hat. Die von ihm entworfenen Wohnanlagen sind in parkähnliche Grünflächen eingebettet. Ihre Kennzeichen sind Flachdächer, Dachgärten und Wohneinheiten, die über zwei Stockwerke führen. Le Corbusier war einer der Hauptvertreter der sogenannten »funktionalen Architektur«, die höchste Zweckmäßigkeit mit baukünstlerischer Originalität zu verbinden suchte. Le Corbusier stammte aus der Schweiz und lebte in Paris.

Leder heißt die von Haaren befreite und durch Gerben veredelte Haut von Tieren. Das Wichtigste über die Lederherstellung ist unter dem Stichwort »Gerben« zu finden.

Lederschildkröten sind seltene Seeschildkröten. Sie leben in wärmeren Meeren und werden über 600 kg schwer. Ihr über zwei Meter langer Panzer ist von einer dicken, lederähnlichen Haut überzogen.

Leerlauf nennt man in der Technik den Lauf einer Maschine ohne Arbeitsleistung. Allgemein versteht man darunter Kraft- oder Zeitvergeudung.

Legasthenie ist der medizinische Fachausdruck für die angeborene Lese- und Schreibschwäche eines Menschen, der sonst vollkommen normal entwickelt und begabt ist. Früher wurde die Legasthenie kaum beachtet, was dazu führte, daß normal begabte Kinder in Hilfsschulen versetzt wurden. Heute versucht die Schule, solchen Schülern in Sonderkursen zu helfen.

Legende wird eine Erzählung genannt, die von Heiligen, Märtyrern und ihren Taten berichtet. Den Kern einer Legende bildet meist eine wahre Begebenheit, die märchenhaft ausgeschmückt wurde. Oft hat die Legende lehrhaft-erbauliche Absichten. Als Legende bezeichnet man auch den erläuternden Text zu Landkarten, Plänen oder Bildern (Bildunterschriften).

Legierung nennt man ein festes Mischmetall, das durch das Zusammenschmelzen zweier oder mehrerer Metalle entstanden ist. Legierungen haben oft völlig andere Eigenschaften als die Ausgangsmetalle. So ist beispielsweise Kupfer nur in der Legierung mit Zinn als Bronze gießbar.

Leguane sind südamerikanische Echsen, die vorwiegend auf Bäumen leben. Sie besitzen einen gezackten Rückenkamm und ernähren sich von Tieren und Pflanzen. Das Fleisch und die Eier der Leguane gelten als sehr schmackhaft.

Eine Leguanart ist die riesige Meerechse. Diese Tiere werden bis zu 1,75 m groß und leben nur auf den Galápagosinseln. Dort liegen sie zu Hunderten auf den Uferfelsen. Die

Grüner Leguan

Männchen tragen zur Paarungszeit ein prächtiges Hochzeitskleid.

Lehen bedeutet Leihgut. Im Mittelalter entlohnte ein König seine Gefolgsleute für ihre Kriegsdienste mit einem Lehen. Dieses konnte aus Grund und Boden oder aus Ämtern und Rechten bestehen. Zuerst wurden Lehen nur zur Nutznießung auf Lebenszeit vergeben, später waren sie erblich. Der Lehnsmann schuldete seinem Lehnsherrn Dienste und Abgaben. Bei Empfang des Lehens besiegelte er sein Treueverhältnis mit dem Lehnseid. Der Lehnsherr mußte ihm dafür Schutz gewähren. Aus dem Lehenswesen entwickelte sich das Rittertum.

Lehm ist eine gelbe bis braune Erdart, die aus sandhaltigem Ton besteht. Er ist durch Verwitterung aus eisenhaltigem Ton und Quarz ent-

Orientalische Lehmbauten

Lehr

standen. Aus Lehm werden Ziegel gestochen, die durch Brennen ihre rote Farbe erhalten und als Baumaterial dienen. Früher wurden viele Hütten aus Lehm gebaut. Solche Lehmbauten findet man noch heute in südlichen Ländern.

Lehre, Lehrzeit oder Lehrverhältnis heißt die Ausbildung in einem handwerklichen, industriellen, gewerblichen oder kaufmännischen Beruf. Die Dauer der Lehrzeit ist je nach Vorbildung und Berufssparte verschieden (2–3$^1/_2$ Jahre). Am Ende der Lehrzeit steht gewöhnlich die Lehrabschlußprüfung, die je nach Berufszweig mit dem Gesellen-, Facharbeiter- oder Gehilfenbrief bescheinigt wird. Im Schul- und Hochschulwesen bedeutet Lehre Unterricht. In der Technik sind Lehren Meßwerkzeuge zum Nachprüfen von Maschinenteilen.

Lehrer und Lehrerinnen unterrichten und erziehen Kinder an staatlichen und privaten Schulen. Lehrkräfte an staatlichen Schulen sind Beamte. Wer den Beruf des Lehrers ergreifen will, muß auf jeden Fall das Abitur haben. Ein Volksschullehrer studiert, je nach Bundesland, vier bis sechs Semester an einer pädagogischen Hochschule oder einer Universität. Dann legt er die erste Lehramtsprüfung ab, nach der er bereits an einer Volksschule unterrichten darf. Die zweite Lehramtsprüfung schließt die Ausbildung ab. An Realschulen können Volksschullehrer unterrichten, die die zweite Lehramtsprüfung bestanden haben. Lehrer an höheren Schulen müssen mindestens acht Semester an einer Universität studieren und bestimmte Fächer an einer technischen Hochschule bzw. an einer Kunstakademie oder Musikhochschule belegen. Nach dem Studium legen die Studenten eine Prüfung ab, durch die sie zum Studienreferendar werden. Studienreferendare machen eine zweijährige praktische Ausbildung durch, bei der sie auch schon probeweise an Gymnasien unterrichten dürfen. Die Assessorenprüfung bildet den Ausbildungsabschluß für Lehrkräfte an höheren Schulen. Sie werden Studienräte und können ihren Beruf voll ausüben.

Lehrling (wird heute Auszubildender genannt) ist ein junger Mensch, der seinen Beruf unter Anleitung eines Ausbildenden bzw. Ausbilders durch Mitarbeit in einem Betrieb lernt. Lehrlinge sind bis zum vollendeten 18. Lebensjahr berufsschulpflichtig. Grundlage eines Lehrverhältnisses ist der Lehrvertrag (Berufsausbildungsvertrag).

Lehrstuhl heißt in der Bundesrepublik Deutschland die Planstelle eines ordentlichen oder außerordentlichen Professors an einer Hochschule.

Leibeigenschaft bedeutete im Mittelalter die persönliche Abhängigkeit eines Menschen von seinem Herrn. Leibeigene mußten Frondienste und Abgaben leisten. Oft wurden sie wie Sklaven behandelt, auch vertauscht oder verkauft. Manche von ihnen mußten ihrem Herrn auch ihre Kinder für einige Zeit als Arbeitskräfte zur Verfügung stellen.

Andere Leibeigene entrichteten ihrem Herrn lediglich einen Kopfzins. Mit der Bauernbefreiung um 1810 wurde die Leibeigenschaft in Deutschland abgeschafft.

Leibesübungen umfassen alle planmäßig ausgeführten körperlichen Übungen im Sport, in sportlichen Spielen und in der Gymnastik. Mit Leibesübungen erhalten und steigern wir unsere Leistungsfähigkeit. Nur so können wir den gesundheitlichen Schäden vorbeugen, die in unserer technisierten Zeit durch das dauernde Stillsitzen am Arbeitsplatz oder hinter dem Lenkrad des Autos hervorgerufen werden.

Leibesvisitation nennt man das Abtasten des Körpers bei der Suche nach verbotenen, versteckten Gegenständen (z. B. Rauschgift oder Waffen). Sie ist ein gesetzliches Hilfsmittel bei der Bekämpfung von Verbrechen und Vergehen und darf nur von der Polizei vorgenommen werden.

Leibniz, Gottfried Wilhelm Freiherr von, war einer der größten deutschen Denker mit einer alle Wissensgebiete umfassenden Bildung. Seine philosophische Lehre ist weltbejahend. Nach ihr ist die Welt die vollkommenste aller möglichen Welten. In der Mathematik erfand er – übrigens gleichzeitig mit Newton, aber unabhängig von ihm – die Differential- und Integralrechnung. Er wurde 1646 in Leipzig geboren und starb, von seinen Zeitgenossen hoch verehrt, 1716 in Hannover.

Leiche wird der tote menschliche Körper genannt. Ein toter Tierkörper wird als Kadaver bezeichnet. Anzeichen des Todes sind Verlöschen der Körpertemperatur, Blutgerinnung und Muskelstarre. Allmählich geht der Körper in Verwesung über. Zwei bis drei Jahre nach der Beerdigung einer Leiche sind nur noch die Knochen vorhanden, die sich oft jahrhundertelang erhalten. Die amtlich vorgeschriebene Untersuchung eines Verstorbenen durch einen Arzt soll vor allem die Beisetzung Scheintoter verhüten.

Leichtathletik umfaßt Springen, Werfen, Laufen, Gehen und Mehrkampf. Zum Springen gehören Hochsprung, Stabhochsprung, Weit- und Dreisprung, zum Werfen Speer-, Diskus- und Hammerwerfen sowie Kugelstoßen, zum Laufen Kurz-, Mittel- und Langstrecken-, Hürden-, Hindernis- und Staffellauf, zum Gehen Strecken- und Stundengehen, zum Mehrkampf der Fünf- und der Zehnkampf. Den Gegensatz zur Leichtathletik bildet die Schwerathletik.

Leichtgewicht ist eine Gewichtsklasse beim Boxen, Ringen, Gewichtheben und Judo.

Leichtmetalle sind Metalle und Legierungen mit einem Gewicht unter fünf Gramm pro Kubikzentimeter. Zu den wichtigsten Leichtmetallen gehören Aluminium, Magnesium, Beryllium und ihre Legierungen. Wegen ihrer chemischen und mechanischen Eigenschaften werden Leichtmetalle in der Technik, z. B. beim Flugzeugbau verwendet.

Leideform (Passiv) ist ein Begriff der Sprachlehre, bei dem das Zeitwort

Leid

aussagt, was der Satzgegenstand, das Subjekt, eines Satzes erleidet (Beispiel: Der Hund wird gebissen). Den Gegensatz dazu bildet die Tatform (Aktiv) (Beispiel: Der Hund beißt). Die Leideform wird mit dem Hilfszeitwort »werden« gebildet.

Leiden (Leyden), eine der ältesten niederländischen Städte, liegt an der Vereinigung zweier Rheinarme und hat etwa 100 000 Einwohner. Die schöne Stadt mit Bauten aus der Spätgotik und Renaissance und einer bedeutenden Universität wird von vielen Kanälen durchzogen.

Leif Eriksson, der Sohn Erichs des Roten, war ein kühner norwegischer Seefahrer. Als er um 1000 n Chr. nach Grönland fahren wollte, geriet er zu weit nach Süden und stieß bei der heutigen Halbinsel Neuschottland auf die Ostküste Nordamerikas, das er »Vinland« nannte. Er gilt als der erste Entdecker Amerikas.

Leihhaus nennt man ein Unternehmen, bei dem man Geld leihen kann, wenn man ein Pfand hinterlegt. Das Pfand kann ein Gebrauchs- oder Wertgegenstand sein, z. B. ein Koffer oder ein Ring. Die Höhe der gewährten Geldsumme richtet sich nach dem Wert des Pfands. In einem Pfandschein, den man auch Leihschein nennt, werden der Tausch Pfand gegen Darlehen sowie die Dauer der Leihzeit festgelegt. Wenn die entliehene Geldsumme samt den entstandenen Leihhauszinsen nicht bis zum vereinbarten Zeitpunkt zurückgezahlt wird, kommt das Pfand zur öffentlichen Versteigerung.

Leim ist ein Klebemittel, das zwei Flächen, z. B. aus Holz oder Papier, fest miteinander verbindet. Leim soll sich leicht auftragen lassen, schnell trocknen und haltbar sein. Man unterscheidet Leim aus tierischen (Knochen, Fischgräten), pflanzlichen (Harz, Kautschuk) sowie synthetischen Stoffen.

Leimfarbe wird eine Malerfarbe mit Leim als Bindemittel genannt.

Leimringe werden im Herbst um die Stämme von Obstbäumen gelegt. Sie bestehen aus einem wetterfesten, mit Leim bestrichenen Papierstreifen und sollen verhindern, daß schädliche Insekten auf die Bäume klettern.

Leinen, auch Linnen oder Leinwand genannt, ist ein Gewebe, dessen Garn aus gesponnenen Flachsfasern besteht. Leinen ist glatt, knittert leicht und fusselt nicht. Es wird zu Hand-, Gläser- und Taschentüchern, aber auch zu Bett- und Tischwäsche verarbeitet. Halbleinen, aus Baumwoll- und Leinengarnen gewebt, ist haltbarer, aber nicht so schön wie Reinleinen.

Leinkraut, ein Rachenblütler, ist ein Ackerunkraut. Seine hellgelben, orangefarbig gezeichneten, gespornten Blüten erinnern an das Löwenmäulchen. Seine schmalen blaugrünen Blätter gleichen denen des Leins (Flachses), wodurch es zu seinem Namen gekommen ist.

Leinöl gewinnt man aus Leinsamen, den Samen des Flachses (Leins). Das goldgelbe Öl wird als Speiseöl verwendet. Zur Herstellung von Firnis, Ölfarben, Linoleum und Kitt ist es besonders gut geeignet, weil es eintrocknet.

Leinwand nennen wir eine Fläche aus Leinen, auf die Lichtbilder und Filme projiziert werden. Auch der Kunstmaler malt seine Ölbilder meist auf Leinwand. Die andere Bedeutung des Wortes ist unter dem Stichwort »Leinen« beschrieben.

Leipzig ist mit etwa 580 000 Einwohnern die bedeutendste Großstadt der DDR. Es ist Hauptstadt des Bezirks Leipzig. Die 1409 gegründete Universität genoß schon immer großes Ansehen. Auch Goethe studierte dort. Eine wichtige Rolle spielt in Leipzig von jeher die Musik. Johann Sebastian Bach war 27 Jahre lang Kantor an der Thomaskirche. Berühmt sind der Thomanerchor der seit 1212 bestehenden Thomasschule sowie das Gewandhausorchester. Leipzig hat mehrere Theater, viele Museen und Fachschulen. Im Zweiten Weltkrieg wurde die schöne, alte Stadt weitgehend zerstört. Langsam beginnt sie, sich zu erholen. Viel trägt dazu die Leipziger Messe bei, die zweimal jährlich stattfindet und im europäischen Wirtschaftsleben von Bedeutung ist.

Leistendrüsen werden die Lymphknoten genannt, die sich in der Leistengegend unseres Körpers befinden. Sie haben die Aufgabe, die Lymphe, eine Gewebsflüssigkeit, zu reinigen und von Krankheitserregern zu befreien.

Leistung nennt man allgemein eine ausgeführte Arbeit, beispielsweise eine gute Leistung in einem Fach in der Schule oder eine schlechte Leistung im Sport. In der Physik und in der Technik bedeutet Leistung die von einer Kraft in einer bestimmten Zeitspanne vollbrachte Arbeit. Hebt z. B. ein Kran einen Stein von 75 kg Gewicht in einer Sekunde um einen Meter an, so ist das die Leistung des Krans und zwar 1 PS (siehe Stichwort »Pferdestärke«). Man kann auch die Leistung des elektrischen Stroms messen. Als Leistungseinheit hat man hierfür das Kilowatt festgelegt.

Leitartikel behandeln aktuelle Ereignisse oder allgemeine Probleme aus dem täglichen Leben und der Politik. So können sie sich z. B. mit einer Landtagswahl oder mit der Wohnungsnot auseinandersetzen. Sie sind in jeder Zeitung immer an einer bestimmten Stelle abgedruckt und lassen zumeist die politische Richtung des Blattes erkennen.

Leiter sind Stoffe, die den elektrischen Strom gut weiterleiten. Zu ihnen gehören vor allem Kupfer, Silber, Kohle und Wasser. Man spricht auch von guten Schall- bzw. Wärmeleitern. Nichtleiter sind Isolatoren. Leiter nennen wir auch ein Steiggerät aus zwei Längsstangen, den Holmen, die durch mehrere Querstangen, die Sprossen, verbunden sind. Schließlich ist ein Leiter ein Vorgesetzter, z. B. ein Schulleiter oder ein Abteilungsleiter.

Leitwerk wird die Vorrichtung zur Steuerung eines Flugzeugs genannt. Es besteht aus den Querrudern in den beiden Außenflügeln sowie aus dem Höhen- und Seitenleitwerk am Rumpfheck.

Lektoren haben die Aufgabe, die einem Verlag oder einer Rundfunkan-

Lemb

stalt eingereichten Manuskripte zu begutachten. Ist ein Manuskript zur Veröffentlichung geeignet, so macht es der Lektor meistens zusammen mit dem Autor druckfertig oder sendereif. Lektor ist auch ein Hochschullehrer, der Kurse abhält.

Lemberg, eine Stadt in der Ukrainischen Sozialistischen Sowjetrepublik, hat etwa 600 000 Einwohner und eine 1661 gegründete Universität. Die Stadt war 500 Jahre in polnischem Besitz, gehörte dann fast 150 Jahre als Hauptstadt Galiziens zu Österreich, kam nach dem ersten Weltkrieg wieder zu Polen und nach dem zweiten Weltkrieg zur Sowjetunion.

Lemminge sind Wühlmäuse, die in den arktischen Gebieten der Alten und Neuen Welt leben. Seltsam und tragisch sind die Lemmingzüge, bei denen die Tiere in Zeiten starker Vermehrung in großen Scharen wandern, manchmal bis ans Meer, in das sie oft auch hinausschwimmen und ertrinken.

Lemming

Die Menschen glaubten einmal tatsächlich, die Lemminge wollten bewußt einer Überbevölkerung ihrer Art vorbeugen, wenn sie sich auf ihren Wanderungen ins Meer stürzten und ertranken. Dieser Geburtenkontrolle sind die Tiere jedoch nicht fähig. Tatsächlich führt die Massenvermehrung in manchen Jahren dazu, daß der Lebensraum für die Tiere nicht mehr ausreicht, so daß ein Großteil von ihnen »auswandert«. Eine solche Massenwanderung erzeugt eine psychische Situation, die viele Tiere die Gefahr nicht mehr erkennen läßt.

Lemuren nannten die alten Römer die bösen Geister Verstorbener, die sich als nächtlich herumirrende Gespenster den Lebenden zeigten und sie beunruhigten. Auch eine Familie von Halbaffen nennt man Lemuren. Ihr Leben spielt sich hauptsächlich in der Dämmerung und in der Nacht ab. Die Lemuren haben Affenhände und Affenfüße, jedoch fuchsartige Gesichter. Sie wohnen auf Bäumen. Auf der Insel Madagaskar gibt es viele Lemurenarten. Der Maki ist der bekannteste von ihnen.

Lena ist ein ostsibirischer Strom, der westlich des Baikalsees entspringt und nach einem 4264 km langen Lauf ins Nördliche Eismeer mündet. Er ist sieben Monate im Jahr zugefroren. Jakutsk, eine wichtige Stadt in Ostsibirien, liegt an der Lena.

Lenin, der bedeutendste russische Revolutionär und Staatsmann, hieß eigentlich Wladimir Iljitsch Uljanow, stammt aus Sibirien und war ursprünglich Advokat. Er lebte von 1870 bis 1924, davon viele Jahre im Exil in Westeuropa als sozialistischer Funktionär und Schriftsteller. Nach dem Zusammenbruch des Zarenreiches kehrte er mit Hilfe der Deutschen nach Rußland zurück und organisierte als Führer der Bolschewiken die »Oktoberrevolution«. Nach jahrelangen heftigen Bürgerkriegen in ganz Rußland konnte er die Macht sichern und 1922 die Sowjetunion gründen, deren Regierungschef er bis zu seinem Tode war. Als Staatsmann setzte er seine politischen und wirtschaftlichen Ziele mit Härte und Terror durch. Sein einbalsamierter Leichnam ist am Roten Platz in Moskau in einem gläsernen Sarg im Mausoleum aufgebahrt. Der nach ihm benannte Leninismus ist in der Sowjetunion und in den von ihr abhängigen Staaten die allein anerkannte philosophische und politische Lehre. Sie geht auf den Marxismus zurück.

Leningrad, die zweitgrößte Stadt der Sowjetunion, wurde 1703 von Peter dem Großen im sumpfigen Mündungsgebiet der Newa gegründet. Sie steht zum Teil auf Inseln, viele Häuser ruhen auf Pfahlrosten. Bis 1914 hieß sie St. Petersburg, bis 1924 Petrograd. Sie war die Residenz der russischen Zaren. Nach der Revolution machten die Sowjets Moskau 1918 zur Regierungsstadt. Petrograd wurde 1924 in Leningrad umbenannt. Heute leben dort über 4 Millionen Menschen. Hafen, Werften und Industrieanlagen machen die Stadt zu einem wichtigen Wirtschaftszentrum. Eine angesehene Universität, viele Fachhochschulen, Akademien, Museen und Theater machen Leningrad auch zu einem Mittelpunkt des Kulturlebens. Die Staatsbibliothek ist eine der größten Büchersammlungen der Erde. Die Eremitage gehört zu den kostbarsten Gemäldegalerien. Mit den vielen alten Bauten, breiten Straßen und großen Plätzen gilt Leningrad als eine der schönsten Städte Europas. Die mächtigen Kathedralen, Klöster, Festungsbauten und Adelspaläste legen heute noch Zeugnis ab vom Glanz des russischen Zarenreichs.

Lenkflugkörper sind unbemannte Raketen, die sich mit Eigenantrieb fortbewegen. Ihre Richtung und Geschwindigkeit kann über eine Fernlenkanlage verändert werden.

Lenzen sagen die Seeleute zum Herauspumpen von Wasser aus dem Schiffskörper. Lenz bedeutet leer von Wasser.

Leonardo da Vinci [wintschi], ein Italiener, war einer der genialsten Menschen, die je gelebt haben. In der Kunst, Wissenschaft und Technik hat er Hervorragendes geleistet. Er war Maler, Bildhauer, Architekt, Naturforscher und Ingenieur zugleich. Weltberühmt sind seine Gemälde ›Mona Lisa‹, ›Heilige Anna Selbdritt‹ und ›Abendmahl‹ sowie viele Zeichnungen. Als Baumeister arbeitete er an den Domen von Mailand und Pavia mit, auch entwarf er Festungsanlagen und Kanalbauten. Als Ingenieur erfand er das Unterseeboot, Flugmaschinen, den mechanischen Webstuhl, bewegliche Brücken, Pumpen, Geschütze und vieles andere mehr. Doch da er seiner Zeit weit voraus war, blieb es meist bei den Entwürfen. Vom menschlichen Körper, vom Bau des Herzens, von der Blutbahn und der Lage des Kindes im Mutterleib stellte er exakte Zeichnungen her. Er verfertigte auch Landkarten und Stadtpläne. 1452 wurde er in Florenz geboren, 1519 starb er in Frankreich.

Leopard (Panther) heißt eine geschmeidige Großkatze mit einem gelblichen, dunkelgefleckten oder schwarzen Fell, die in den Wäldern und Steppen Afrikas und Südasiens lebt. Leoparden werden 1,10 bis 1,50 m lang und erreichen eine Schulterhöhe von 45 bis 62 cm. Sie sind sehr gute Kletterer und Springer. Von Bäumen aus machen sie nachts Jagd auf Affen, Wildschweine und kleine Antilopen. (Siehe Farbtafel »Katzen«, Band 5.)

Leopardennattern sind ungiftige Schlangen mit einer farbenprächtigen Haut. Sie leben in Südeuropa und werden bis zu einem Meter lang.

Léopoldville hieß früher die Hauptstadt der Demokratischen Republik Kongo (seit 1971 Republik Zaire). Die moderne Stadt am unteren Kongofluß (Zaire) wurde 1966 in Kinshasa umbenannt. Von hier führt eine Erdölleitung zum Seehafen Matadi.

Lepra, eine schwere Infektionskrankheit, wurde von römischen Truppen nach Europa eingeschleppt. Da die Gesunden Furcht vor Ansteckung hatten, wurden die Kranken vor den Mauern der Städte ausgesetzt. Daher nennt man die Krankheit auch Aussatz. Das Stichwort »Aussatz« gibt weitere Auskunft.

Lerchen sind Singvögel. Ihr Gefieder hat eine erdige Schutzfarbe. Der berühmte schallende Lerchengesang stammt von den Männchen, die dabei im Schraubenflug steil in die Höhe fliegen. Auf dem Boden trippeln sie schnell dahin. Lerchen gibt es in vielen Arten nicht nur in Europa, sondern auch in Afrika, Asien und in einer Art auch in Amerika.

Lernmaschinen sollen Schülern das Lernen erleichtern. Diese Apparate übermitteln den Lehrstoff durch Tonbänder, Filme, Lichtbilder und Schallplatten. Die Maschine gibt erst dann den nächsten Lehrschritt frei, wenn der vorausgegangene vom Schüler beherrscht wird.

Lesezirkel vermieten Zeitschriften gegen Gebühr für eine bestimmte Zeit.

Lesotho, ein Königreich in Südafrika mit 980 000 Einwohnern, hieß bis 1966 Basutoland. Die Hauptstadt Maseru hat 29 000 Einwohner. In diesem Land gibt es keine Bodenschätze und keine Industrien. Über 200 000 Basuto arbeiten daher ständig in der Republik Südafrika.

Lesseps, Ferdinand, Vicomte de, lebte von 1805 bis 1894. Er war ein französischer Ingenieur. Unter großen Schwierigkeiten baute er den Suezkanal, der 1869 eröffnet wurde. Der Kanal verbindet das Mittelmeer mit dem Indischen Ozean. Er erspart den Schiffen auf dem Weg von Europa nach Asien den weiten Weg um Afrika herum. 1879 begann Lesseps mit dem Bau des Panamakanals.

Dieses Projekt mußte er jedoch wegen finanzieller Schwierigkeiten aufgeben.

Lessing, Gotthold Ephraim, ein großer deutscher Dichter und Kritiker, lebte von 1729 bis 1781. Seine Theaterstücke brachen die Vorherrschaft der in strenger Form erstarrten französischen Dramen. ›Minna von Barnhelm‹ ist eines der besten deutschen Lustspiele, ›Nathan der Weise‹ erhebt die Toleranz zum Vorbild.

Lettland ist einer der drei baltischen Staaten. Er liegt zwischen Livland und Estland an der Ostsee (Rigaer Bucht). 1918 wurde in Lettland die unabhängige Republik ausgerufen. Seit 1940 ist es als Lettische Sozialistische Sowjetrepublik in die Sowjetunion eingegliedert. Das 63 700 qkm große Land ist von der Eiszeit geprägt und reich an Moränen, Seen sowie Mooren. Laub- und Nadelwälder, Wiesen, Weiden und Äcker bedecken das Hügelland. Die Bevölkerung, zum größeren Teil Letten, zum kleineren Russen, arbeitet hauptsächlich in der Landwirtschaft. Roggen, Weizen, Kartoffeln und Zuckerrüben werden angebaut. Bedeutend ist auch die Viehzucht. Die Hauptstadt Riga mit 765 000 Einwohnern ist Mittelpunkt der Industrie und zugleich der wichtigste Hafen des Landes.

Leuchtfeuer sind Wegweiser für die Schiff- und Luftfahrt. Für die Schifffahrt bestehen sie aus Leuchttürmen, Leuchttonnen und Feuerschiffen, vor allem in Küstengebieten. Für die Luftfahrt sind sie auf Bergspitzen oder Türmen angebracht. Jedes Leuchtfeuer hat, um Verwechslungen zu vermeiden, sein eigenes Lichtsignal, das sich von den anderen deutlich unterscheidet. So kann z. B. ein rotes Lichtzeichen dauernd leuchten, während ein grünes alle zwei Sekunden blinkt.

Leuchtkäfer fliegen in warmen Sommernächten wie kleine smaragdgrüne Lichtpunkte durch das Dunkel. Aber es sind nur die Männchen, die herumfliegen. Die Weibchen leuchten zwar auch, sie sitzen aber am Boden, weil sie verstümmelte Flügel haben. Die Leuchtkäfer werden auch Glühwürmchen oder Johanniskäfer genannt. Sie senden ein kaltes Licht ohne Wärmestrahlen aus.

In den Tropen gibt es große, wundervoll hellstrahlende Arten.

Leuchtkugeln, meistens rote, werden aus Leuchtpistolen abgeschossen. Sie sind Notsignale, z. B. von Schiffen in Seenot oder Bergsteigern in Bergnot.

Leuchtorganismen nennt man Pflanzen und Tiere, die durch Stoffwechselvorgänge Licht erzeugen. Bei den Pflanzen leuchten einige Pilze, z. B. der Hallimasch, auch bestimmte Bakterien, Moose und Algen. Bei den Tieren, die im Wasser leben, leuchten gewisse Geißeltierchen, die hauptsächlich das Meeresleuchten hervorrufen, einige Tintenfische, Muscheln und Tiefseefische (siehe Bild). Von den an Land lebenden Tieren sind verschiedene Insekten, wie das Glühwürmchen, der indische Laternenträger und die

Leuc

*Die Lebewesen der Tiefsee sind mit Leuchtorganen ausgestattet:
1 Orangeleuchtender Fingerpolyp, 2 Silberner Beilfisch, 3 Laternenfisch, 4 Fünfstreifiger Sternbildfisch, 5 Glasaal, 6 Dreisterniger Angler*

südamerikanischen Schnellkäferarten Leuchtlebewesen.

Leuchtröhren bestehen aus Glasröhren, die mit Edelgas, meist Neon oder Helium, gefüllt sind. Sie erwärmen sich im Gegensatz zur Glühlampe nicht. Unter elektrischer Spannung leuchtet das Gas ungewöhnlich hell. Leuchtröhren beleuchten ein Zimmer gleichmäßig und werden deshalb in Büroräumen, Werkstätten und Kaufhäusern den Glühlampen vorgezogen. Wegen ihrer intensiven Farben werden sie für die Lichtreklame verwendet.

Leuchttürme werden an Hafeneinfahrten, an gefährlichen Stellen im Küstengebiet und auf Inseln errichtet. Sie sind weithin sichtbar, am Tage durch ihre Form und eine auffallende Bemalung, in der Nacht und bei Nebel durch ihre Lichtsignale. An ihnen orientieren sich die Schiffe. Die Leuchttürme senden auch Wetternachrichten sowie Sturm- und Nebelwarnungen. Sie registrieren auch die Schiffe, die an ihnen vorbeifahren, und sind deshalb für den Seenotdienst sehr wichtig. Die Leuchtturmwärter, die auf diesen Türmen ein einsames Leben führen müssen, üben ein sehr verantwortungsvolles Amt aus.

Leukämie, auch Blutkrebs genannt, ist eine schwere Krankheit, bei der sich die weißen Blutkörperchen ständig vermehren. Mattigkeit, Abmagerung, Vergrößerung der Milz sowie Veränderungen im Knochenmark sind ihre Kennzeichen. Es gibt

akute und chronische, gutartige und bösartige Formen von Leukämie. In manchen Fällen verläuft die Krankheit tödlich.
Leukoplast dient zum Befestigen von Verbänden. Es ist ein mit Kautschukmasse bestrichenes Leinwandband und wird in verschiedenen Breiten hergestellt.
Leumund nennt man den guten oder schlechten Ruf eines Menschen. Von einem unbescholtenen Menschen sagt man, er habe einen guten Leumund.
Leutnant ist der unterste Offiziersrang.
Levante, ein italienisches Wort, heißt Morgenland. Man nennt die Länder am östlichen Mittelmeer so, besonders die Küsten von Kleinasien, Syrien und Ägypten.
Levkojen gehören zu den Kreuzblütlern. Die Sommer- und Winter-Levkojen sind Gartenblumen mit violetten, weißen oder gelben, meist gefüllten Blüten. Man liebt sie besonders wegen ihres wunderbaren Duftes.
Lexikon wird ein Nachschlagewerk genannt, in dem alphabetisch geordnete Stichwörter erklärt werden. Die Mehrzahl des Wortes heißt Lexika.
Lhasa, die Hauptstadt von Tibet, ist die heilige Stadt der lamaistischen Buddhisten. Sie hat viele Tempel und Klöster. Bis zur Besetzung durch China 1959 war Lhasa der Sitz des Dalai-Lama.
Lianen sind Kletterpflanzen, die andere Gewächse als Stütze benutzen, um in günstigere Lichtverhältnisse zu kommen. Waldrebe, Efeu und Jelängerjelieber (Geißblatt) heißen unsere Lianen. Im allgemeinen nennt man so die Schlinggewächse tropischer Urwälder. Sie bilden dort oft ein undurchdringliches Dickicht.
Libanon ist eine Republik am östlichen Mittelmeer. Im Norden und Osten wird sie von Syrien, im Süden von Isreel begrenzt. Die Hauptstadt und zugleich der Haupthafen des Libanon heißt Beirut. In dem überwiegend gebirgigen Land werden vor allem Südfrüchte, Wein, Oliven und Tabak angebaut sowie Schafe und Seidenraupen gezüchtet. Die Industrie ist noch kaum entwickelt. Die Ölhäfen Tripoli und Saida mit ihren großen Erdölraffinerien sind bedeutend für die Wirtschaft des Landes, das selbst keine Erdölquellen besitzt. Der Libanon ist 10 400 qkm groß und hat 3 Millionen Einwohner, je zur Hälfte Christen und Mohammedaner. Seit 1941 ist das Land politisch unabhängig. Es hat sich der Arabischen Liga angeschlossen. Libanon heißt auch das Gebirge, das sich 160 km lang parallel zur Mittelmeerküste auf dem Staatsgebiet von Libanon hinzieht. Östlich davon steht ihm der Antilibanon gegenüber. Eine fruchtbare Ebene trennt die beiden Gebirgszüge. Libanon bedeutet, aus dem Hebräischen übersetzt, »Weißes Gebirge«. Die über 3000 m hohen Gipfel sind nämlich im Winter mit Schnee bedeckt, so daß man dort Ski fahren kann.
Libellen, auch Wasserjungfern genannt, sind Raubinsekten. Sie ergreifen und verzehren ihre Beute im Fluge. Libellen sind bis zu 15 cm

lang, haben schillernde Glasflügel und sehr gute Facettenaugen. Sie leben an den Ufern von Gewässern. Ihre Larven halten sich im Wasser auf, ebenfalls als Räuber.

Liberal kommt aus dem Lateinischen und bedeutet sowie wie vorurteilsfrei, freidenkend, für die Rechte des einzelnen Menschen eintretend. Liberal bedeutet auch, die Meinung eines anderen gelten lassend. Man spricht von einem liberalen Politiker.

Liberia, eine westafrikanische Republik, liegt an der Pfefferküste. Freigelassene Negersklaven aus Nordamerika siedelten sich hier seit 1822 an. Ihre Nachkommen bilden noch heute die führende Oberschicht. 1847 wurde Liberia als Freistaat anerkannt. Das 111 370 qkm große Land hat etwa 1,6 Millionen Einwohner, meist Sudanneger. Die Landessprache ist Englisch, die Hauptstadt heißt Monrovia. Liberia hat feuchtheißes Tropenklima. Große Teile des Landes bestehen aus dichten Urwäldern. Hauptausfuhrprodukte sind Kautschuk, Kaffee, Kakao, Palmöl und Palmkerne, Bananen, Reis, aber auch Eisenerz und Edelhölzer, wie z. B. Mahagoni- und Zedernholz.

Libretto nent man das Textbuch einer Oper. Hugo von Hofmannsthal hat z. B. den Text zum ›Rosenkavalier‹, einer Oper von Richard Strauss, geschrieben.

Libyen heißt eine nordafrikanische Republik, die am südlichen Mittelmeer liegt. Im Westen wird Libyen von Tunesien und Algerien, im Osten von Ägypten und dem Sudan begrenzt. Das Land ist mit 1 759 540 qkm etwa siebenmal so groß wie die Bundesrepublik Deutschland. Die 2 Millionen Einwohner sind Mohammedaner, zumeist Araber. Nur die Küstengebiete sind fruchtbar, das Landesinnere besteht zum größten Teil aus Wüste, und zwar aus dem wasserärmsten Teil der Sahara. Wenige Oasen bilden Stützpunkte für die Kamelkarawanen, die noch heute die Wüste durchqueren. Das Land war arm, doch hat es, seit 1958 riesige Erdölvorkommen entdeckt wurden, wirtschaftlich einen großen Aufschwung genommen. Auch die Bundesrepublik Deutschland bezieht einen großen Teil ihres Erdöls aus Libyen. Tripolis und Bengasi sind die größten Städte und wichtige Häfen. Die neue Hauptstadt El-Beida ist noch im Bau. Libyen gehörte fast 400 Jahre zur Türkei, danach etwa 30 Jahre zu Italien. Von 1951 bis 1969 war Libyen unabhängiges Königreich. Seit 1969 ist es Republik. Es gehört zur Arabischen Liga und ist Mitglied der Vereinten Nationen.

Libysche Wüste, ein riesiges, etwa zwei Millionen Quadratkilometer umfassendes Gebiet, wird der nordöstliche Teil der Wüste Sahara genannt. Wenige Oasen nur liegen in dieser äußerst wasser- und pflanzenarmen Wüste. Die bedeutendsten mit Dattelpalmenkulturen, Wein und Getreide sind Kufra und Siwah. Einzige Bewohner dieser mit Flugsand bedeckten Landschaft sind Beduinen.

Licht ist eine Form der Energie. Es

breitet sich von einer Lichtquelle nach allen Seiten hin geradlinig aus. Lichtstrahlen sind elektromagnetische Schwingungen. Gegenstände, die sie durchlassen, werden als durchsichtig, solche, die sie nur wenig durchlassen, als durchscheinend, und solche, die gar keine Lichtstrahlen durchlassen, als undurchsichtig bezeichnet. Unsere natürliche Lichtquelle ist die Sonne, indirekt auch der Mond. Künstliches Licht (Kerzen, Petroleumlampen, Glühlampen usw.) war bisher immer mit Wärmeerzeugung verbunden, einer unwirtschaftlichen Begleiterscheinung. Neuerdings ist man dazu übergegangen, »kaltes« Licht zu erzeugen, wie die Glühwürmchen es können. Leuchtröhren sind, so gesehen, die modernste Beleuchtung.

Lichtbogen wird die durch starken elektrischen Strom erzeugte Lichterscheinung zwischen zwei Kontaktpunkten, zum Beispiel zwischen den beiden Kohlen einer Bogenlampe, genannt. Die enormen Temperaturen, die beim Lichtbogen entstehen, werden zum Schmelzen und Schweißen von Metallen benutzt.

Lichte Maße (lichte Höhe, lichte Weite) nennt man die Abstände zwischen den inneren Begrenzungen einer Öffnung, z. B. eines Fensters, oder eines Hohlraums. Bei einem Rohr ist die lichte Weite sein innerer Durchmesser.

Lichtgeschwindigkeit ist die Geschwindigkeit, mit der sich das Licht fortpflanzt. Sie beträgt im luftleeren Raum 299 792,5, also rund 300 000 Kilometer in der Sekunde. Die Lichtgeschwindigkeit ist die größtmögliche Geschwindigkeit. Materielle Körper können sich der Lichtgeschwindigkeit nur nähern, sie aber nicht erreichen.

Lichthupe nennt man das Blinken mit dem Fernlicht. Es zeigt einem Autofahrer im Rückspiegel an, daß der ihm folgende Kraftwagen ihn überholen will. Die Lichthupe wird auch als Warnzeichen verwendet.

Lichtjahr wird die vom Licht in einem Jahr zurückgelegte Strecke genannt. Das sind 9,461 Billionen Kilometer. Mit dem Lichtjahr werden die riesigen Entfernungen im Weltraum gemessen. Der Sirius, der hellste Fixstern, ist 8,7 Lichtjahre von der Erde entfernt. Der Andromedanebel ist mit einer Entfernung von 1,7 Millionen Lichtjahren das uns nächste Sternsystem.

Lichtmaschine heißt beim Kraftwagen der Gleichstromgenerator, der die elektrischen Anlagen, z. B. die Batterie und die Scheinwerfer, mit Strom versorgt. Sie wird vom Motor angetrieben.

Lichtnelken haben ihren Namen von der Leuchtkraft ihrer rosa Blüten. Auf feuchten Wiesen wächst die staudenartige Kuckucks-Lichtnelke, auch nur Kuckucksnelke genannt. Die in unseren Gärten gezogene Samtnelke und die Brennende Liebe gehören ebenfalls zu den Lichtnelken.

Lichtsignale sind Leuchtzeichen, die bestimmte Nachrichten mitteilen. Verkehrsampeln regeln mit ihrem rot-gelb-grünen Licht den Autoverkehr an Straßenkreuzungen. Auch

Lich

bei anderen Verkehrsmitteln, wie Straßenbahn, Eisenbahn, Schiffen, Flugzeugen, sind sie unentbehrliche Nachrichtenübermittler. Lichtrufanlagen werden besonders dort eingerichtet, wo eine geräuschlose Benachrichtigung erwünscht ist, z. B. in Krankenhäusern oder Hotels.

Lichtverstärker siehe Stichwort »Laser«.

Lid wird die bewegliche Hautfalte genannt, mit der das Auge geöffnet und geschlossen werden kann. Auf der Innenseite ist das Lid mit feuchter Bindehaut überzogen. Man unterscheidet das größere obere und das kleinere untere Augenlid. An den Lidrändern wachsen feine Härchen, die Wimpern. Die Augenlider haben die Aufgabe, die Augen zu befeuchten und zu schützen.

Liebermann, Max, ein deutscher Maler und Graphiker, lebte von 1847 bis 1935 in Berlin. Er gehört zu den Impressionisten. Berühmt sind seine Porträts und Landschaften.

Liebesgötter waren in der griechischen Mythologie Aphrodite und Eros, in der römischen Venus und Amor (Cupido).

Liebig, Justus von, lebte von 1803 bis 1873. Er war der bedeutendste deutsche Chemiker des 19. Jahrhunderts. Seine Befürwortung des Kunstdüngers in der Landwirtschaft leitete eine neue Epoche der Feldbestellung ein. Er erfand unter anderem ein Verfahren zur Herstellung des nach ihm benannten Fleischextraktes.

Liebstöckel wird auch Maggikraut genannt. Seine gefiederten Blätter sind ein ausgezeichnetes Suppengewürz. Die staudenförmige Pflanze stammt aus Südeuropa und kann bis zu zwei Meter hoch werden.

Liechtenstein ist ein unabhängiges kleines Fürstentum zwischen Österreich und der Schweiz. Das am Alpenrhein gelegene Land ist nur 158 qkm groß. Seine 21 000 Einwohner leben vom Ackerbau, von der Alpwirtschaft, der Textilindustrie sowie vom Fremdenverkehr. Die Hauptstadt heißt Vaduz. Da in Liechtenstein eine sehr niedrige Einkommenssteuer erhoben wird, haben sich dort viele ausländische Unternehmen niedergelassen. Liechtenstein ist auch bekannt für seine besonders schönen Briefmarken.

Lieder werden gesungen. Melodie und Text bilden zusammen das Lied. Bei den alten Volksliedern ist nur selten bekannt, von wem sie stammen. Bei den Kunstliedern dagegen sind die Komponisten immer und die Dichter meistens bekannt. Lieder können ein- oder mehrstimmig gesungen werden. Oft werden sie instrumental begleitet, z. B. von einer Gitarre oder einem Klavier.

Lift nennt man einen Aufzug, in dem Personen oder Waren befördert werden. Das Wort kommt aus dem Englischen.

Liga wurde früher ein Bund oder ein Bündnis genannt. Heute bezeichnet das Wort eine Vereinigung, z. B. die »Liga für Menschenrechte«. Im Sport bedeutet Liga die höchste Spielklasse eines bestimmten Gebiets, beispielsweise die Bundesliga im Fußball.

Ligurisches Meer wird ein Teil des Mittelmeers zwischen der Riviera und der Insel Korsika genannt.

Liguster, auch Rainweide genannt, gehört zu den Ölbaumgewächsen. Er kommt als Baum oder als Strauch vor. Bei uns wächst der bis zu fünf Meter hohe Gemeine Liguster. Er hat leicht lederige dunkelgrüne Blätter, süßlich duftende weiße Blüten und etwa erbsengroße schwarze Beeren. Liguster wird gern als Hekkenpflanze gezogen. Sein festes Holz verarbeiten die Drechsler. Die Korbflechter stellen aus den biegsamen Ruten Korbwaren her.

Ligusterschwärmer heißt ein rosagrau oder braun-rot-schwarz gefärbter Nachtschmetterling, der eine Flügelspannweite von 12 cm besitzt. Seine grüne, violettgestreifte Raupe wird 10 cm lang und lebt vor allem an Ligustersträuchern.

Likör ist ein süßes, alkoholisches Getränk aus verdünntem Branntwein und aromatischen Geschmacksträgern, wie Gewürzen, Kräutern oder Früchten.

Lilien sind Zwiebelpflanzen und gehören zur Gattung der Liliengewächse. Sie besitzen schmale Blätter und schöne, glockenförmige Blüten, die einzeln, in Dolden oder Trauben auf einem meist hohen Stiel stehen. Auf unseren Bergwiesen und in unseren Laubwäldern wachsen die Feuerlilie und der Türkenbund wild. Beide stehen unter Naturschutz. In unseren Gärten gedeihen die weiße Lilie, die Tiger-, die Goldband- sowie die Riesenlilie. Die Lilie ist eine der ältesten Zierpflanzen. Die Juden sahen in ihr das Symbol der Reinheit und Unschuld. Bei den Christen wurde sie zum Merkmal der Unbefleckten Empfängnis. Das französische Königsgeschlecht der Bourbonen trug die Lilie in seinem Wappen.

Die geschützte Türkenbundlilie wächst noch in manchen Gegenden der Alpen. Sie blüht im Juni und Juli.

Lilienthal, Otto, wurde 1848 geboren. Er war ein berühmter deutscher Ingenieur und Flugpionier. Er studierte den Flug der Vögel und baute sich einen Flugapparat. Von 1891 an unternahm er als erster Mensch Gleitflüge, die ihn schließlich über eine Strecke von mehreren hundert Metern trugen. 1896 stürzte er bei einem seiner Versuche tödlich ab.

Lille [lihl] liegt in der Nähe der belgischen Grenze und ist mit 190 000 Einwohnern die größte Stadt Nordfrankreichs. Es gibt dort zwei Universitäten, verschiedene Fach- und Hochschulen sowie schöne, alte

Lima

Bauten. Außerdem ist die Stadt ein wichtiger Verkehrsknotenpunkt, an dem sich zahlreiche Textil-, Maschinen- und Lebensmittelfabriken niedergelassen haben.

Lima heißt die Hauptstadt der südamerikanischen Republik Perú mit 2,8 Millionen Einwohnern. Die Stadt liegt 136 m über dem Meere und 14 km von Callao, der Hafenstadt am Stillen Ozean, entfernt. Lima gilt wegen seiner vielen alten Kathedralen und Paläste aus der spanischen Kolonialzeit als eine der schönsten Städte Südamerikas. Es besitzt eine Universität, verschiedene Hochschulen und ein berühmtes Inkamuseum. Die Stadt wurde 1535 von dem spanischen Konquistador Francisco Pizarro gegründet und war lange Zeit Sitz der spanischen Vizekönige von Perú. Den gleichen Namen hat eine Stadt mit etwa 50 000 Einwohnern im USA-Staat Ohio. Dort gibt es Erdölraffinerien und eine bedeutende Maschinenindustrie.

Limes nannten die alten Römer ihre Grenzbefestigungen zwischen Rhein und Donau. Dieser Limes trennte das römisch besetzte Germanien vom übrigen Germanien. Er war 555 km lang und durch mehr als 1000 Wachtürme sowie über 100 Kastelle gesichert. Mit seinem Bau wurde etwa 50 n. Chr. begonnen. Im Jahre 250 gaben die Römer den Limes auf. Reste eines großen Kastells der Limesbesatzung existieren noch heute bei Saalburg im Taunus.

Limit [límmit] bedeutet bei Geschäftsaufträgen die Preisgrenze nach unten oder oben. Limitieren heißt begrenzen, einschränken.

Limone nennt man eine zitronenähnliche Frucht. Es gibt kleine saure und große süße Limonen.

Limousine sagt man zu einem geschlossenen Personenkraftwagen.

Limpopo ist ein 1600 km langer südafrikanischer Fluß. Als Krokodilfluß entspringt er in der Nähe von Johannesburg und mündet, auch Inhampura genannt, bei der Delagoa-Bai in den Indischen Ozean.

Lincoln, Abraham [línken], lebte von 1809 bis 1865. Er war von 1861 bis 1865 Präsident der Vereinigten Staaten von Amerika. Als Sohn eines einfachen Farmers arbeitete er sich zum Rechtsanwalt empor und war, bis er zum Präsidenten gewählt wurde, Abgeordneter der Republikanischen Partei. Lincoln war ein schlichter, aber sehr kluger Mann. Er gilt als Befreier der Negersklaven, für die er sich ganz besonders einsetzte. 1861 kam es deshalb zum Bürgerkrieg zwischen den Süd- und den Nordstaaten Amerikas, zum sogenannten Sezessionskrieg. Nachdem Lincoln den Krieg für die Nordstaaten gewonnen hatte, begann er mit viel staatsmännischem Geschick, die feindlichen Teile der USA miteinander auszusöhnen. 1864 wurde er wiedergewählt, aber bald darauf von einem fanatischen Südstaatler erschossen.

Lincoln heißt auch die Hauptstadt der ostenglischen Grafschaft Lincolnshire. Den gleichen Namen trägt ferner die Hauptstadt des USA-Staats Nebraska.

Lindau liegt auf einer Insel im Bodensee. Diese alte bayerische Stadt hat 25 400 Einwohner und ist durch eine Brücke und einen Bahndamm mit dem Festland verbunden. Neben dem Fremdenverkehr bilden Maschinen- und Elektrofabriken die Einnahmequellen der Stadt.

Linden kommen bei uns in zwei verschiedenen Arten vor. Wir unterscheiden die bis zu 40 m hohe, großblättrige, früh blühende Sommerlinde und die kleinblättrige, spät blühende Winterlinde, die nicht ganz so mächtig wird. Die Sommerlinde hat hellgrüne, an der Unterseite behaarte Blätter, die Blätter der Winterlinde sind dunkelgrün und glatt. Linden finden wir vereinzelt in Laubwäldern. Man pflanzt sie gern in Anlagen, Alleen und auf Plätzen an, wo sie nicht selten bis zu 1200 Jahre alt werden. Ihre in Trugdolden stehenden gelben Blüten verbreiten einen starken Duft, der die Bienen anlockt. Aus Lindenblüten kochen wir einen Tee, der uns bei Erkältungen zum Schwitzen bringt. Lindenholz ist leicht und weich. Es eignet sich gut zum Schnitzen. Als Parkbäume werden bei uns auch verschiedene Arten der Silberlinde angepflanzt, die aus Nordamerika und Asien stammen.

Linde, Carl von, lebte von 1842 bis 1934. Er war ein deutscher Ingenieur und gilt als Begründer der Kältetechnik. 1876 konstruierte er eine nach ihm benannte Eismaschine, und 1895 erfand er ein Verfahren zur Verflüssigung der Luft.

Lineal heißt ein Zeichengerät aus Metall, Holz oder Kunststoff, mit dem wir gerade Linien ziehen können. Lineale sind zumeist mit einer Einteilung in Zentimeter und Millimeter versehen. Zum Zeichnen von gekrümmten Linien gibt es Kurvenlineale.

Linien gleicher Höhenlage (der griechische Ausdruck dafür heißt Isohypsen) nennt man auch *Schichtlinien* oder einfach *Höhenlinien.* Sie sind Linien, die Punkte gleicher Höhe miteinander verbinden. Anhand der Höhenlinien kann man auf der Landkarte ablesen, ob und wann zum Beispiel ein Weg zu einem Berggipfel sehr steil ist.

Linien gleicher Wassertiefe (der griechische Ausdruck dafür heißt Isobathen) sind Linien, die Punkte gleicher Tiefe miteinander verbinden. Auf Land- und Seekarten wird der Tiefenunterschied immer auf einen (nach Gewässer verschiedenen) Mittleren Wasserspiegel bezogen. So müssen zum Beispiel Flußschiffer vor Antritt ihrer Fahrt über Funk die neuesten Wasserstandsmeldungen einholen, um zu erfahren, ob ihnen auf ihrem Wasserweg ein gefährliches Hochwasser oder gar eine Untiefe begegnen wird.

Linienrichter achten darauf, daß bei Ballspielen die Grenzen des Spielfeldes nicht überschritten werden. Sie machen den Schiedsrichter auch auf Abseitsstellung oder regelwidriges Verhalten der Spieler aufmerksam.

Linienschiffahrt wird der fahrplanmäßige Schiffsverkehr zwischen bestimmten Häfen genannt.

Linkshänder nennt man einen Menschen, der hauptsächlich die linke Hand benutzt. Wenn wir zum Beispiel einen Nagel einschlagen, nehmen wir normalerweise den Hammer in die rechte Hand. Ein Linkshänder nimmt ihn in die linke. Etwa 10 Prozent aller Menschen sind Linkshänder.

Linné, Carl von, war ein schwedischer Naturforscher. Er lebte von 1707 bis 1778. Sein Lebenswerk bestand darin, daß er alle damals bekannten Tiere und Pflanzen genau beschrieb und für jedes Lebewesen einen lateinischen Art- und Gattungsnamen festlegte. Die Honigbiene nannte er zum Beispiel Apis mellifica. Außerdem schuf er das nach ihm benannte künstliche Pflanzensystem, das auf der Zahl und Anordnung von Staub- und Fruchtblättern beruht. Sein Sohn Carl setzte das Werk fort.

Linoleum besteht aus einer Mischung von Leinöl, Harzen, Korkmehl und Farbstoffen, die auf Jutegewebe aufgetragen wird. Es ist ein sehr strapazierfähiger, elastischer und hygienischer Fußbodenbelag.

Linolschnitt ist eine dem Holzschnitt verwandte Technik. Als Druckstock dient ein Stück Linoleum. Die Technik ist unter dem Stichwort »Holzschnitt« beschrieben.

Linse heißt eine alte Kulturpflanze aus der Familie der Schmetterlingsblütler. Sie stammt aus dem Orient und wird schon lange in Europa angebaut. Die Linse hat bläulich-weiße Blüten und Hülsenfrüchte mit einem bis drei gelben, roten oder schwarzen Samen, den Linsen. Sie sind ein vorzügliches, eiweißreiches Nahrungsmittel. Das Kraut bildet ein wertvolles Viehfutter.

Von der Form der Linse mit ihren beiden gewölbten Flächen haben auch die optischen Linsen ihren Namen. Es sind lichtdurchlässige Körper aus Glas, Quarz, Steinsalz oder Kunststoff, die das Licht brechen. Die von einem Gegenstand ausgehenden, durch eine Linse geleiteten Lichtstrahlen erzeugen ein Bild des Gegenstands. Darum werden Linsen in optische Geräte, wie Fotoapparate, Ferngläser, Mikroskope, Teleskope, eingebaut. Auch unsere Augen besitzen Linsen. Sie brechen die Lichtstrahlen, so daß auf der Netzhaut ein Bild entsteht.

Linz an der Donau, mit 205 000 Einwohnern die Hauptstadt des österreichischen Bundeslands Oberösterreich, ist reich an schönen, alten Bauwerken. Die Stadt besitzt eine bedeutende Industrie mit Eisen-, Stahl- und Stickstoffwerken, einen Hafen sowie eine Schiffswerft. Linz ist aus dem römischen Kastell Lentia entstanden.

Lipizza war bis 1918 das kaiserliche Hofgestüt Österreichs in der Nähe von Triest. 1919 wurde es nach Piber in der Steiermark verlegt, wo heute die berühmten Lipizzanerhengste für die Spanische Hofreitschule in Wien gezüchtet werden. Lipizzaner sind fast ausschließlich Schimmel. Die Fohlen sind zunächst schwarz.

Lippenblütler sind Pflanzen mit vierkantigen Stengeln, an denen die Blätter gegenständig sitzen. Sie haben zweilippige Blüten, vierteilige Spaltfrüchte und kleine nußähnliche Samen. Wegen ihres würzigen Geruchs und ihrer ätherischen Öle werden sie als Heilkräuter (Melisse), Gewürz (Majoran), Tee (Pfefferminze) und Parfüm (Lavendel) verwendet.

Lippenpflöcke werden von Naturvölkern getragen, vor allem von brasilianischen Indianern und den Frauen einiger afrikanischer Negerstämme. Es sind Scheiben oder Klötze aus Elfenbein, Stein, Knochen, Holz oder anderem Material, die als Schmuck der Lippen gelten. Sie werden an einem Pfriem, der durch die Lippen gestochen wird, befestigt.

Lippenstifte bestehen aus verschiedenen Wachsen und Ölen, denen man Farbstoff zusetzt. Sie dienen als Lippenschminke. Bereits im Altertum kannte man Lippenstifte.

liquid kommt aus dem Lateinischen und bedeutet flüssig, verfügbar, auch zahlungsfähig.

Liquidation nennt man im Wirtschaftsleben die Auflösung einer Firma sowie die Abwicklung aller damit verbundenen Geschäfte. Die Schulden müssen bezahlt, die Außenstände eingezogen und alle vorhandenen Waren und Einrichtungsgegenstände verkauft werden. Was als Vermögen übrigbleibt, wird an die Teilhaber, bei Verschuldung an die Gläubiger verteilt.

Lissabon (Lisboa), mit etwa 800 000 Einwohnern die Hauptstadt Portugals, liegt 15 Kilometer oberhalb der Mündung des Tejo in den Atlantik und hat den größten Hafen des Landes. Mit seinen vielen prunkvollen, großzügig angelegten Palästen, Kirchen, Klöstern, Kastellen, Straßen und Plätzen gilt Lissabon als eine der schönsten Städte der Erde. Es besitzt eine Universität, mehrere Hoch- und Fachschulen sowie wissenschaftliche Institute. Verschiedene Industrien und ein lebhafter Handel bilden wichtige Erwerbszweige für die Bewohner der Stadt. In der Antike hieß Lissabon Ulisipo; es wurde 715 von den Arabern eingenommen. Seit 1147 gehört es zu Portugal. 1755 fielen zwei Drittel der Stadt einem Erdbeben zum Opfer.

Liszt, Franz, war ein bedeutender Pianist und Komponist. 1811 wurde er in Ungarn geboren und trat schon mit neun Jahren als gefeierter Konzertpianist auf. Er schrieb virtuose Kompositionen für Klavier und symphonische Dichtungen. Gegen Ende seines Lebens widmete er sich der Kirchenmusik. Er setzte sich sehr für die Musik seines späteren Schwiegersohnes Richard Wagner ein. 1886 starb er in Bayreuth.

Litanei heißt ein gesprochenes oder gesungenes Gebet, das abwechselnd von einem Vorbeter und der Gemeinde vorgetragen wird. Im übertragenen Sinn bezeichnet man auch ein eintöniges Gerede mit Litanei.

Litauen, der südlichste der drei baltischen Staaten, wurde 1940 als Litauische Sozialistische Sowjetrepublik in die Sowjetunion eingegliedert. Die Hauptstadt ist Wilna. Das 65 200 qkm große Land gehört zur Baltischen Seenplatte und ist reich an Seen, Sümpfen und Mooren. Nur im Osten steigt es zu einem bewaldeten Hügelland an. Die Bevölkerung (über 3 Millionen), zum größten Teil Litauer, aber auch Russen und Polen, lebt von der Landwirtschaft und Viehzucht. Wilna und Kaunas, zwei wichtige Verkehrsknotenpunkte, haben eine bedeutende Industrie. In Memel, dem einzigen Hafen, gibt es Fischfabriken.

Liter heißt ein Hohlmaß. Es wird mit l abgekürzt. Mit dem Liter werden vor allem Flüssigkeiten gemessen. Es ist der Rauminhalt eines Kubikdezimeters. 1 l Wasser wiegt 1 kg. (Siehe auch Tabelle zu Stichwort »Maße«)

Literatur ist Schrifttum. Im weiteren Sinn umfaßt sie alle Schriftwerke, z. B. auch die Fachliteratur. Im engeren Sinn versteht man nur das schöngeistige (belletristische) Schrifttum darunter, z. B. Romane, Gedichte, Novellen, Erzählungen.

Litfaßsäule nennen wir eine an verkehrsreichen Plätzen und Straßen aufgestellte dicke Säule, an der Werbeplakate und Bekanntmachungen angeschlagen werden. Sie hat ihren Namen von dem Buchdrucker Ernst Litfaß, der 1854 in Berlin die erste Anschlagsäule errichtete.

Lithographie wird der Steindruck genannt, das älteste Flachdruckverfahren, bei dem eine Platte aus Solnhofner Kalkschiefer als Druckform dient. Eine Zeichnung, z. B. eine Landkarte, wird vom Lithographen mit Fettkreide oder Tusche auf die Steinplatte übertragen. Der Drucker stellt dann Abzüge her. Durch eine Spezialbehandlung des Steines nimmt nur die Zeichnung Druckfarbe an. Auch ein im Steindruck hergestelltes Kunstblatt wird Lithographie genannt.

Liturgie [-gíh] nennt man in der christlichen Kirche die streng geregelte Ordnung des öffentlichen Gottesdienstes.

Liverpool [líwerpuhl] liegt an der Westküste von England, an der Mündung des Mersey in die Irische See. Die Stadt mit 606 800 Einwohnern ist durch ihren großen Hafen ein bedeutender Handelsplatz und Baumwollmarkt. Liverpool ist Universitätsstadt. Es hat auch umfangreiche Industrieanlagen und Werften.

Live-Sendungen [laif-] nennt man Rundfunk- oder Fernsehsendungen, die im Augenblick der Entstehung vom Ort des Geschehens original übertragen werden.

Livingstone, David [líwingßtn], ein schottischer Missionar und Forschungsreisender, lebte von 1813 bis 1873. Seine Entdeckungsfahrten führten ihn vor allem ins Innere Afrikas. Dort stieß er auf den Sambesi und die von diesem Fluß gebildeten Victoriafälle. Ferner fand er unter anderem den Njassasee sowie die Quellflüsse des Kongostroms. Seine abenteuerlichen Expeditionen hat er in Reiseberichten und Tagebüchern beschrieben.

Livland ist eine fruchtbare, seenreiche Landschaft des Baltikums. Zu Beginn des 13. Jahrhunderts wurde es vom Deutschritterorden kolonisiert und zum christlichen Glauben bekehrt. 1919 kam es zum größeren

Lódz

Teil zu Lettland, zum kleineren zu Estland und gehört seit 1940 mit Riga als Hauptstadt zur Sowjetunion.

Livorno [liwórno], ein bedeutender Hafen und Handelsplatz am Tyrrhenischen Meer, ist die Hauptstadt der gleichnamigen Provinz in der Toskana.

Lizenz wird eine behördlich oder privat erteilte Genehmigung genannt. Eine behördliche Lizenz braucht man z. B. zum Führen eines Lokals, eine private beispielsweise zum Nutzen eines Patents.

Ljubljana (Laibach) ist die Hauptstadt der sozialistischen Republik Slowenien in Jugoslawien. In der an alten Barockbauten reichen Universitätsstadt leben etwa 174 000 Menschen.

Den ähnlichen Namen Ljubljanica trägt ein jugoslawischer Karstfluß, der streckenweise unter der Erde fließt und nahe der Stadt Ljubljana in die Save mündet.

Llanos [ljánoß] heißen die fast baumlosen, ebenen Grassteppen im Süden der USA und in Südamerika.

Lobbyismus nennt man den Einfluß, den Vertreter von Interessengruppen durch Kontakte mit Abgeordneten und Staatsbeamten auf die Gesetzgebung, Politik und Verwaltung auszuüben versuchen.

Locarno, am Nordufer des Lago Maggiore im Schweizer Kanton Tessin gelegen, ist ein beliebter Kurort. Hier wurde 1925 der Locarnopakt ausgearbeitet. Das war ein von Großbritannien und Italien garantierter Sicherheitsvertrag, in dem sich das Deutsche Reich, Frankreich und Belgien verpflichteten, die im Versailler Vertrag nach dem ersten Weltkrieg festgelegten deutschen Westgrenzen und die Entmilitarisierung des Rheinlands zu achten. Hitler brach den Vertrag 1936 durch den Einmarsch ins Rheinland.

Lochkarten dienen zur Steuerung von Maschinen. Jede Lochkarte ist in Informationsfelder eingeteilt. Stanzt man aus dem Informationsfeld, das beispielsweise den Buchstaben C bedeutet, ein Loch heraus, kann eine Lochkartenlesemaschine den Buchstaben C lesen. Die Lochkarte wird dabei von der Lesemaschine elektrisch abgetastet. Das alles geschieht in Sekundenschnelle. Bei automatischen Schreib-, Rechen- oder Adressiermaschinen lassen sich auf diese Weise Briefe, Rechnungen oder Adressen perfekt und schnell anfertigen.

Lochstreifen sind gelochte Papierbänder, die man Fernschreibern, Rechengeräten und automatischen Maschinen (z. B. Werkzeugmaschinen) eingibt und diese damit steuert. Jede Lochgruppe auf dem Streifen stellt einen Buchstaben, eine Zahl, einen Rechenweg oder einen Arbeitsgang der Maschine dar.

Loden nennt man ein warmes, kräftiges, wetterfestes Wollgewebe, aus dem Trachten-, Sport- und Wanderkleidung hergestellt wird.

Lódz [lodsch] ist mit 750 000 Einwohnern die zweitgrößte Stadt Polens. Sie liegt südwestlich von Warschau, hat eine Universität sowie verschiedene Fach- und Hochschu-

Löff

len und ist Zentrum der polnischen Textilindustrie.

Löffelenten oder Löffelgänse sind Wildenten, die in Nordeuropa, Nordamerika und Asien beheimatet sind. Den Namen haben sie von ihrem Löffelschnabel. Im Winter ziehen die metallisch grün-, grau-, weiß- und braungefiederten Vögel in südlichere, wärmere Länder.

Löffler werden fälschlicherweise oft als Löffelreiher bezeichnet. Es sind jedoch nur reiherähnliche Schreitvögel mit einem Federschopf auf dem Kopf, den sie aufrichten können. Mit ihrem breiten Schnabel holen sie sich Fische, Schnecken und Insekten aus dem Wasser. In Europa und Asien lebt der weiße Löffler in Brutkolonien. Er hat einen schwarzen Schnabel. In Mittel- und Südamerika ist der rosenrote Rosenlöffler heimisch.

Löffler

Löffler, Friedrich, lebte von 1852 bis 1915. Er war ein deutscher Bakteriologe. 1884 bestimmte er den Diphtherieerreger. Unter dem Stichwort »Diphtherie« steht mehr über diese Krankheit.

Löschzug nennt man eine Feuerwehrabteilung, die aus vier Fahrzeugen besteht: aus dem Funkdienstwagen, einem Tanklöschfahrzeug, einem weiteren Löschfahrzeug sowie einem Fahrzeug mit einer Drehleiter. Manche Leitern können bis 30 Meter hoch ausgefahren werden.

Nach unseren heutigen Vorstellungen sind diese spanischen Lößhöhlen in Guadix als menschliche Unterkünfte kaum mehr geeignet. Tatsächlich sind sie jedoch heute noch bewohnt.

Löß ist ein sehr fruchtbarer, durchlässiger Boden. Der gelbliche Sand stammt aus dem Schutt der eiszeitlichen Moränen. Der Wind trug ihn zusammen. In Asien gibt es viele Lößablagerungen. Diese erheben sich in China bis zu einer Höhe von 75 Metern. In Terrassen sind darauf Felder angelegt, die reiche Ernte tragen. In die steilen Lößabbrüche haben sich Menschen oft auch Höhlenwohnungen gegraben.

Lösungen entstehen, wenn sich flüssige oder gasförmige Stoffe mit Wasser, Benzin oder Alkohol vermischen. Die Moleküle des festen Körpers, z. B. Salz, bilden mit dem Lösungsmittel Wasser eine Salzlösung. Wird eine Flüssigkeit erwärmt, so lösen sich darin feste Stoffe schneller auf. Nimmt die Flüssigkeit keinen Stoff mehr auf, ist die Lösung gesättigt. Man kann auch feststellen, daß eine gesättigte Kochsalzlösung erst bei 108,7 Grad Celsius siedet, während Wasser schon bei 100 Grad kocht. Selterswasser enthält ein Gas: Kohlendioxyd (Kohlensäure). Öffnet man die Flasche, entweicht ein Teil, es braust auf. Wird eine Lösung abgekühlt oder verdunstet sie, so bilden sich Kristalle.

Löten nennt man das Verbinden von zwei Metallstücken durch ein Lot. Das Lot ist eine Metallegierung, die einen niedrigeren Schmelzpunkt hat als das Metall der zu verbindenden Teile. Metallflächen und Lot werden bis zum Schmelzpunkt des Lots erhitzt. Das verflüssigte Lot erstarrt durch Abkühlen und stellt eine feste Verbindung her. Beim Weichlöten besteht das Lot meist aus Blei und Zinn, beim Hartlöten aus Kupfer und Zink.

Lötkolben verwendet man beim Weichlöten. Der Kupferkolben wird bis 400 Grad im Feuer oder durch elektrischen Strom erhitzt. Damit wird das schmelzende Lötmetall auf die Lötstelle aufgetragen. Zum Hartlöten wird der Schweißbrenner gebraucht.

Löwen gehören zur Familie der Großkatzen. Sie leben heute in den Steppen und Savannen Afrikas und Vorderindiens. Träge liegen die Rudel in der Sonne. Sie unterscheiden sich kaum von ihrer Umgebung. Ihr gelbliches oder fahlbraunes Fell tarnt sie. Die Männchen erkennt man an der imposanten dunkleren Mähne. 1,70 m lang ist der Körper, 77 cm der Schwanz, der in einer Quaste endet (siehe Farbtafel »Katzen« Band 5). Löwen sind die einzigen Großkatzen, die im Rudel jagen. Tief geduckt lauern die weiblichen Tiere, während die Männchen z. B. ein Zebra von seiner Herde wegtreiben. Mit einem gewaltigen Sprung erreicht eine Raubkatze ihr Opfer und reißt es mit einem mächtigen Prankenhieb. Der kräftigste Löwe beansprucht die besten Stücke des gerissenen Tiers. Mit tiefem, langem, lautem Gebrüll, notfalls auch mit Prankenhieben verteidigt er seinen Platz. In Fabeln ist der Löwe der König der Tiere. Auf Wappen und Denkmälern sehen wir ihn als Bild für Tapferkeit und Stärke. Auch ein Sternbild, ein Tierkreiszeichen trägt seinen Namen.

Löwenmaul ist eine beliebte Gartenpflanze, die in den verschiedensten Farben blüht. Ihre Blüten sehen aus wie aufgesperrte Rachen.

Löwenzahn heißt eine Unkrautpflanze, die auf jeder Wiese wächst. Kräftig gelb leuchten die Blüten. Bis zu 200 Einzelblüten sitzen in dem Blütenkorb. Jede Blüte hat Pollen und Nektar. Auf dem Fruchtknoten sitzt ein Stiel mit Haarkelch. Daraus entwickeln sich die »Fallschirme« der »Pusteblume«. Mit diesen Schirmen segeln die reifen Samen durch die Luft, bis sie irgendwo landen und sich mit den winzigen Widerhaken im Boden festhalten. Der üppig wuchernde Löwenzahn verdrängt viele andere Pflanzen. Will man einen Löwenzahn ausreißen, hat man oft nur

Lofo

die gesägten Blätter in der Hand. Aus dem hohlen Stengel fließt dann ein Milchsaft, der braune Flecken hinterläßt. Die Pfahlwurzeln der Pflanze stecken so tief in der Erde, daß man sie ausgraben muß. Junge Löwenzahnblätter ergeben im Frühling einen schmackhaften Salat.

Lofoten heißt eine kahle, felsige, bis zu 1226 m hohe Inselgruppe vor der Küste Nordnorwegens. Die Bewohner der Lofoten leben vom Fischfang.

Log oder Logge heißt ein Gerät, mit dem die Geschwindigkeit eines Schiffes gemessen wird.

Logbuch ist ein gesetzlich vorgeschriebenes Schiffstagebuch, in das täglich alle wichtigen Vorgänge und Beobachtungen, wie Wetter, Wind, Kurs, Geschwindigkeit, eingetragen werden müssen.

Logik besitzt jemand, der folgerichtig denken kann. Die Lehre vom richtigen Denken heißt ebenfalls Logik.

Lohn wird das Entgelt für eine Arbeitsleistung genannt. Ein Arbeiter erhält wöchentlich seinen Lohn. Er richtet sich nach der Anzahl der gearbeiteten Stunden. Beamte und Angestellte bekommen ein festes Gehalt, das ihnen monatlich ausgezahlt wird.

Lohn-Preis-Spirale nennt man das Ansteigen der Löhne als Folge von steigenden Preisen und das weitere Steigen der Preise als Folge der gestiegenen Löhne usw.

Lohnsteuer muß in der Bundesrepublik Deutschland jeder zahlen, der Einkünfte aus nichtselbständiger Arbeit hat, das sind alle Empfänger von Löhnen und Gehältern. Die Steuer richtet sich nach der Höhe der Einkünfte, wird vom Arbeitgeber einbehalten und an das zuständige Finanzamt überwiesen.

Loire heißt der größte Strom Frankreichs. Sie entspringt am Westabhang der Cevennen und mündet nach 1010 km bei St.-Nazaire in den Atlantischen Ozean. In der anmutigen Landschaft des mittleren Loiretals haben französische Könige und Adelsfamilien schöne Schlösser erbaut.

Loisach, ein linker Nebenfluß der Isar, entspringt bei Lermoos in Tirol. Nach 120 km mündet sie bei Wolfratshausen vor München in die Isar.

Lokal ist ein Wort lateinischen Ursprungs (locus = Ort) und bedeutet örtlich. Der vom Gericht angeordnete Lokaltermin findet am Tatort statt. Dort werden der Angeklagte und die Zeugen nochmals vernommen. Der Arzt kann einen Krankheitsherd lokalisieren, das heißt, er kann ihn ausfindig machen, bestimmen. Im Wetterbericht liest man von lokalen, also örtlichen Gewittern. Das Hauptwort Lokal bezeichnet eine Gaststätte, einen Raum.

Lokomotive, kurz Lok genannt, ist der Name für die Zugmaschine eines Eisenbahnzugs. Heute werden die Lokomotiven vorwiegend mit Strom betrieben. Man sieht nur noch selten Dampflokomotiven. Diese zogen auch den Tender, einen Vorratswagen mit Kohle für die Heizung der Lok. Außerdem mußte eine Dampflokomotive Wasser tanken, und der

Heizer ständig das Feuer im Kessel schüren. Das Wasser wurde zum Kochen gebracht, und der Wasserdampf gelangte durch Rohre zu den Zylindern. In England baute George Stephenson die Dampflokomotive, die 1825 die erste Eisenbahn von Darlington nach Stockton zog. In Deutschland fuhr 1835 die erste Eisenbahn die sechs Kilometer lange Strecke von Nürnberg nach Fürth in zehn Minuten. Die heutigen E-Loks erhalten über den Fahrdraht, der eine Spannung von 15 000 (20 000 oder 25 000) Volt hat, ihren Betriebsstrom. Die schnellsten Lokomotiven in der Bundesrepublik Deutschland fahren mit einer Geschwindigkeit von 200 km/h. Sechs Motoren mit 8150 PS treiben diese Loks an. Auch starke Dieselloks gibt es. Sie werden auf noch nicht elektrifizierten Strecken eingesetzt.

Lombardei heißt ein Gebiet in der Poebene Oberitaliens. Diese viertgrößte Region Italiens umfaßt 23 800 qkm. Dort leben etwa 8,5 Millionen Menschen. In der Hauptstadt Mailand sind es allein 1,7 Millionen. Ihren Namen erhielt die Landschaft von den Langobarden, die im 6. Jahrhundert n. Chr. hier eindrangen, als die Weltherrschaft des Römischen Reichs zerfiel.

Lomé, die Hauptstadt der westafrikanischen Republik Togo, hat 148 000 Einwohner. Drei Bahnlinien bringen die Waren des Landes, vor allem Kakao, hierher zum Ausfuhrhafen am Atlantischen Ozean.

London ist die Hauptstadt Großbritanniens und des Commonwealth of Nations. Die Stadt hat 7,3 Millionen Einwohner, einschließlich der Vororte. London ist damit eine der größten Städte der Erde und einer der bedeutendsten Handels- und Verkehrsmittelpunkte der Welt. Die Stadt liegt an der Themse, etwa 75 km vor der Mündung in den Ärmelkanal. Auf diesem Stück des Flusses fahren die Hochseeschiffe bis in den Londoner Hafen. London ist auch Regierungssitz. Residenz der britischen Krone ist der Buckinghampalast. London ging aus einer Keltensiedlung hervor und war in der Römerzeit die Hauptstadt der Provinz Britannien. Die Römer waren auf die britischen Inseln gedrungen, um sich das für den Welthandel äußerst wichtige Zinn zu sichern. Damals hieß London noch »Londinium« und wurde von dem römischen Geschichtsschreiber Tacitus, der von 55 bis 116 nach Christi Geburt lebte, als ein »geschäftiger Handelsplatz« beschrieben. Die nächsten »Eroberer«, mit denen es die Londoner zu tun bekamen, waren die germanischen Angelsachsen. Ihnen trotzten sie das Recht der Selbstverwaltung ab, das auch Wilhelm der Eroberer, ein normannischer Herzog aus Frankreich, den Londonern nicht nehmen konnte. Als er sich der Stadt bemächtigen wollte, mußte er die errungenen Rechte ausdrücklich bestätigen. So ist es auch zu erklären, daß die Herrscher sich nicht in London, sondern im benachbarten Westminster niederließen.

Zahlreiche beeindruckende Bauwerke zeugen von der uralten Geschichte der Stadt. In der City of Westminster befindet sich der Buckinghampalast und in der Nähe der Themse die Westminster Abtei, eine frühgotische Kathedrale, die Krönungs- und Grabeskirche der englischen Könige ist. In ihr sind auch viele berühmte Briten beigesetzt. Gegenüber der Westminster Abtei steht das riesige Parlamentsgebäude mit der Westminster Hall. Wo die Themse den Kern der City nach Osten verläßt, steht am Nordufer ein fünfeckiges Befestigungswerk mit Rundtürmen: der Tower. Er diente den englischen Königen als Zufluchtstätte und Residenz, oft auch als Staatsgefängnis. Heute ist der Tower Kaserne.

Zwischen Westminster und Tower liegt der ursprüngliche Kern der Stadt, die Londoner City, eine Geschäftsstadt mit Banken, Börsen und Rathaus; hier befindet sich ein weiteres wichtiges Bauwerk Londons: die St. Pauls Kathedrale.

Long Island [-äiländ] ist mit etwa 4400 qkm die größte Insel an der Ostküste der USA. Der Long-Island-Sund, ein bis zu 40 km breiter Meeresarm, trennt sie vom Festland. Seine Fortsetzung, der 1,2 km breite East River, fließt zwischen New Yorks Stadtteilen Manhattan und Brooklyn sowie Queens auf Long Island. Berühmt sind die 1800 m lange Brooklyn-Brücke und die 2060 m lange Manhattan-Brücke. Ein Kernforschungszentrum wurde in Brookhaven auf Long Island errichtet.

Looping [lúhping] nennt man eine Kunstflugfigur, bei der der Pilot eine senkrechte Schleife auf- oder abwärts fliegt.

Lop-nor (Lob-nor) heißt ein großes Seen- und Sumpfgebiet in Ostturkestan. Hier versiegt der Fluß Tarim nach seinem 2000 km langen Lauf durch Innerasien. Der Fluß veränderte seinen Lauf. Daher wanderte auch das Mündungsgebiet, das Lop-nor. Der Forscher Sven Hedin beschrieb das Lop-nor in seinem Buch ›Der wandernde See‹.

Lorbeer wächst als Baum oder Strauch in Mittelmeerländern. Die immergrüne, aromatische Pflanze trägt kleine weißliche Blüten zwischen den ledrigen, ganzrändrigen Blättern. Die Blätter sowie die gedörrten blauschwarzen Beeren werden getrocknet als Küchengewürz verwendet. Im Altertum wurde dem Sieger eines Wettkampfs oder einer Schlacht ein Lorbeerkranz aufs Haupt gelegt. Oleander, Stechpalme, Schneeball und Kirschlorbeer gehören ebenso zu den Lorbeergewächsen wie der Edle Lorbeer, der ein fünf bis sieben Meter hoher Baum wird. Die wohlschmeckenden Avocadofrüchte werden von einem tropischen Lorbeerbaum geerntet.

Lorenz, Konrad, wurde 1903 geboren. Er ist einer der Begründer der vergleichenden Verhaltensforschung, auch Tierpsychologie genannt. Der Wissenschaftler beobachtete das Verhalten und die Lebensweise der Tiere. Durch den Vergleich der verschiedenen Verhaltensweisen fand er Gesetzmäßig-

Professor Lorenz kann »Gänsisch«. Wenn er den jungen Gänsen etwas vorschnattert, schwimmen sie ihm folgsam nach. Die Erkenntnis aus diesem Experiment: Ein angeborener Instinkt läßt ausgeschlüpfte Gänsejunge auf einen bestimmten Lockton reagieren.

keiten, die für alle beobachteten Lebewesen, auch für den Menschen, gelten. Er unterschied dabei zwischen angeborenen und erworbenen (erlernten) Eigenschaften. Konrad Lorenz erhielt 1973 zusammen mit Karl v. Frisch und N. Tinbergen den Nobelpreis für Medizin. Einige seiner Werke: ›Er redete mit dem Vieh...‹, ›So kam der Mensch auf den Hund‹, ›Das sogenannte Böse‹ und ›Die Rückseite des Spiegels‹. (Siehe auch Stichwort »Verhaltensforschung«.)

Lorenz-Strom, Sankt-, heißt eine der wichtigsten Wasserstraßen Nordamerikas. Der Strom hat eine Länge von 1200 km und mündet in den Atlantik. Er ist der von Hochseeschiffen befahrbare Abfluß der Kanadischen Seen an der Ostküste Kanadas.

Loris gehören zur Familie der Halbaffen. Der Plumplori lebt in Hinterindien sowie auf den Inseln Indonesiens und der Philippinen, der Schlanklori in Indien und Ceylon. Tagsüber schläft der Lori festgeklammert auf einem Baum. Wenn es dämmert, geht er auf Jagd nach Insekten und Vögeln, er verzehrt aber auch Früchte und Blätter. Die Krallen der Loris sind mit Haftkuppen ausgestattet, die zweite Zehe gleicht einem Steigeisen. Loris können damit sogar einen Baum rückwärts erklettern.

Los Alamos, einst ein kleiner Ort im USA-Staat New Mexico, wurde durch die dort erbauten Anlagen der Atomforschung bekannt. 11 300 Menschen bewohnen die Stadt in den Bergen.

Los Angeles [loß andscheleß] ist mit 2,8 Millionen Einwohnern die größte Stadt Kaliforniens. Zählt man die Vororte hinzu, dann kommt man auf über 8 Millionen. Vier- bis achtbahnige Autostraßen führen den Verkehrsstrom durch die riesige Stadt. Sie dehnt sich zwischen der Küste des Stillen Ozeans und der Wüste als eine der weiträumigsten Städte der Welt aus. Eine Vorstadt von Los Angeles, Hollywood, wurde als Filmstadt weltberühmt.

Losung nennt der Jäger den Kot des Wildes. Ein Erkennungswort, eine Parole, bezeichnet man ebenfalls als Losung.

Lot heißt ein Instrument, mit dem die Senkrechte bestimmt werden kann. An einem Faden ist ein Gewicht befestigt. Dieses Gewicht, das Senkblei, hängt lotrecht, also senkrecht, nach unten. In früherer Zeit

Loth

wurde bei der Schiffahrt die Wassertiefe mit einem Lot gemessen, um so ein Auflaufen der Schiffe, z. B. auf einer Sandbank, zu vermeiden. In der Mathematik ist das Lot die Senkrechte, die von einem gegebenen Punkt auf eine Gerade gefällt wird. Lot nannte man früher ein Gewicht, das $1/32$ Pfund betrug. Der Name Lot wird auch für das Lötmetall verwendet. Das »Echolot« ist unter diesem Stichwort beschrieben.

Lothringen (französisch Lorraine) ist eine Landschaft in Ostfrankreich. Eisenerz-, Kohle- und Salzvorkommen machten das Gebiet zwischen Vogesen, Champagne und Ardennen zum Industriezentrum Frankreichs. Die bedeutendsten Städte Lothringens sind Nancy und Metz. Lothringen erhielt seinen Namen von König Lothar II., dem dieses Land bei der Aufteilung des Karolinger-Reiches unter die drei Söhne Kaiser Lothars I. zufiel. Dieser mittlere Teil umfaßte damals ein großes Gebiet, das sich von der Nordseeküste bis zur Schweiz im Süden erstreckte, jedoch nicht lange Bestand hatte. Der Name bezeichnet in den folgenden Jahrhunderten ein viel kleineres Gebiet am Oberlauf der Mosel mit der Hauptstadt Nancy, das zum Deutschen Reich gehörte und zusammen mit dem Elsaß 1766 an Frankreich fiel. Nach dem Krieg von 1870/71 kam es (mit dem Elsaß) als Reichsland zum neugegründeten Deutschen Reich, nach dem ersten Weltkrieg wieder zu Frankreich.

Lotosblumen gehören zu den Seerosen. Sie gedeihen in Ägypten, Süd- und Ostasien. Zwischen den großen, schildartigen Blättern entfalten die Pflanzen auf einzelnen Stengeln ihre herrlichen weißen, rosa oder gelben Blüten. Die Inder verehren den Lotos als heilige Blume. Sie glauben, daß der Weltenschöpfer auf einer Lotosblüte ruht. Im alten Ägypten war sie Sinnbild des Nils. Lotosblumen schmückten viele alte Wandbilder und Skulpturen.

Lotse heißt ein erfahrener Seemann, der Schiffe in bestimmten Gewässern und Hafenanlagen sicher zum Ziel bringt. Mit der senkrecht gelb und blau gestreiften Lotsenflagge (Buchstabe G) signalisiert der Kapitän der Lotsenstation im Hafen: »Ich brauche einen Lotsen.« Manchmal ist es polizeilich vorgeschrieben, daß ein Lotse die Führung eines Schiffs übernimmt, so z. B. auf dem Mittelrhein. Eine Schaluppe, ein Lotsendampfer, bringt den Lotsen an Bord. Dieser kennt jedes Hindernis, jede gefährliche Strömung sowie jede Boje der Strecke und ist der Berater des Kapitäns. Ein Seemann, der Lotse werden will, muß eine besondere Prüfung ablegen. Auch im Straßenverkehr gibt es Lotsen. Zum Schulbeginn und zum Schulschluß stehen Schüler höherer Klassen in der Straße der Schule, um die Autos zu stoppen und die Kinder sicher über die Straße zu bringen. Wer sich in einer fremden Stadt als Autofahrer nicht zurechtfindet, kann sich von einem Lotsen z. B. der Verkehrswacht den schnellsten Weg weisen lassen. Lotsendienste sind häufig an Stadteinfahrten eingerichtet. Die im

Flugsicherungsdienst tätigen Beamten sind Fluglotsen. Sie melden den Piloten der Flugzeuge, wann sie landen oder starten können.

Lotsenfische sind die Begleiter der Haifische in den tropischen und subtropischen Meeren. Flink schnappen sie sich die kleineren Brocken von der Beute der großen Raubfische. Geschickt verstehen sie es, dem Rachen der Haie auszuweichen. Die 30 bis 70 Zentimeter langen Fische folgen auch Schiffen in der Hoffnung auf Abfälle.

Lotterie ist ein Glücksspiel. Jeder, der ein Los kauft, spielt dabei mit. Die Gewinnlose werden unter Aufsicht eines Notars aus einer Lostrommel gezogen. 30 Prozent der Einnahmen aus dem Losverkauf müssen an die Gewinner ausgezahlt werden. Die Fernsehlotterie »Ein Platz an der Sonne« verteilt das verbleibende Geld an Einrichtungen, die sich um körperbehinderte Kinder kümmern. Zu den Lotterien gehört auch die Totowette, bei der die Mitspieler die Ergebnisse von Fußballspielen richtig erraten (tippen) müssen, und das Zahlenlotto.

Louisiana heißt ein Südstaat der USA mit 3,6 Millionen Einwohnern. Er liegt im Mündungsgebiet des Mississippi am Golf von Mexiko. Die 125 675 qkm große Ebene ist sehr fruchtbar. Es werden Zuckerrohr, Reis, Mais, Hafer, Baumwolle sowie Tabak angebaut. In den Prärien weiden große Viehherden. Die Wälder, die nahezu die Hälfte des Landes bedecken, sind wichtige Rohstofflieferanten. Erdöl, Erdgas, Salz und Schwefel werden industriell genutzt. New Orleans ist mit 593 500 Einwohnern die größte Stadt Louisianas und gleichzeitig der Haupthafen. In der Hauptstadt Baton Rouge leben 165 900 Menschen.

Louvre [luhwr] heißt das ehemalige Schloß der französischen Könige in Paris. Heute beherbergt es als öffentliches Museum eine der größten Kunstsammlungen der Welt. Die ›Mona Lisa‹, das berühmte Gemälde von Leonardo da Vinci, und die Statue der ›Venus von Milo‹ gehören zu den wertvollsten Kunstschätzen des Louvre.

Loyal kommt aus dem Französischen und heißt gesetzestreu, zur Regierung stehend, aber auch redlich.

LSD (d-Lysergsäurediäthylamid) ist ein Rauschmittel, ein Halluzinogen. Es wird halbsynthetisch gewonnen und gehört zu den psychodelischen Drogen. Schon in kleinen Mengen bewirkt es eine Veränderung des Bewußtseins. Der »Trip« beginnt mit der Wahrnehmung von Farbenspielen, jedes Geräusch wird verzerrt aufgenommen, es entsteht der Eindruck der Schwerelosigkeit, und die Einbildungskraft wird grenzenlos gesteigert. Wer »high« ist, kann sich selbst nicht mehr kontrollieren, er weiß nicht, was er tut. Sein Rauschzustand führt oft auch zu panischer Angst und tiefen Depressionen. Der LSD-Süchtige verliert jedes Interesse an der Umwelt. LSD beeinflußt den gesamten Organismus und auch die Seelenfunktionen des Menschen. Die Einnahme von LSD ist außerordentlich gefährlich.

Luan

Luanda, São Paulo de, heißt die Hauptstadt von Angola in Südwestafrika. In diesem Hauptausfuhrhafen leben 475 000 Menschen.

Luang Prabang, die Residenz des Königs von Laos, ist ein wichtiger Handelsplatz am Fluß Mekong. 25 000 Menschen wohnen in der Stadt. Buddhisten pilgern alljährlich zu der großen Pagode von Luang Prabang.

Lublin, eine bedeutende polnische Industriestadt mit 242 000 Einwohnern, liegt zwischen den Flüssen Weichsel und Bug. Fabriken für Textilien, Leder- und Metallwaren, Maschinen, Autos sowie Nahrungsmittel bieten viele Arbeitsplätze.

Lubumbashi [-schi] heißt die Hauptstadt der Provinz Shaba (früher Katanga) in der Republik Zaire (Afrika) seit 1966. Früher hieß sie Elisabethville. Sie hat 250 000 Einwohner, bildet den Mittelpunkt des Kupferbergbaus und ist ein wichtiger Verkehrsknotenpunkt.

Luchse sind in Europa selten gewordene Raubkatzen. Wegen ihres kostbaren Fells wurden sie beinahe ausgerottet. Die hochbeinigen Tiere mit den spitzen Pinselohren leben noch in den Wäldern Skandinaviens, der Sowjetunion, des Balkans und Spaniens. Nachts lauert der Luchs Hasen, Rehen und Wildhühnern auf.

Luder nennt der Jäger das Aas, das er auslegt, um damit Raubwild anzulocken. Füchse und Wölfe sollen sich in Luderhütten oder -schächten fangen.

Ludwig XIV. lebte von 1638 bis 1715 und regierte Frankreich in seiner Glanzzeit. Er nannte sich »Sonnenkönig«, und alles, was in seinem Staat geschah, entschied er selbst. Der König war Gesetzgeber, Richter, Staatsoberhaupt und Regierungschef in einer Person. Es gab im Frankreich seiner Zeit keinen andern Willen außer dem seinen.
Aus politischen Gründen war er verheiratet, aber wer etwas bei ihm erreichen wollte, mußte sich an diejenige seiner Mätressen (Geliebten) wenden, die er gerade bevorzugte.
Ludwig XIV. hatte die Gabe, fruchtbare Ideen anderer zu erkennen und fähige Köpfe an seinen Hof zu ziehen. Unter seiner Regierung wurde Frankreich das wirtschaftlich höchstentwickelte Land Europas, die führende Militärmacht sowie das kulturelle Vorbild des ganzen Erdteils. Die französische Literatur erlebte ihren Höhepunkt und beeinflußte das kulturelle Leben ganz Europas, Französisch verdrängte das Latein als Sprache der Diplomaten, des Adels, der Gebildeten überhaupt. In Versailles ließ sich Ludwig XIV. ein Schloß erbauen, und um dieses Schloß herum entstand eine Stadt von 30 000 Einwohnern, die nur für ihn und seine riesige Hofhaltung arbeiteten. Ludwigs aufwendiger Hofstaat war indessen keineswegs purer Luxus. Er zwang die hohen Adligen seines Landes, von ihren Besitzungen zu ihm nach Versailles zu ziehen und bei seinem verschwenderischen Lebensstil mitzuhalten. Dadurch machte er den Adel wirtschaftlich von sich abhängig, ließ ihn sich durch Müßiggang, Eitelkeit und gegensei-

tige Ränke korrumpieren und schaltete damit seinen politischen Einfluß aus. Zur Politik des Königs gehörte es auch, seine Brüder, Neffen und Enkel in andere Herrscherfamilien einheiraten zu lassen, in denen es keine männlichen Nachkommen gab. Trat der Erbfall ein, so meldete er seine Ansprüche an. Wer diese Ansprüche nicht anerkennen wollte, wurde von seiner Armee bedroht. Er führte viele Kriege: um das heutige Belgien, um die Pfalz, schließlich um Spanien, zu dem damals auch Sizilien, Unteritalien und ganz Südamerika gehörten. Meist hatte Ludwig ganz Europa gegen sich.

Kriege zu führen und dabei einen so riesigen Hofstaat zu erhalten, das kostete Geld. Deshalb wurden die Handwerker und Bauern mit hohen Steuern belastet.

Als Ludwig starb, jubelte das Volk. Man warf Steine und Kot auf seinen Sarg. Ludwig hatte für seine Enkel Spanien und Südamerika erobert, aber das Erbe brachte ihnen kein Glück. Frankreich war groß, aber arm. Die Staatskasse war leer, und sie blieb es. Von der Wirtschaftskrise, in die Ludwig sein Land gestoßen hatte, konnte sich Frankreich im ganzen 18. Jahrhundert nicht mehr erholen. Sie war es, die 74 Jahre später den Anstoß zur Französischen Revolution gab. Ludwigs XIV. zweiter Nachfolger, Ludwig XVI., endete auf dem Schafott. Mehr darüber ist unter den Stichwörtern »Barock« und »Französische Revolution« zu finden.

Ludwigshafen am Rhein ist ein Wirtschaftszentrum in Rheinland-Pfalz. Neben der Metall- und Textilindustrie sind vor allem die Fabriken für chemische und pharmazeutische Erzeugnisse von Bedeutung. 174 300 Menschen leben in der Stadt, die über den größten linksrheinischen Binnenhafen Deutschlands verfügt.

Lübeck, der bedeutendste Ostseehafen der Bundesrepublik Deutschland, wurde bereits im Jahre 1143 gegründet. Das Holstentor und einige alte Salzspeicher erinnern an die Blütezeit der führenden Hansestadt im Mittelalter. Vor rund 400 Jahren wurde hier Salz aus Lüneburg gelagert und in die Länder im Ostseeraum verschifft. Lübeck galt als »Tor zum Norden«. Heute hat die Stadt 238 000 Einwohner. An den Ufern der Trave erheben sich Hochöfen und Ladekräne. Kohle und Eisenerz für das Metallhüttenwerk Lübeck werden auf dem Seeweg oder durch den Elbe-Lübeck-Kanal angeliefert. Auch Betriebe der Holz- und Metallindustrie sowie der Lebensmittelherstellung haben große Bedeutung. Lübecker Marzipan ist weltbekannt. Wer nach Lübeck kommt, wird das herrliche Rathaus und den gewaltigen Bau der Marienkirche bewundern, der wohl das schönste Beispiel der Backsteingotik ist. Wenn man in der Ostsee baden will, fährt man in den Stadtteil Travemünde.

Lübecker Bucht heißt ein Teil der Ostsee. Hier liegt an der Mündung der Trave der Hafen Lübeck-Travemünde.

Lübke, Heinrich, lebte von 1894 bis 1972. Er war von 1959 bis 1968 Bundespräsident der Bundesrepublik Deutschland und förderte besonders die Entwicklungshilfe. Sein Amtsvorgänger war Theodor Heuss, sein Nachfolger Gustav Heinemann, der 1974 von Walter Scheel abgelöst wurde.

Lüftungen bestehen aus Saugvorrichtungen, die verbrauchte, also schlechte, Luft absaugen und mit einer Druckluftanlage frische Luft zuführen. Solche Lüftungsanlagen werden in Kinos, Theatern und großen Versammlungsräumen gebraucht. Auch Autos haben Lüftungsanlagen. Im Zimmer machen wir, um zu lüften, einfach das Fenster auf. Die erwärmte, verbrauchte Luft strömt dann hinaus, die frische, kühlere herein.

Lüneburg, eine Stadt mit 60 000 Einwohnern, liegt am Rande der Lüneburger Heide, des Naturschutzgebiets zwischen Aller und Unterelbe. Dieses große Heidegebiet Deutschlands ist mit Kiefern- und Birkenwäldchen, Ginster, Wacholder und Heidekraut bewachsen.

Lüttich, das Zentrum der Eisen-, Stahl- und Maschinenindustrie Belgiens, liegt an der Mündung der Ourthe in die Maas. 147 000 Menschen leben in der alten Universitätsstadt, in der viele historische Bauten erhalten geblieben sind.

Luft umgibt die Erde wie eine Hülle. Das Gasgemisch besteht aus 78% Stickstoff, 21% Sauerstoff, 0,9% Edelgasen und Kohlendioxyd. In der Luft sind jedoch auch Staub, Rauch, Abgase und Wasserdampf enthalten. In Städten mit viel Industrie und starkem Verkehr entsteht eine hochgradige Luftverschmutzung, die bei ungünstiger Witterung wie Nebel als Smog den Menschen, die diese Luft einatmen, gefährlich werden kann. Erfinder machten sich die Luft nutzbar. Mit Luft gefüllte Autoreifen tragen heute schwere Lasten, ein Preßlufthammer bricht die Asphaltdecke einer Straße auf. Ein mit heißer Luft gefüllter Ballon steigt auf. Wiegt man eine mit Luft gefüllte Literflasche und eine luftleere Flasche, so stellt man fest: 1 l Luft = 1,293 p (Pond).

Luftbilder werden vom Flugzeug aus aufgenommen. Diese Fotografien geben einen Überblick über die Beschaffenheit einer Landschaft. Mehrere Luftbilder von der Erdoberfläche können zu Bildplänen zusammengefügt werden. Sie bilden die Grundlage für Landkarten.

Luftdruck ist zwar eine unsichtbare, aber meßbare Kraft. Da die Luft ein Gewicht hat, kann man sie wiegen. Unter Luftdruck versteht man den Druck der Lufthülle, die die Erde umgibt (Atmosphäre), auf die Erde; dieser Druck wird von der Anziehungskraft der Erde verursacht. Auf den Menschen drückt z. B. eine Luftsäule von 500 km Höhe. Auf 1 qcm wirkt 1 kp Luft. Der Physiker Otto von Guericke zeigte 1654 in einem Versuch, welche Kraft auf zwei luftleere, zu einer Kugel zusammengefügte Halbkugeln wirkt. Selbst zwei Pferde, die in verschiedener Richtung zogen, konnten die Halbkugeln erst beim drittenmal auseinanderreißen. Der Luftdruck in einem aufgepumpten Autoreifen ist größer als der, der von außen auf ihm lastet. Deshalb herrscht im Reifen Überdruck (atü). Deckt man mit einer Postkarte ein mit Wasser gefülltes Glas zu und dreht es um, so drückt die Luft von unten gegen die Karte, und das Wasser kann nicht herausfließen. Wenn Milch aus einer Milchbüchse fließen soll, muß man zwei Löcher hineinbohren, damit durch das eine die Luft eindringen und sich so der Außendruck der Luft ausgleichen kann. Sind die Fenster eines Autos geschlossen, braucht man ziemlich Kraft, um die Autotüren zuzuschlagen. Der Luftdruck auf dem Meeresspiegel ist größer als z. B. auf einem Berg. Er fällt also mit zunehmender Höhe. Täglich aber ändert sich der Luftdruck, Tiefdruckgebiete mit feuchter Luft und Hochdruckgebiete mit trockenem Wetter wechseln sich ab. Der Italiener Torricelli erfand 1643 das Barometer, mit dem man den Luftdruck messen und dadurch das Wetter vorhersagen kann. Interessantes darüber auch unter dem Stichwort »Atmosphäre«.

Luftfahrt
Ein Traum ging in Erfüllung

Obwohl der Mensch zum mächtigsten Lebewesen dieser Erde wurde, begrenzten zwei Elemente jahrtausendelang seine Macht: die Luft und das Wasser. Es war die größte Sehnsucht des Menschen, schwimmen zu können wie ein Fisch im Wasser und durch die Luft zu fliegen, unbeschwert wie ein Vogel. Obschon sich diese beiden Träume inzwischen verwirklicht haben, steckt noch immer etwas von dieser Sehnsucht in jedem von uns. Seit Jahrhunderten versuchen die Menschen, in die Meere hinabzusteigen. Mit Tauchkugeln sind sie bis in die Tiefsee vorgedrungen, sie haben aber noch längst nicht alles erforscht. Die Luft dagegen haben sie mit riesigen Stahlvögeln erobert, und mit Raketen dringt der Mensch in den Weltraum vor.

Der Weg dahin war sehr langwierig. Zuerst versuchten die Menschen, einfach den Vogelflug nachzuahmen. Einige Beispiele sind uns aus der Geschichte überliefert. Alle diese Versuche mußten jedoch scheitern, denn die menschlichen Muskeln sind nicht in der Lage, eine Dauerleistung aufzubringen, die zur Bewegung von Flügeln nötig wäre.
Der erste wirkliche Aufstieg von Menschen in die Luft geschah 1783 mit einem Heißluftballon. Erfinder waren die Gebrüder Montgolfier. Sie füllten einen Papierballon mit heißer Luft und beobachteten, wie er sich sanft vom Boden abhob und schwebte. Als erste Passagiere vertraute man diesem primitiven Apparat ein Schaf, einen Hahn und eine Ente an, die in einem Korb, der am Ballon befestigt war, die Flugreise

Luft

Otto Lilienthal schnallte sich Ende des vergangenen Jahrhunderts ein selbstkonstruiertes Flügelpaar um die Brust. Von einer Steilwand stieß er sich ab und schwebte im Gleitflug zur Erde. Eine stürmische Entwicklung von diesem Flugversuch im Jahre 1891 bis zu den heutigen Jumbo-Jets war die Folge.

ohne Schaden überstanden. Bald darauf trat der 27jährige Franzose Jean François Pilâtre de Rozier als erster Mensch eine Flugreise an und betrachtete von der Gondel einer Montgolfiere die Erde aus der Vogelperspektive. Dieser Pionier war einer der vielen, die ihren Forschungsdrang mit dem Leben bezahlen mußten. Als er 1785 den Ärmelkanal mit einem Heißluft-Wasserstoff-Ballon überqueren wollte, ging sein Fluggefährt in 100 Meter Höhe in Flammen auf.

Aus dem Luftballon entwickelte sich das lenkbare Luftschiff, das die Form einer Zigarre hatte. Im Benzinmotor hatte man dafür einen brauchbaren Antrieb gefunden, der verhinderte, daß das Luftschiff zum Spielball des Windes wurde. Graf Zeppelin konstruierte 1900 sein erstes Luftschiff mit starrem Gerüst. Bis 1937 wurden verschiedene Zeppelinmodelle gebaut. Das berühmteste davon war »Graf Zeppelin«, mit dem 139mal der Atlantik überquert wurde. Die beiden entscheidenden Nachteile der Luftschiffe waren ihre große Feuergefährlichkeit – denn sie alle waren mit Wasserstoff, einem leicht entflammbaren Gas gefüllt – und auch ihre niedrigen Geschwindigkeiten. Aus diesen beiden Gründen

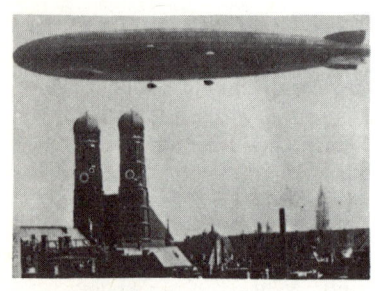

Aus dem Luftballon entwickelte sich das lenkbare Luftschiff. Wie eine dicke Zigarre hängt der »Zeppelin« hier über den Münchner Frauentürmen. Das Schweben des Luftschiffs beruht auf seiner Füllung mit Gas.

Luft

wurde das Luftschiff bald ganz vom Flugzeug verdrängt.

Ballons dagegen werden heute noch verwendet. In einer luftdichten Metallgondel an einem Kugelballon gelang dem schweizerischen Physiker Auguste Piccard 1932 der erste Aufstieg in die Stratosphäre, bis in 16 940 Meter Höhe. 1935 erreichten die Amerikaner Anderson und Stevens eine Höhe von 23 400 Meter. Heute fliegen viele Wetterballons in einer Höhe von 40 000 Meter und funken ihre Meßdaten automatisch zur Erde.

Während Ballon und Luftschiff auf dem Aufstiegsprinzip »Leichter als Luft« beruhten, kann das Flugzeug fliegen, obwohl es schwerer ist als Luft. Wie funktioniert das? Ein kleiner Versuch zeigt es uns: Wenn man ein Blatt Papier oder eine Plastikfolie an einem schmalen Band festhält und kräftig darüberwegbläst, so steigen das Papier oder die Folie sofort hoch. Gewölbte Flächen rufen in einer Strömung Saugwirkung hervor. Diese Strömung erzeugen beim Flugzeug die Propeller oder die Triebwerke. Dabei teilen die Tragflächen die Luftströmung in zwei Hälften. An der Oberseite entsteht ein Sog, an der Unterseite ein Druck, und beides zusammen ergibt das, was wir Auftrieb nennen.

Der Auftrieb hebt das Flugzeug vom Boden und hält es in der Schwebe. Die beste Tragflächenform erforscht man im Windkanal, einer großen Röhre, in der durch Gebläseturbinen eine heftige Luftströmung erzeugt wird. Man kann dort Luftgeschwindigkeiten bis zur Überschallgeschwindigkeit herstellen und in aller Ruhe die physikalischen Vorgänge studieren, da das Modell oder das Flugzeug sich ja nicht selbst bewegen. Dabei stellte man fest, daß der Widerstand der Luft mit dem Quadrat der Geschwindigkeit wächst. Doppelte Geschwindigkeit heißt also vierfacher Widerstand. Aus diesem Grunde baut man alle Flugzeuge, die hohe Geschwindigkeiten erreichen sollen, in Tropfen- oder Stromlinienform, die nur wenig Widerstand bietet. Kommt man in die Nähe der Schallgeschwindigkeit (ca. 1200 km/h), verhält sich die Luft ähnlich wie ein fester Körper: Sie

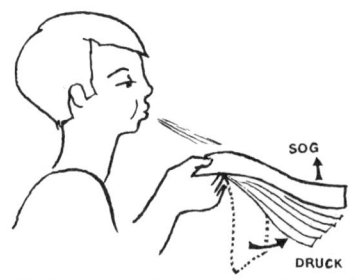

Dieser Versuch demonstriert, daß gewölbte Flächen in einer Strömung eine Saugwirkung hervorrufen.

Luft

Charles Lindbergh gelang es im Jahre 1927, mit einem zerbrechlichen Eindecker in einem 33stündigen Nonstopflug den Atlantik von Westen nach Osten zu überqueren. Er landete in Paris.

weicht nicht mehr aus. Düsen- und Raketenflugzeuge brauchen deshalb Pfeilform mit einer nadelscharfen Spitze sowie messerscharfen Kanten, die außerdem noch poliert werden. Immer höher, immer schneller, das ist das Ideal in der Luftfahrt. Im Jahre 1903 machte das erste Motorflugzeug der Gebrüder Wright einen Luftsprung von 260 Meter. 1927 bereits, also ein knappes Vierteljahrhundert später, flog Lindbergh mit seiner einmotorigen »Spirit of St. Louis« von Amerika nach Europa. 1928 gelang das gleiche einer deutschen Maschine mit der Besatzung Hünefeld, Köhl, Fitzmaurice in umgekehrter Richtung. Die Amerikaner eröffneten 1939 den regelmäßigen Passagierflugverkehr zwischen der Alten und der Neuen Welt. Im gleichen Jahre stellte die Messerschmitt 109 R den Rekord von 755 km/h auf, dann durchstieß man die Schallmauer, und heute gibt es Raketenflugzeuge, die die achtfache Schallgeschwindigkeit, also ca. 10 000 km/h, erreichen. Für Flüge über den Atlantik brauchen die modernen Düsen-Jets nur noch etwa sechs bis acht Stunden. Das schnellste Passagierschiff, die »United States«, braucht für diese Strecke rund fünfeinhalb Tage.

Ein Flugzeug besteht aus der Zelle (Tragwerk, Rumpf, Leitwerk mit Steuerung, Fahrwerk) und der Ausrüstung. Werkstoffe für die Zelle sind heute Leichtmetallegierungen oder bei Überschallflugzeugen, die mit mehr als dreifacher Schallgeschwindigkeit fliegen, Stahl- und Nickellegierungen.

Im Rumpf befinden sich die Besatzung, die Nutzlast und zum Teil die Betriebsstoffe. Die Tragflächen enthalten meist Benzintanks. Für Flüge über 4000 Meter Höhe braucht man eine vernietete, luftdichte Druckkabine und Sicherheitsglasfenster. Flugzeuge können heute Lasten bis zu 40 Tonnen laden. Die Tragflächen haben meist eine große Spannweite und einen trapezförmigen Umriß. Bei mehrmotorigen Flugzeugen tragen sie die Triebwerke. Je nach Zahl, Anordnung und Umrißform der Tragflügel unterscheidet man Ein-, Hoch-, Mittel-, Doppel- oder Tiefdecker, Trapez-, Dreieck- oder Pfeilformen sowie Nur-Flügel-Flugzeuge.

Das Steuerwerk besteht in der einfachsten Form bei kleinen Sportflugzeugen aus dem Fußhebel für das Seitenruder und dem Steuerknüppel für Quer- und Höhenruder. Große

Flugzeuge werden mit Hilfe von Rudermaschinen gesteuert, und sie haben auch einen sogenannten »automatischen Piloten«.

Für Geschwindigkeiten bis zu 700 km/h besteht das Triebwerk aus einem oder mehreren Verbrennungsmotoren. Die Luftschrauben werden beim Flug verstellt, um den besten Wirkungsgrad zu erreichen. Strahltriebwerke erzielen wesentlich höhere Geschwindigkeiten und haben die anderen Antriebsarten bei großen Maschinen fast restlos verdrängt. Raketentriebwerke verwendet man wegen des ungeheuer hohen Treibstoffverbrauchs nur in seltenen Fällen.

Die Strahltriebwerke haben den heutigen Luftverkehr vollkommen verändert. Diese Flugzeuge fliegen schneller als die Zeit, das heißt schneller, als die Sonne scheinbar über den Himmel zieht, oder schneller, als die Erde sich um die eigene Achse dreht. Wie arbeitet so ein Strahltriebwerk? Die Außenluft wird vorn durch eine große Öffnung angesaugt und durch einen Kompressor (Verdichter) in die Brennkammern geleitet. Dort wird in die verdichtete Luft Brennstoff eingespritzt, dieses Gemisch wird dann zerstäubt und entzündet. Die Verbrennungsgase dehnen sich explosionsartig aus, durcheilen die Schaufelräder einer Turbine und erzeugen, wenn sie nach hinten ausgestoßen werden, einen gewaltigen Rückstoß, dessen Schubkraft das Flugzeug vorwärts schleudert.

Aber nicht nur Schnelligkeit ist erwünscht. Man braucht auch Flugzeuge, die in der Luft stehenbleiben können. Diese Forderung erfüllen die Hubschrauber, die mit ihren Rotoren jedoch auch eine gute Reisegeschwindigkeit von 400 km/h erreichen können und sich vor allem als praktische Lastesel bewährt haben. Seit Jahren versucht man, Flugzeuge zu konstruieren, die den Vorteil eines Hubschraubers (senkrechter Start) und den eines Düsenflugzeugs (hohe Geschwindigkeit) in sich vereinigen.

Flugzeugführer ist für viele ein Traumberuf. Neben der Flugzeugsteuerung muß man Navigation, Wetterkunde, Flugtheorie und noch zahlreiche andere Spezialgebiete beherrschen. Für die Laufbahn eines Verkehrspiloten wird höhere Schulbildung (Abitur) vorausgesetzt.

• • •

Luftfeuchtigkeit wird der Anteil des Wasserdampfs an der Luft genannt. Je wärmer die Luft ist, desto mehr Wasserdampf kann sie aufnehmen, bis sie gesättigt ist. Kühlt sich die gesättigte Luft ab, wird ein Teil des Wasserdampfs wieder zu Wasser. Niederschläge sind die Folge. Mit dem Hygrometer kann die Feuchtigkeit gemessen werden. Im Badezimmer schlägt sich die Luftfeuchtigkeit als Wassertropfen an Kacheln und Scheiben nieder. Herrscht Nebel, so ist die Straße feucht, und in die Kleidung dringt Nässe.

Luftfilter müssen in Lüftungsanla-

Luft

gen eingebaut werden. Tuchfilter, Filterschläuche und ölhaltige Plattenfilter halten Staub sowie andere Verunreinigungen der Luft von empfindlichen Geräten fern.

Luftlinie nennt man die kürzeste Entfernung zwischen zwei Punkten auf der Erde. Von München nach Nürnberg fährt die Bahn 165 km, etwa ebenso weit ist es auf der Autobahn. Die Luftlinie beträgt jedoch nur 140 km.

Luftpost heißen Postsendungen, die im In- und Ausland durch Postflugzeuge befördert werden, so daß sie schneller an ihre Bestimmungsorte gelangen.

Luftröhre heißt bei Mensch und Wirbeltier die Verbindung vom Kehlkopf zur Lunge. Das beim Menschen zwölf Zentimeter lange Rohr teilt sich in zwei Bronchien, die mit einzelnen Verzweigungen in die Lunge reichen. Entzündet sich die Schleimhaut an der Innenwand der Röhre, so führt das zu Bronchialkatarrh.

Luftschiffe konstruierte Graf Zeppelin. Seit 1900 wurden sie gebaut und waren dann bis 1937 in Gebrauch. Um fliegen zu können, müssen sie leichter sein als die Luft. Deshalb werden sie mit Gas (Wasserstoff oder Helium) gefüllt. Das berühmte Luftschiff »Graf Zeppelin« wurde durch Luftschrauben in Bewegung gesetzt. Benzinmotoren, die sich in Motorgondeln unter dem Schiff befanden, trieben sie an. Das Leichtmetallgerüst war mit Stoff bespannt. Steuern ließ sich der »Zeppelin« durch das Leitwerk am hinteren Ende des Flugkörpers. Der größte Nachteil des Zeppelins war seine große Feuergefährlichkeit infolge der Füllung mit Wasserstoff (siehe Abbildung Seite 74).

Luftspiegelungen entstehen an den Grenzen unterschiedlich dichter Luftschichten, die durch verschiedene Temperaturen oder plötzliche Temperaturänderung hervorgerufen werden. Die Lichtstrahlen werden von den oberen, dichten Luftschichten wie von einem Spiegel gekrümmt zurückgeworfen. Dadurch erscheinen uns weiter entfernte Gegenstände plötzlich ganz nah. Im Sommer kann man solche Erscheinungen auch auf manchen Straßen beobachten. Mehr darüber unter dem Stichwort »Fata Morgana«.

Luftwege im Körper von Mensch und Tier führen der Lunge frische Luft zu und ermöglichen auch die Ausscheidung verbrauchter Luft. Man unterscheidet die oberen Luftwege (Nasenhöhle, Rachen und Kehlkopf) von den unteren Luftwegen (Luftröhre sowie Bronchien).

Luftwirbel sind Windhosen, Tornados und Wirbelstürme. Sie richten großen Schaden an, wenn sie in menschlichen Siedlungsgebieten auftreten. Alles, was in die spiralförmigen Windströme gerät, wird mitgerissen.

Luganer See heißt ein landschaftlich schön gelegener See, der zum größeren Teil zur Schweiz, zum kleineren zu Italien gehört. An seinem Ufer liegt der Kurort Lugano. In dem milden Klima gedeihen viele subtropische Pflanzen und sogar Palmen. Der

50 qkm große See mißt an seiner tiefsten Stelle 288 Meter.

Lukasevangelium ist das dritte Evangelium in Neuen Testament. Es wurde wahrscheinlich um 80 n. Chr. geschrieben. Lukas – nach altchristlicher Überlieferung der Verfasser des Evangeliums und der Apostelgeschichte – war Arzt sowie Schüler und Gefährte des Apostels Paulus.

Luken nennt der Seemann die viereckigen, abdeckbaren Öffnungen des Schiffsdecks. Sie werden geöffnet, um die Ladung zu löschen oder neue aufzunehmen.

Lukullisch ist eine Mahlzeit, wenn erlesene Speisen aufgetragen werden. Lucullus, ein römischer Feldherr, war berühmt für seine üppigen Eßgelage, zu denen er seine zahlreichen Freunde einlud.

Lunge heißt das Atmungsorgan des Menschen und der Wirbeltiere. Die Lungenflügel liegen, umschlossen vom Rippenfell, rechts und links im Brustraum. Sie sind durch den Rippenbogen geschützt. Die Verzweigungen der Luftröhre reichen in die Lungenlappen hinein. Am Ende der feinen Ästchen befinden sich Lungenbläschen, die einen Durchmesser von einem Millimeter haben. Ein Netz von Blutadern liegt um sie herum. Adern und Bläschen tauschen Kohlensäure sowie Sauerstoff aus. Dieser Vorgang heißt Atmung. Das sauerstoffangereicherte Blut wird in den Lungenblutadern zum Herzen transportiert und so durch den Körperkreislauf an den Körper abgegeben. Die verbrauchte Luft wird ausgeatmet.

Lungenentzündung ist die Folge einer Erkältung oder Grippe. Die Krankheit äußert sich in Schüttelfrost, hohem Fieber, Bruststechen und Atemnot. Bakterien dringen dabei in die Lunge ein und entzünden die Lungenbläschen oder befallen einen ganzen Lungenflügel. Lungenentzündung ist ansteckend und muß vom Arzt behandelt werden.

Lungenfische oder Lurchfische atmen außer durch Kiemen, wenn nötig, auch durch eine Schwimmblase, die der Funktion einer Lunge ähnlich ist. In Trockenzeiten graben sich die Fische im Schlamm ein und atmen mit Hilfe der Schwimmblase. Vor rund 175 Millionen Jahren waren die Lurchfische über die ganze Erde verbreitet. Heute leben noch 6 Arten, z. B. der Schuppenmolch im Amazonasgebiet, der 1–2 m lange Molchfisch im tropischen Afrika und der Lungenfisch in Australien.

Lungenkraut heißt eine kleine Staudenpflanze, die im Frühling rote, später violettblaue Blüten und hellgefleckte Blätter hat.

Lungenkrebs ist eine bösartige Geschwulst, die zuerst die Schleimhaut der Bronchien befällt. Von da aus dehnt sie sich weiter aus. Erste Anzeichen sind Husten und zunächst geringer Auswurf. Wird der Lungenkrebs rechtzeitig entdeckt, kann eine Operation helfen.

Lungentuberkulose wird vom Arzt auf dem Röntgenschirm mit Hilfe einer Durchleuchtung festgestellt. Das Bild zeigt in diesem Falle Schatten auf der Lunge in der Nähe des

Lunt

Schlüsselbeins, an der sogenannten Lungenspitze. Bei der offenen Tuberkulose scheidet der Kranke beim Husten einen Auswurf aus, der Bazillen enthält. Es besteht dann Ansteckungsgefahr. Der Arzt spricht von einer entzündlichen Tuberkulose, wenn sich Tuberkel, das sind Knötchen, bilden und das erkrankte Gewebe der Lunge abstirbt. Heilt die Lungentuberkulose, so vernarben die Tuberkel. In Lungensanatorien werden die Erkrankten behandelt.

Lunte nennt der Jäger den Schwanz des Fuchses. Lunte heißt auch der langsam glimmende Hanfstrick, mit dem in früherer Zeit die Pulverladung im Geschütz gezündet wurde.

Lupen nennt man Vergrößerungsgläser, mit denen man kleine und kleinste Gegenstände vergrößert betrachten kann. Lupen haben Sammellinsen mit kleiner Brennweite.

Lupinen sind Schmetterlingsblütler. Die Stauden blühen weiß, gelb oder blau. Wie eine Traube ragt die Blüte aus den gefingerten Blättern. Die Lupinen haben an den Wurzeln dickere Stellen, an denen Knöllchenbakterien sitzen. Diese verwandeln den Luftstickstoff in Stickstoff. Deshalb wird die Lupine gern da angepflanzt, wo der Boden verbessert werden soll.

Lurche sind Amphibien, d. h. Tiere, die im Wasser und auf dem Lande leben können. Ihre Körpertemperatur gleicht sich der jeweiligen Außentemperatur an. Sie sind also wechselwarme Tiere. Sie legen ihre Eier meist im Wasser ab. Die sich daraus entwickelnden Larven haben Ruderschwänzchen und atmen durch Kiemen. Die erwachsenen Tiere atmen durch ihre feuchte Haut und die Luft. Bereits vor 400 Millionen Jahren lebten Lurche. Sie gelten als die ersten Landtiere. Nachkommen dieser Urtiere sind u. a. Salamander, Kröten und Frösche. (Siehe Farbtafel »Lurche« Seite 96/97).

Lure hieß ein altgermanisches Blasinstrument aus Bronze. Eine Lure klingt ähnlich wie eine Posaune.

Luther, Martin, lebte von 1483 bis 1546. Er war Augustinermönch und wurde Professor der Theologie in Wittenberg an der Elbe. Zu seiner Zeit war die katholische Kirche zerrüttet und heruntergekommen. Sie verlangte z. B. von ihren Gläubigen, daß sie sich von ihren Sünden mit Geld loskaufen sollten. »Wenn das Geld im Kasten klingt, die Seele in den Himmel springt«, so lautete ein Spruch der Ablaßeintreiber. Luther wehrte sich gegen diesen Ablaßmißbrauch und schlug 1517 seine berühmten 95 Thesen an das Portal der Schloßkirche zu Wittenberg. Seine weiteren grundlegenden Reformationsschriften trugen ihm die Bannandrohung des Papstes ein. 1521 wurde der Reichstag zu Worms einberufen, auf dem sich Luther vor Kaiser und Reich für seine Schriften zu verantworten hatte und diese widerrufen sollte. Als Luther dies ablehnte, wurde er mit der Reichsacht belegt. Die Ritter des Kurfürsten Friedrich von Sachsen, der sich zu Luther bekannte, entführten ihn und versteckten ihn auf der Wartburg.

Dort übersetzte er das Neue, später das Alte Testament. Luther fand, daß die Bibel nicht nur in lateinischer Sprache, sondern vor allem – für alle Gläubigen verständlich – in Deutsch vorliegen müßte. Sein schriftstellerisches Werk war von größter Bedeutung für die neuhochdeutsche Sprache. Nach Wittenberg zurückgekehrt, begann der Reformator mit dem Aufbau der evangelischen Kirche. Er ist der Begründer des Protestantismus. Mehr darüber ist unter den Stichwörtern »Reformation« und »Protestantismus« zu finden.

Luxemburg grenzt an Frankreich, Belgien und an die Bundesrepublik Deutschland. Es zählt zu den Beneluxstaaten und ist Mitglied der EWG sowie der NATO. In dem Großherzogtum wohnen 350 000 Menschen auf einer Fläche von 2586 qkm. Im Norden erhebt sich das Ösling 400–500 m hoch. An Wald-, Heide- und Wiesenland schließt sich im Süden das fruchtbare Gutland an. An der Grenze zu Lothringen wird Eisenerz gefördert. Die Hauptstadt des Landes mit 77 000 Einwohnern heißt ebenfalls Luxemburg. Beliebt ist der Rundfunksender Radio Luxemburg, der weit über die Grenzen des Landes seine Unterhaltungsprogramme ausstrahlt. Luxemburg hat eine wechselvolle Geschichte. Die Grafen von Luxemburg gehörten zu den führenden deutschen Herrscherhäusern (Kaiser Heinrich VII., 1308–1313). Nach dem Aussterben der männlichen Linie 1437 wechselte das Land oft seine Besitzer; es gehörte den Herzögen von Burgund, den Habsburgern, zu Frankreich, den Niederlanden und teilweise zu Belgien. Seit 1890 regieren es die früheren Herzöge von Nassau.

Luxor (Luksor), eine Stadt mit 40 000 Einwohnern, liegt am Nil in Oberägypten. Ganz in ihrer Nähe befinden sich der Totentempel des Königs Amenophis III., der Tempel der Königin Hatschepsut sowie das Grab des ägyptischen Herrschers Tut-ench-Amun.

Luxus bezeichnet einen Aufwand bei der Lebenshaltung, der das von den Mitmenschen als normal Empfundene weit übersteigt. Die Ansicht über das, was als lebensnotwendig bezeichnet wird, ändert sich jedoch mit den steigenden Bedürfnissen des Menschen. So sieht man heute z. B. Tee, Kaffee oder Tabak nicht mehr als Luxuswaren an.

Luzern, ein schweizerischer Kanton, erstreckt sich westlich des Vierwaldstätter Sees. 290 000 Menschen wohnen in dem 1494 qkm großen Gebiet. Neben Viehzucht sind der Obst-, der Wein- und der Getreideanbau von Bedeutung. Auch Maschinen-, Holz-, Papier- sowie Textilindustrie gibt es dort. Berühmt ist die Luzerner Tuch- und Seidenindustrie, die vielen der 70 000 Stadtbewohner Arbeit gibt. Zahlreiche ausländische Besucher kommen zu den Internationalen Musikfestwochen in die gleichnamige Hauptstadt des Kantons. Besonderer Anziehungspunkt ist die Altstadt mit der Stadtmauer, der Hof- und Stiftskirche und den gedeckten Holzbrücken. Aus Urkunden geht hervor, daß die Stadt

Luze

Luzern im 8. Jahrhundert gegründet wurde.

Luzerne heißt eine sehr widerstandsfähige Staude, die bis zu 90 cm hoch wird. Ihre 3 m lange Pfahlwurzel mit den zahlreichen Verzweigungen ist fest im Boden verankert. Violett leuchten ihre Blüten. Wegen ihres hohen Eiweißgehalts wurde die Luzerne, auch Ewiger Klee genannt, zu einer wichtigen Futterpflanze, die sechsmal im Jahr geschnitten werden kann. Alle Arten der Luzerne gehören zu den Schmetterlingsblütlern.

Lymphe wird eine hellgelbe Flüssigkeit mit weißen Blutkörperchen genannt, die sich in den Lymphgefäßen sammelt. Von diesen wird die Lymphe dem Blutstrom zugeführt. Sie versorgt dabei die Körperzellen mit Nährstoffen, nimmt Abfallstoffe auf und reinigt so das Blut.

Lymphknoten übernehmen in den Lymphgefäßen die Aufgabe eines Filters. Sie reinigen die Lymphe, halten Krankheitserreger zurück und machen diese unschädlich. Dabei schwellen sie manchmal an. Besonders in der Achselhöhle, in der Ellenbeuge, in der Leistengegend sowie am Hals sitzen die fast haselnußgroßen Organe. Die Knoten werden oft auch Lymphdrüsen genannt.

Lynchen nennt man das Töten eines vermutlichen Verbrechers ohne richterlichen Urteilsspruch. Das Wort leitet sich von dem Namen des Landwirts William Lynch ab, der im 18. Jahrhundert Diebe und Schwerverbrecher ohne richterlichen Urteilsspruch erhängte. Man nennt dieses eigenmächtige Vorgehen Lynchjustiz. Die Polizei ist verpflichtet, eine gesetzeswidrige Bestrafung z. B. durch eine erregte Volksmenge zu verhindern sowie Leib und Leben des Bedrohten zu schützen.

Lyon, eine Stadt in Frankreich mit 528 000 Einwohnern, liegt am Zusammenfluß von Saône und Rhône. Zur Zeit des römischen Kaisers Augustus war sie als Lugdunum die Hauptstadt Galliens. Im Mittelalter wurde die Stadt ein Zentrum der Seidenherstellung. Noch heute ist Lyon eine der bedeutendsten Textilstädte der Erde.

Lyrik ist ein Gattungsbegriff der Poesie neben Epik (erzählende Dichtung) und Dramatik (Bühnendichtung). Lyrik ist eine Form der Dichtung, die in Versen, Reimen, Versmaß und rhythmischen Betonungen Gefühle ausdrückt, Gedanken vermittelt und Stimmungen schildert. Ursprünglich war Lyrik die sangbare Dichtung, die zur Lyra, einem alten griechischen Saiteninstrument, vorgetragen wurde. Im Mittelalter erlebte die Lyrik im Minnesang der höfischen Dichtung eine große Blütezeit. Zur Lyrik gehören die feierliche Ode, das Sonett mit seinen 14 Verszeilen sowie die schwermütige Elegie. In der modernen Lyrik ist außer dem Klang der Sprache auch das Bild des gedruckten Worts von Bedeutung.

M

Maare sind durch Vulkanausbrüche entstanden. Diese Erdtrichter füllten sich meist mit Wasser und gleichen nun kreisrunden Seen. Im Vulkangebiet der südlichen Eifel findet man zahlreiche Maare.

Maas heißt ein Fluß, der bei Langres entspringt, durch Ostfrankreich, Belgien und die Niederlande fließt und schließlich nach 925 km im Rheindelta in die Nordsee mündet. Die Maas ist bis Sedan schiffbar. Kanäle verbinden den Fluß mit dem Rhein, der Marne sowie der Schelde.

Maastricht [Máhßtricht], die Hauptstadt der niederländischen Provinz Limburg, liegt an der Maas. Sie hat 113 000 Einwohner. In Maastricht steht die älteste Kirche der Niederlande, die Servatiuskirche, die bereits im 6. Jahrhundert erbaut wurde.

Maat [maht] bedeutet in der Seemannssprache Kamerad. Das Wort stammt aus dem Holländischen. Als Dienstgrad in der Kriegsmarine ist der Maat dem Unteroffizier gleichzustellen.

Macau [makáh-u] (Macao) war 1557 bis 1951 eine portugiesische Kolonie in Südchina. Seither bildet das 16 qkm große Gebiet westlich von Hongkong eine portugiesische Überseeprovinz mit 248 000 Einwohnern. Die gleichnamige Hauptstadt wird von 227 000 Chinesen und Mischlingen bewohnt.

Machete [matschéhte] nennt man in Südamerika ein großes, gebogenes Haumesser. Die Eingeborenen schlagen sich mit der Machete einen Weg durch den Busch. Plantagenarbeiter ernten damit die dicken Zuckerrohrstengel.

Mackenzie River [mäckénsi ríwer] heißt der zweitgrößte Strom Nordamerikas. Seine Quellflüsse entspringen in den Rocky Mountains und fließen als Großer Sklavenfluß in den Großen Sklavensee. Von hier bis zum Mündungsdelta am Nordpolarmeer trägt der Fluß den Namen des schottischen Geographen Makkenzie. Er erforschte diese Strecke des Flusses, der im ganzen 4240 km lang ist und Kanada in Südnordrichtung durchfließt. Im Sommer fahren die Schiffe 2000 km stromaufwärts. Am Unterlauf wurden große Kohle- und Erdölvorkommen entdeckt.

Madagaskar, die viertgrößte Insel der Erde, ist mit 587 000 qkm größer als Frankreich. Die Inselrepublik liegt vor der Südostküste Afrikas im Indischen Ozean. Der Kanal von Moçambique trennt sie vom Festland. Die 7,1 Millionen Einwohner, zumeist malaiische Madagassen, leben vor allem von der Landwirtschaft. Auf den trockenen Hochflächen im Innern der Insel züchten sie Schafe und Zeburinder, auf dem Küstenstreifen bauen sie die Hauptnahrungsmittel Reis und Maniok an und ernten Zuckerrohr, Mais, Erdnüsse sowie Tabak. Ausgeführt werden vorwiegend Kaffee, Gewürze, Reis und Vanilleschoten ($^4/_5$ der

Welternte). Die Insel ist vorwiegend gebirgig, nach Westen zu abgeflacht, gegen Osten hin ansteigend und steil zur Küste abfallend. In diesem tropischen Gebiet dehnen sich Urwälder aus, denn es fällt dort reichlich Regen. Viele Tierarten, wie z. B. Halbaffen, gibt es nur noch auf Madagaskar. Die Hauptstadt Tananarive liegt im Innern der Insel. Tamatave heißt der Haupthafen.

Madame [madámm] sagt der Franzose, wenn er eine verheiratete Frau anredet. Das deutsche Wort Dame ist davon abgeleitet.

Made in Germany [méhd in dschörmeni] heißt, ins Deutsche übersetzt, in Deutschland hergestellt. Dieser Hinweis mußte auf allen Waren angebracht sein, die in Deutschland produziert wurden und in Großbritannien verkauft werden sollten. Inzwischen wurde diese englische Vorschrift aus dem Jahre 1887 im internationalen Handel üblich. »Made in England«, »Made in Italy« usw. findet man heute beispielsweise auf den Etiketten vieler Waren und Kleidungsstücke.

Madeira [madéhra] ist eine 797 qkm große portugiesische Inselgruppe im Atlantik, etwa 650 km westlich von Marokko. In dem dort herrschenden milden Klima gedeihen subtropische Pflanzen, Ananas und Bananen. Bis zu 1861 m hoch ragen Vulkanberge auf. Im Innern der Insel trifft man nur wenige Menschen. Die Küstengebiete jedoch sind nahezu übervölkert.

In Funchál, der Hauptstadt und zugleich wichtigsten Hafenstadt, leben 100 000 der insgesamt 253 000 Inselbewohner.

Madenfresser (Madenhacker) sind Vögel, die außer Früchten auch Würmer, Insekten und kleine Kriechtiere vertilgen. Sie leben in den wärmeren Gebieten Amerikas. Häufig sieht man sie dort auf dem Rücken von Kühen, wo sie im Fell nach Zecken und Fliegenlarven suchen. Ihre Nester bauen einige Weibchen gemeinsam, und sie brüten auch die Eier zusammen aus. Die Südamerikaner nennen diese braunen Kuckucksvögel Ani. In Afrika sitzen die Madenhacker, eine Starenart, auf dem Rücken der Büffel, Nashörner und Elefanten. Sie suchen nach Insekten.

Madenwürmer setzen sich im Darm des Menschen und in dem pflanzenfressender Tiere fest. Kinder stecken sich besonders leicht an, wenn sie Nahrungsmittel essen, auf denen Fliegen krabbelten, denn die Fliegen, die in menschlichen und tierischen Ausscheidungen Nahrung suchen, befördern die Eier der Würmer.

Madhya Pradesh [mádja prádesch], ein Staat in Zentralindien, umfaßt eine Fläche von 443 500 qkm, ist also rund fünfmal so groß wie Österreich. 41,5 Millionen Menschen leben hier. Im Gangesgebiet wird Baumwolle angebaut, im Narbadatal gedeihen Wein und Reis. Riesige Staudämme werden gebaut, um die Wasserkraft der zahlreichen Flüsse für die Industrialisierung und Bewässerung des Landes nutzbar zu machen. Die Hauptstadt heißt Bhopal.

Madras heißt die Hauptstadt des indischen Staates Tamil Nadu. Sie ist mit 2,5 Millionen Einwohnern die viertgrößte Stadt Indiens. In dieser Hafenstadt am Golf von Bengalen verarbeiten Textilwerke und Gerbereien die Rohstoffe des Landes. Verschifft werden vor allem Baumwolle, Leder, Chrom, Magnesit sowie Erdnüsse. Wirbelstürme suchen jedes Jahr dieses Gebiet heim und zerstören die Hafenanlagen. Das Klima ist durch den Monsun bestimmt.

Madrid, die Hauptstadt Spaniens, hat 3,8 Millionen Einwohner. Im Sommer herrrscht hier beinahe unerträgliche Hitze, im Winter ist das Klima sehr rauh. Im 8. Jahrhundert bauten die Mauren im Mittelpunkt der Iberischen Halbinsel eine Festung. Daraus entwickelte sich die Stadt, die 1083 endgültig den Mauren entrissen wurde. König Philipp II. machte Madrid 1561 zur Hauptstadt seines Landes. Hauptanziehungspunkte für viele Besucher der Stadt sind das Prado-Museum, das eine der bedeutendsten Gemäldesammlungen der Erde beherbergt, die herrliche Parkanlage »El Retiro«, die Kathedrale San Isidro sowie das Schloß über dem Fluß Manzanares. Wirtschaftliche Bedeutung haben die Fahrzeug-, Kork- und Möbelindustrie. Lederwaren, Schmuck und Fächer werden in alle Welt versandt.

Mähdrescher setzen sich aus zwei Maschinen zusammen. Die Mähmaschine schneidet das Getreide, die Dreschmaschine schlägt die Körner aus den Ähren, reinigt sie und füllt sie in Säcke. Gleichzeitig wird das Stroh gebündelt oder zu Ballen gepreßt. Mit dieser Erntemaschine kann ein Mann allein ein ganzes Feld in kürzester Zeit abernten.

Mähne nennt man den langen Haarwuchs an Kopf und Hals bei Tieren, z. B. beim Pferd und beim männlichen Löwen. Tiere, die nach ihrer Mähne benannt wurden, sind die Mähnenrobbe, die Mähnenratte und das Mähnenschaf.

Mähren ist eine Landschaft der Tschechoslowakei zwischen der Slowakei und Böhmen. Die Böhmisch-Mährischen Höhen bilden im Westen, die Kleinen Karpaten und Beskiden im Osten die natürlichen Grenzen. Im Norden schließt sich Schlesien an, im Süden liegt Österreich. Die Flüsse March und Thaya bilden ein fruchtbares Becken im Landesinnern, in dem vorwiegend Getreide angebaut wird. Erdölfelder und Steinkohlenlager sind die Grundlagen der Industrie, vor allem im Gebiet der Städte Brünn, Ostrau und Olmütz. Hier stehen große Textil-, Leder-, Baustoff- und Maschinenfabriken. Mähren wurde zuerst von den Kelten besiedelt. Es folgten die Germanen und die Slawen. Im 9. Jahrhundert umfaßte das Großmährische Reich Gebiete Böhmens und der Slowakei sowie Landschaften an Oder und Weichsel. Die Ungarn vernichteten das Reich. Zu Beginn des 11. Jahrhunderts wurden Böhmen und Mähren vereinigt.

Märchen erzählen Geschichten, in denen das Wunder waltet und die

Märs

Naturgesetze aufgehoben sind. Tiere und Gegenstände können im Märchen sprechen. Gestalten wie Feen, Zwerge, Hexen und Elfen, die es in Wirklichkeit gar nicht gibt, bewirken das Gute oder das Böse. Alle Märchen enden damit, daß das Gute über das Böse siegt. Volksmärchen wurden durch Erzählen von einer Generation der anderen überliefert. Die Brüder Grimm sammelten solche Märchen. 1812 erschienen ihre ›Kinder- und Hausmärchen‹. ›Tausendundeine Nacht‹ ist eine Sammlung der schönsten Märchen des Orients. Auch Dichter – vor allem in der Romantik – schrieben Märchen. Im Gegensatz zum Volksmärchen nannte man ihre Erzählungen Kunstmärchen. Wilhelm Hauff schrieb z. B. ›Zwerg Nase‹, der Däne Christian Andersen gab eine Märchensammlung heraus. Bechstein, Brentano, E. T. A. Hoffmann, Novalis, Mörike, Storm und viele andere schrieben noch heute beliebte Kunstmärchen.

Märsche sind Musikstücke im $^4/_4$ Takt, der dem menschlichen Schrittrhythmus entspricht. Marschmusik oder Marschlieder steigern die Gehfreudigkeit, was sich bei Marschkolonnen, die große Strecken zu bewältigen haben, günstig auswirkt. Märsche spielten die Landsknechte des 15. Jahrhunderts mit Trommeln und Pfeifen. Die Truppen marschierten dazu im Takt. Man tanzte jedoch auch nach Marschmelodien. In Opern hört man deutlich den Marschrhythmus, wenn Festzüge auf der Bühne auftreten. Auch in Symphonien, z. B. in Beethovens ›Eroica‹, kommen Märsche vor.

Märtyrer werden Menschen genannt, die sich aus Überzeugung für eine Sache, z. B. für ihren Glauben, opfern. Ungeheure Folterqualen mußten solche Menschen oft erleiden, nicht selten wurden sie von einer andersdenkenden Menge gesteinigt. Die christlichen Märtyrer werden von der katholischen Kirche als Heilige verehrt.

Mäuse sind eine Familie der Nagetiere und in zahlreichen Gattungen und Arten über die ganze Erde verbreitet. In Mitteleuropa sind einige Arten aus der Unterfamilie der Echtmäuse heimisch. Die »mausgraue« Hausmaus lebt in den Behausungen der Menschen, ihre Wildform, die Ährenmaus, auf dem Feld. Dort ist auch die größere, rötlichgefärbte Waldmaus anzutreffen. Die Gelbhalsmaus lebt im Hochwald, die mit ihr verwandte Brandmaus ist rostbraun und hat einen schwarzen Rückenstreifen. Sie haust in Hecken und an Feldrainen. Die nur etwa 6 cm lange Zwergmaus ist mit Hilfe ihres Greifschwanzes ein geschickter Kletterer. Sie baut kunstvoll geflochtene Kugelnester in Wiesen und Feldern. Weiße Mäuse sind Albinos und wie die Tanzmäuse Abkömmlinge der Hausmaus. Auch die Haus- und Wanderratte gehören zu den Echtmäusen. Wühlmäuse gehören zu den Wühlern. Mäuse ernähren sich überwiegend von pflanzlichen Stoffen, aber auch von kleinen Tieren. Sie vermehren sich sehr rasch, da sie bis zu fünfmal im

Mage

Jahr Junge werfen, die selbst bald fortpflanzungsfähig werden.

Mafia (Maffia) [máffia] heißt ein sizilianischer Geheimbund, der Angst und Unruhe in der Bevölkerung verbreitet und durch zahlreiche Verbrechen traurige Berühmtheit erlangt hat. Die Mafia, die schon seit dem 17. Jahrhundert bestehen soll, wirkt auch als Gangsterorganisation in den USA.

Magalhães, Fernão de [mägäljähisch] (Magellan), lebte von 1480 bis 1521. Dieser portugiesische Seefahrer segelte im Auftrage Karls V. mit fünf Schiffen zu den Molukken, einer Inselgruppe Indonesiens. Er wollte sie auf dem Westweg erreichen. Zwischen Südamerika und Feuerland entdeckte er eine Durchfahrt, die nach ihm Magellanstraße genannt wurde. Auf den Philippinen fiel er im Kampf mit den Eingeborenen. Nur ein einziges seiner Schiffe erreichte wieder den Heimathafen. Damit war die erste Weltumsegelung getan.

Magdalenenstrom (Rio Magdalena) heißt ein südamerikanischer Fluß, der in den nördlichen Anden entspringt. Sein 1550 km langer Lauf ist von zahlreichen Stromschnellen und Wasserfällen unterbrochen. Der Magdalenenstrom ist der Hauptfluß Kolumbiens. Er mündet in einem Delta ins Karibische Meer.

Magdeburg, eine Stadt an der Elbe, ist der Handelsmittelpunkt des gleichnamigen Bezirks. Es leben dort 272 000 Menschen. Hier befindet sich der größte Flußhafen der DDR. Der frühgotische Dom mit dem Grabmal Ottos des Großen gehört zu den Sehenswürdigkeiten.

Magellan [-áhn] ist die eingedeutschte Form des Namens »Magalhães«. Der berühmte portugiesische Seefahrer ist unter diesem Stichwort beschrieben.

Magen heißt ein sackartiger Muskel,

Querschnitt durch einen Menschenmagen:

1 *Magengrund*
2 *Magenmund*
3 *Speiseröhre*
4 *Magenkörper (ausgekleidet mit Magenschleimhaut)*
5 *Zwölffingerdarm*
6 *Pförtner*
7 *Magenwand*

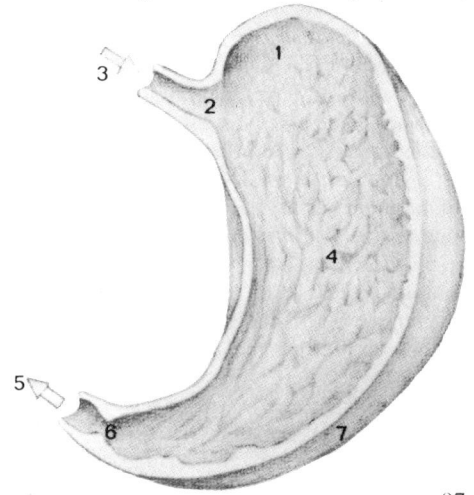

Mage

dem die Nahrung von der Speiseröhre zugeleitet wird. Er hat die Aufgabe, den Mageninhalt zu Brei zu mischen. Das geschieht durch die regelmäßigen Magenbewegungen. Die Drüsen der Magenschleimhaut liefern dazu den Magensaft, der die Magensäure enthält. Er besteht aus Wasser, Schleim, Salzsäure und Pepsin. Der Magenausgang (Pförtner) enthält einen Schließmuskel, der den Zugang in den Zwölffingerdarm von Zeit zu Zeit öffnet, so daß der Mageninhalt in den Darm entleert wird. Im Magen-Darm-Kanal wird die Verdauung der Nahrungsmittel fortgesetzt. Hier erfolgt ihre Zersetzung und chemische Umwandlung in Nährstoffe, die der Körper braucht. Siehe auch Stichwort »Wiederkäuer«.

Magenbitter nennt man einen würzig schmeckenden Schnaps, der aus verschiedenen Kräutern und Beeren gebrannt wird. Er hat einen Alkoholgehalt von etwa 35 Prozent. Der Magenbitter fördert die Verdauung.

Magengeschwüre kann man mit Hilfe der Röntgenstrahlen deutlich erkennen. Sie liegen meist am oberen Rand des Magens. Schmerzen in der Magengrube nach dem Essen, Sodbrennen, Erbrechen und Blutungen sind Alarmzeichen. Magengeschwüre können nervösen Ursprungs sein. Der Arzt behandelt die Magengeschwüre mit Medikamenten, in schwierigen Fällen muß er operieren.

Magenkrebs kann in allen Magenteilen entstehen. Erkennt der Arzt die wuchernde Geschwulst rechtzeitig, kann er durch eine Operation verhindern, daß sich der Magenkrebs weiter ausbreitet.

Magenschleimhautentzündung kann durch hastiges und zu vieles Essen entstehen, auch durch verdorbene Nahrungsmittel. Bei lang andauernder Entzündung muß der Arzt feststellen, ob sich ein Magengeschwür oder gar eine Krebsgeschwulst bildet.

Magma wird als Lava bei Vulkanausbrüchen aus dem Krater geschleudert. Auch das Innere der Erdkugel besteht aus dieser glühenden, flüssigen Masse. Eine 16 km dicke Erdkruste umschließt das 1000 Grad heiße Magma im Erdkern. (Siehe Farbtafel »Vulkane« Band 10)

Magna Charta (Libertatum) [- karta libertáhtum] heißt übersetzt »Großer Freiheitsbrief«. Im Jahre 1215 erzwangen die Adligen und Bischöfe in England von König Johann ohne Land diesen Vertrag, der ihnen zahlreiche Privilegien, also Vorrechte, einräumte. Bischöfe und Äbte sollten nun nicht mehr vom König ernannt, sondern von der Geistlichkeit gewählt werden. Auch die Lehen konnten vererbt werden. Dadurch wurde der Privatbesitz gesichert. Die persönliche Freiheit jedes einzelnen sollte dadurch gesichert werden, daß kein Bürger ohne ein rechtmäßiges Urteil seiner Standesgenossen gefangengenommen oder bestraft werden durfte. Eine wichtige Neuerung war auch, daß der König nicht mehr willkürlich Steuern erheben durfte, sondern Adel und Geistlichkeit ihre

Zustimmung geben mußten. Dadurch erhielten sie ebenso wie die Städte ein großes Mitspracherecht in Staatsangelegenheiten. Die Stände tagten in regelmäßigen Abständen. So entstand das erste Parlament.

Magnesium, ein silberweißes Leichtmetall, wird vor allem aus Magnesit und Dolomit gewonnen. Es läßt sich mit Feile oder Hammer bearbeiten und auch walzen. Bei 500 Grad entzündet es sich und verbrennt mit grellweißer Flamme. Magnesium wird für Blitzlichter und Leuchtstoffe verwendet. Auch die sogenannten Wunderkerzen, die zur Weihnachtszeit »Sterne« aussprühen, enthalten dieses Leichtmetall. Eine Legierung von Aluminium mit Magnesium ergibt Magnalium, das sehr fest und besonders leicht ist. Viele Flugzeugteile werden daraus gefertigt.

Magnete ziehen Gegenstände aus Eisen an und halten sie fest. Wasser, Holz oder Kunststoff, die sich zwischen dem Eisenstück und dem Magneten befinden, sind dabei für die Anziehungskraft kein Hindernis. Legt man einen Nagel auf die Tischplatte und bewegt einen Magneten darunter, dann kann man den Nagel »wie durch Zauberhand« auf der Platte wandern lassen, da der Magnet den Nagel immer mit sich zieht. Magnete haben verschiedene Formen und sind nicht gleich stark. Stahl-, Hufeisen-, Scheibenmagnete u. a. haben jedoch sämtlich zwei verschiedene Pole. Deshalb kann man einen Stabmagneten sogar als Kompaß verwenden. Er zeigt in Nordsüdrichtung, wenn man ihn frei aufhängt. Er richtet sich immer nach den Polen der Erde aus. Bringt man zwei Magnete mit den gleichen Polen zusammen, stoßen sie sich ab, die ungleichen Pole ziehen sich an. Jeder Magnet, der mit einem Nagel in Berührung kommt, gibt etwas von seiner Kraft an diesen ab. Mit dem nun ebenfalls magnetisierten Nagel kann z. B. eine Stecknadel festgehalten werden. Mit Eisenstaub kann man verdeutlichen, daß ein Magnet ein Kraftfeld hat. Der Eisenstaub ordnet sich nämlich, wenn ein Magnet in seine Nähe kommt, den Feldlinien entsprechend an. Direkt am Pol ist die Anziehungskraft am stärksten. Je weiter man sich davon entfernt, desto geringer wird die Kraft. Die unheimliche Kraft des Magnetismus wird auch in Märchen beschrieben. In »Tausendundeiner Nacht« wird von einem Zauberberg erzählt. Kamen diesem die Schiffe zu nahe, fielen die Planken, die mit Eisennägeln verbunden waren, auseinander, und das Schiff sank.

Nicht nur Magneteisenerz, sondern auch elektrischer Strom hat Anziehungskraft. Wird ein Draht mit einer Batterie verbunden und an den Kompaß gehalten, so wird die Magnetnadel aus ihrer Nordsüdrichtung gedrängt. Elektromagnete sind Magnete, die aus einer Spule, durch die Strom fließt, und einem Eisenkern bestehen. Wenn der Strom abgeschaltet wird, verliert der Elektromagnet seine Kraft. Die Elektrotechnik wendet diese Erkenntnis z. B. bei elektrischen Türöffnern

Magn

oder Klingeln an, aber auch bei riesigen Magnetkränen.

Magnettonverfahren heißt der technische Vorgang, durch den wir Geräusche, Sprache und Musik auf Tonband festhalten und jederzeit von diesem wiedergeben können. Das geschieht auf folgende Weise: In jedem Millimeter des Tonbands befinden sich viele hundert Millionen Eisenoxydteilchen. Bei einer Aufnahme läuft das Tonband von der linken Spule ab und kommt zuerst am Löschkopf vorbei, der, sobald er eingeschaltet wird, durch den Strom jede Aufzeichnung, also jeden noch vorhandenen Magnetismus, beseitigt. Das Band läuft weiter zum Aufnahmekopf. Hier wirken die Tonschwingungen, die durch das Mikrophon in elektrische Impulse umgewandelt wurden, auf das Magnetfeld des Aufnahmekopfs. Das wiederum verändert die Lage der Eisenoxydteilchen in dem Tonband. Spielt man nun das Tonband ab, so läuft es am Wiedergabekopf vorbei. Dieser ist ebenfalls ein Elektromagnet. Er verwandelt nun den gespeicherten Magnetismus wieder in elektrische Impulse. Der Lautsprecher überträgt diese elektrischen Impulse in Schallwellen, die das menschliche Ohr als Geräusche, Sprache oder Musik aufnehmen kann.

Mahagoni, ein wertvolles Edelholz, wird hauptsächlich aus Westindien, Mexiko und Afrika eingeführt. Die Holzbestände sind überall bereits sehr zurückgegangen. Mahagonimöbel schimmern in einem matten Rotbraun.

Maharadscha ist ein Herrschertitel. Das Wort kommt aus dem Indischen und bedeutet Großkönig.

Maifeiern werden in vielen Ländern am 1. Mai begangen. An diesem Tage zogen 1890 die Arbeiter durch Paris und forderten die Einführung des Achtstundentages sowie den Schutz des Arbeiters. Sie traten auch für den Weltfrieden ein. In der Bundesrepublik Deutschland ist der 1. Mai ein gesetzlicher Feiertag, an dem die Gewerkschaften große öffentliche Kundgebungen veranstalten.

Maiglöckchen sind Liliengewächse, die an schattigen Stellen im Walde wachsen, aber auch in Gärten blühen. Nur 3–4 cm unter der Erde kriechen ihre Wurzeln mit den vielen kleinen seitlichen Verzweigungen dahin. Zwei große, längliche Blätter schieben sich im Frühling aus der Erde. Im Mai entfaltet sich an einem Stengel die stark duftende weiße Blütentraube. Die später daraus reifenden roten Beeren sind giftig. Die Pflanze wurde früher als Heilmittel gegen Kopfschmerzen und Herzbeschwerden verwendet.

Maikäfer sind heute seltener geworden. Vor noch nicht allzulanger Zeit wurden sie in manchen Jahren zur Landplage. Mit scharfen Mundwerkzeugen sägt der Käfer ein Blatt in kleine Teile und formt sie zu mundgerechten Ballen, bevor er sie frißt. Wenn er fliegen möchte, breitet er die harten Deckflügel auseinander und pumpt sich in die Höhe. Die zarten, durchsichtigen Hinterflügel beginnen dann erst zu schwirren. Das Käferweibchen gräbt sich Ende Mai in die Erde ein und legt in 25 cm Tiefe ungefähr 70 Eier. Dann stirbt es. Aus den Eiern schlüpfen die weißen Engerlinge. Drei Jahre lang lebt der Engerling im Boden und frißt sich von einer Wurzel zur andern. Dann verpuppt er sich. Der Käfer schlüpft aus und überwintert in der Erde. Erst im darauffolgenden Frühjahr stößt er mit Hilfe seines braunen Kopfschilds an die Oberfläche. Nur vier Wochen lebt er hier. Der Mensch bekämpft den Maikäfer mit chemischen Mitteln. Seine natürlichen Feinde sind Fledermäuse, Vögel, Maulwürfe, Dachse und Igel. Wer einen Maikäfer in der Hand hält, merkt, daß sich an seinen sechs Beinen Widerhaken befinden, die sich an der Haut festkrallen. Wer die Fühler genau betrachtet, entdeckt, daß das Männchen sieben größere und das Weibchen sechs kleinere Blätter am Ende der Fühler hat.

Unsere Urgroßeltern und Großeltern kannten noch Jahre mit einer ausgesprochenen Maikäferplage. Diese Zeiten scheinen ein für allemal vorbei zu sein. Wir haben den Maikäfer mit unseren Insektenmitteln fast ausgerottet. Heute tut es uns beinahe leid, daß wir den einst so gefürchteten Schädling auf unseren Frühlingsspaziergängen kaum mehr zu Gesicht bekommen. In vielen Kinderliedern spielt der Maikäfer die Hauptrolle.

Eine Tierhandlung in München hatte wohl mehr aus Spaß einige der seltenen Maikäfer für 50 Pfennig das Stück angeboten. In wenigen Stunden waren die Krabbeltiere ausverkauft.

Mailand (italienisch Milano), mit 1,7 Millionen Einwohnern die zweitgrößte Stadt Italiens, ist die Hauptstadt der gleichnamigen Provinz in der Poebene. Sie ist der größte Industrie- und Handelsplatz Italiens und der wichtigste Seidenmarkt in ganz Europa. Zahlreiche Paläste aus der Renaissance- und Barockzeit sowie prächtige alte Kirchen zeugen von der einstigen kulturellen Bedeutung der Stadt. Am eindrucksvollsten tritt der gewaltige spätgotische Dom aus weißem Marmor in Erscheinung. Die Mailänger Scala ist eines der berühmtesten Opernhäuser der Erde.

Main heißt der wirtschaftlich bedeutendste Nebenfluß des Rheins. Der Weiße Main entspringt im Fichtelgebirge, der Rote Main in der Fränkischen Schweiz. Die beiden Quellflüsse vereinigen sich bei Kulmbach. Der Main fließt durch Bamberg, Würzburg, Aschaffenburg sowie Frankfurt und mündet nach 524 km bei Mainz in den Rhein. Verfolgt man seinen Lauf auf der Landkarte, kann man das sogenannte »Maindreieck« und »Mainviereck« erken-

Maikäfer

Main

nen. Zwischen Bamberg und Mainz wurden im Main 37 Staustufen mit Großkraftwerken errichtet. Sie bilden einen Teil des Rhein-Main-Donau-Kanals.

Mainau, eine Insel im westlichen Bodensee, ist mit dem Festland durch eine Brücke verbunden. Hier herrscht Mittelmeerklima, und deshalb sieht man in dem herrlichen Schloßpark des Grafen Lennart Bernadotte neben wundervollen Blumenanlagen auch subtropische Gewächse. Die Insel wird jedes Jahr von vielen Touristen besichtigt.

Maine [mehn] ist ein Staat im äußersten Nordosten der USA. Er liegt am Atlantik und umfaßt eine Fläche von 80 300 qkm. Seine rund 1 Million Einwohner ernähren sich hauptsächlich vom Hafer- und Kartoffelanbau, von der Viehzucht und Holzwirtschaft. Die Hauptstadt heißt Augusta und hat nur 22 000 Einwohner.

Mainz, die Hauptstadt des Landes Rheinland-Pfalz, hat 181 000 Einwohner. Die günstige Verkehrslage machte die Stadt zum Mittelpunkt des rheinischen Weinhandels, zum Umschlaghafen für zahlreiche Güter und zum Ansiedlungsgebiet der verschiedensten Industrien. Die Mainzer Universität bestand bereits vor 500 Jahren. Sie wurde nach dem hier geborenen Erfinder der Buchdruckerkunst, Johannes Gutenberg, benannt. Wer durch die Stadt bummelt, sollte nicht vergessen, die Paläste der Mainzer Kurfürsten und vor allem den 1000jährigen vorwiegend romanischen Dom zu besichtigen. Die Geschichte der Stadt beginnt schon im Jahre 38 v. Chr., in dem die Römer hier das Kastell Mogontiacum [-tíh-] errichteten. Bonifatius erhob den frühchristlichen Bischofssitz zum Erzbistum. Die Erzbischöfe waren Reichserzkanzler und wurden später Kurfürsten.

Mais, das heute neben dem Weizen am meisten angebaute Getreide, soll zuerst in den Anden Perus gepflanzt worden sein. Noch drei andere Namen hat der Mais: Welschkorn, Türkischer Weizen und Kukuruz. Das Getreidegras braucht guten Boden und viel Wärme. An dem Stengel, der bis 3 m hoch wird, sitzen die weiblichen Blüten an den Kolben, die männlichen an der Spitze des Sprosses. Sie sehen aus wie Quasten. Tief versteckt in den länglichen Blättern reifen die gelben Körner am Kolben. Bei uns wird Mais vor allem als Futterpflanze verwendet. Maisstärke wird zu Mondamin bzw. Maizena für Puddingpulver und Backwaren verarbeitet. Die Mexikaner backen aus Maismehl flache Fladen, die Tortillas, in Italien gibt es Polenta. Maiskolben schmecken gekocht besonders gut. Geerntete Kolben sollten nicht lange lagern, denn sie haben bereits 24 Stunden nach der Ernte nur noch die Hälfte ihres Zuckergehalts.

Maisur (Mysore) [maisúhr] heißt ein indischer Staat im Süden des Hochlands von Dekkan. Etwa 29 Millionen Menschen leben hier auf einem Areal von rund 200 000 qkm. Aus den Gebirgen der West-Ghats kommen Teak- und Sandelholz. Gold,

Mangan, Glimmer und Magneteisen sind die wichtigsten Bodenschätze. Getreide-, Baumwoll- und Zuckerrohrfelder sowie Kaffeeplantagen müssen teilweise künstlich bewässert werden. Bis 1956 war Maisur die Hauptstadt des Staats, heute ist es Bangalur (Bangalore).

Majestät ist der Ehrentitel für Kaiser und Könige. Das lateinische Wort majestas bedeutet Größe, Hoheit. Man sagt: »Seine Majestät der König« und »Ihre Majestät die Königin«.

Majolika nennen die Italiener Fayencen. Von Spanien aus gelangten im Mittelalter glasierte Tonwaren über Mallorca nach Italien. Von dieser Zwischenstation leitet sich der Name ab. Vasen, Krüge und Teller aus gebranntem Ton wurden in eine undurchsichtige weiße Glasur getaucht. Muster und farbige Bilder schmücken die Majoliken.

Makaber bedeutet schauerlich, grausig. Makabre Scherze ziehen traurige Situationen ins Komisch-Frivole.

Makassarstraße wird eine 100 bis 350 km breite Meeresstraße zwischen den Inseln Celebes und Borneo genannt. Sie erhielt ihren Namen nach der Haupt- und Hafenstadt Makassar auf Celebes.

Make-up [mehk áp], ein englischer Ausdruck, bedeutet Aufmachung. Mit Lippenstift, Lid- und Wimperntusche, Puder u. a. muß man geschickt umgehen können, um sein Gesicht damit wirklich zu verschönern. Zu den kosmetischen Mitteln für ein Make-up gehört auch eine farbtönende Hautcreme, die ebenfalls Make-up heißt.

Makler vermitteln Wohnungen und Geschäftslokale zur Miete sowie Grundstücke und Häuser zum Kauf. Ein Hauseigentümer wendet sich, wenn er eine Wohnung vermieten möchte, an einen Makler, der von ihm beauftragt wird, für diese Räume einen Mieter zu suchen. Kommt ein Vertrag zwischen Vermieter und Mieter zustande, erhebt der Makler von beiden eine Vermittlungsgebühr oder nur von einem. Börsenmakler handeln mit Wertpapieren, Schiffsmakler vermitteln zwischen Reederei, Spediteur und Kaufmann. Alle Makler erhalten eine Vergütung, den sogenannten Maklerlohn, auch Courtage genannt.

Makrelen sind Fische, die zur Gruppe der Stachelflosser gehören. Die Gemeine Makrele ist ein beliebter, bis zu 60 cm langer Speisefisch mit blauem Rücken und silbriger Bauchseite, der nur während der Laichzeit zur Eiablage in die Nähe der Küsten des Atlantischen Ozeans kommt. Die Goldmakrele ist ein Raubfisch der warmen Meere.

Makrokosmos leitet sich vom Griechischen ab und heißt »die große Welt«. Man nennt so das Weltall, die Sternensysteme, die gesamte Natur. Im Gegensatz dazu steht der Mikrokosmos.

Makrophysik nennt man die Wissenschaft von den Gegenständen, die man sehen, hören oder tasten kann, und den Gesetzen dieser »groben« Erscheinungen. Die Mikrophysik

Mala

(Feinphysik) beschäftigt sich hingegen mit Atomen und Molekülen.

Malachit [-chíht], ein smaragdgrünes Mineral, bildet sich, wenn Kupfererz verwittert. Es wird vorwiegend zu Schmucksteinen verarbeitet.

Malaiischer Bund nannte sich eine Vereinigung von neun malaiischen Fürstenstaaten mit der ehemaligen britischen Kronkolonie Straits Settlements, bestehend aus Malakka und der Insel Penang vor der Westküste der Halbinsel Malakka. 1957 schloß sich der Malaiische Bund als unabhängiger Staat dem British Commonwealth of Nations an. Seit 1963 gehört er zu Malaysia. Hauptstadt ist Kuala Lumpur.

Malakka (Malacca) heißt die südasiatische Halbinsel, der Ausläufer Hinterindiens. Sie ist etwa 1500 km lang, aber nur zwischen 44 und 320 km breit. Der Nordwesten der Halbinsel gehört zu Birma, in der Mitte liegt Thailand, und der Südosten ist Staatsgebiet von Malaysia. Im Landesinnern erheben sich Gebirge bis in 2185 m Höhe.

Malakka heißt auch die Hauptstadt des Staats Malakka. Sie hat 86 000 Einwohner. Die Hafenstadt liegt an der schmalsten Stelle der Malakkastraße, einer Meerenge zwischen der Malaiischen Halbinsel und der indonesischen Insel Sumatra.

Malaria oder Wechselfieber ist eine Infektionskrankheit, die in subtropischen Sumpfgebieten durch die Anopheles, eine Stechmücke, übertragen wird. Wenn die Mücke sticht, gelangen sogenannte Sichelkeime eines in ihr lebenden Einzellers, des Malariaerregers, in den Blutkreislauf. Diese stoßen bis zur Leber vor und wachsen hier zu Gebilden mit vielen Kernen heran. Platzt diese »Gewebsform«, so dringen die einkernigen Teilchen in die roten Blutkörperchen ein. Hier vermehren sie sich nochmals Es entstehen nun männliche und weibliche Formen der Sichelkeime. Sticht die Mücke bereits Erkrankte, saugt sie zugleich mit dem Blut diese Teilchen auf. Im Darm der Mücke befruchten diese sich, und es entwickeln sich erneut zahllose Sichelkeime, die wieder übertragen werden. Das Krankheitsbild zeigt Schüttelfrost, hohes Fieber, Kopf-, Bein- und Armschmerzen sowie Schweißausbrüche. Die Fieberanfälle dauern je nach Erregertyp 48 oder 72 Stunden, so lange nämlich, bis der Erreger in Teilsprößlinge zerfallen und damit das Blutkörperchen zerstört ist. Das Fieber sinkt jedoch plötzlich. Anfälle dieser Art können sich alle zwei bis vier Tage wiederholen, und sie treten manchmal auch nach Jahren vermeintlicher Gesundheit wieder auf.

Die ersten Behandlungserfolge erzielte man mit dem Arzneimittel Chinin. In besonders malariagefährdeten Gebieten werden Gewässer und Sümpfe trockengelegt, um so der Anopheles und damit der Seuche Herr zu werden.

Malawi (früher Njassaland) heißt eine Republik in Südostafrika. Auf einem Gebiet von 118 500 qkm leben 4,7 Millionen Menschen (meistens Bantuneger). Ausgeführt wer-

den hauptsächlich Tabak, Tee, Kaffee, Baumwolle und Erdnüsse.
Malaysia ist ein Bundesstaat. Er entstand 1963 aus dem Zusammenschluß der Staaten des Malaiischen Bundes mit Saráwak und Sabah. Die Einzelstaaten behielten ihre eigenen Regierungen und Parlamente bei. Das gesamte Staatsgebiet umfaßt 330 000 qkm. Zwölf Millionen Menschen leben in dieser Föderation, deren Hauptstadt Kuala Lumpur heißt. Exportiert werden in der Hauptsache Kautschuk, Zinn, Kopra und Palmöl. Malaysia ist Mitglied des British Commonwealth of Nations.
Malediven heißt die etwa 900 km lange Gruppe der »1000 Inseln« im Indischen Ozean, südwestlich der Südspitze Vorderindiens. Die Malediven sind eine Republik und gehören dem British Commonwealth of Nations an. Auf einer Gesamtfläche von 298 qkm leben 110 000 meist mohammedanische Inder. Die Hauptstadt mit dem Haupthafen Malé auf der gleichnamigen Hauptinsel hat 12 000 Einwohner. Ausgeführt werden hauptsächlich Fische, Kokosfasern, Palmwein sowie Schildpatt.
Maler nennt man einen Handwerker, der Fassaden und Zimmerwände streicht sowie Türen und Fensterstöcke lackiert. Wer ein eigenes Malergeschäft führen will, muß nach dreijähriger Lehrzeit die Gesellenprüfung und danach die Meisterprüfung ablegen. Wer Dekorationen für Fernsehen, Film oder Theater malen will, braucht dazu eine besondere Ausbildung, ebenso auch für die Schriften-, Glas- und Porzellanmalerei. Wer Bilder malt, darf sich Kunstmaler nennen. Maltechniken kann man auf einer Kunsthochschule studieren.

Malerei

Malerei ist ein Gebiet der bildenden Kunst. Schon sehr früh begannen die Menschen, sich und ihre Umwelt in Bildern darzustellen. Die Felsbilder an den Wänden von Eiszeit-Höhlen sind ihre ersten bekannten Zeichnungen. Wahrscheinlich stellten sie Jagdzauber dar.
Man kann die Malerei nach zwei Gesichtspunkten aufgliedern und erklären:
Nach ihren verschiedenen Malverfahren, beispielsweise Wandmalerei, Deckenmalerei, Fresko, Tafelmalerei, Tempera, Ölmalerei, Wasserfarbenmalerei (Aquarellmalerei), Guaschmalerei, Pastellmalerei, Miniaturmalerei, Glasmalerei und Mosaik. Nach den Aufgaben, die sie sich stellt, wie beispielsweise historische und religiöse Darstellungen, Gruppenbilder, Genrebilder (häusliche Szenen), Landschaftsmalerei, Porträts, Stilleben, Karikaturen und abstrakte Malerei.
Die nachfolgende Darstellung gibt einen Überblick über die Geschichte der Malerei. (Siehe auch Farbtafeln Malerei I und Malerei II in diesem Bande)

Male

Höhlenmalerei (100 000–30 000 v. Chr.) Die ältesten Zeugnisse malerischen Schaffens befinden sich in südfranzösischen und nordspanischen Höhlen bei Lascaux und Altamira.

Hochkulturenmalerei (5000–500 v. Chr.) Die Bildreliefs Babyloniens, Assyriens und Ägyptens zeigen klare, strenge Formen, die mit religiösen Kultvorstellungen zusammenhängen.

Griechische Malerei (1500–400 v. Chr.) Die griechische Malerei ist fast ausschließlich als Vasenmalerei überliefert. Das Hauptthema ihrer Blütezeit war die Darstellung von Göttern und Helden. Sie beeinflußte auch die römische Malerei (500 v. Chr.–100 n. Chr.) und später die Kunst des Abendlandes.

Byzantinische Malerei (300–1400 n. Chr.) Die byzantinischen Kunstwerke, meist auf Goldgrund gemalt, sind vom christlichen Glauben geprägt, streng in Haltung, Ausdruck und symmetrischer Anordnung.

Romanische (Mittelalterliche) Malerei (1000–1250 n. Chr.) Wichtig für die karolingische, ottonische, salische und staufische Zeit ist die Buchmalerei mit reicher stilisierter Ornamentik. Aber auch die Freskenmalerei gewann schon an Bedeutung.

Erneuerung durch Giotto (1266 bis 1337) Giotto ist der Urheber der klassischen, auf eine einheitliche Handlung hinzielenden Komposition. Er begründete für Jahrhunderte die führende Rolle der italienischen Kunst.

Gotische Malerei (13.–15. Jahrhundert) Aus Italien empfing die gotische Malerei ihre entscheidenden Anregungen. In den Glasfenstern der Kirchen, auf den Tafelbildern und in den Buchminiaturen spiegelt sich ein neues Weltgefühl in reichen Farben und Formen.

Renaissancemalerei (1420–1550) Florenz ist der Ursprungsort der Renaissance. Das nahe Verhältnis zur Wirklichkeit, zur Umgebung, zeigt diese Malerei in genauen Proportionen und in mathematischer Konstruktion (Goldener Schnitt). Maler dieser Epoche waren Michelangelo, Leonardo da Vinci, Raffael und die Deutschen Holbein, Dürer, Grünewald, Altdorfer und Cranach. Das Beispiel in der Farbtafel Malerei I zeigt einen Ausschnitt aus Filippino Lippi: Verkündigung.

Manieristische Malerei (1520–1600) Im 16. Jahrhundert führt der Manierismus, eine Spätform der Renaissance, zu wuchernden Formen. Die Leichtigkeit der Bewegungen wird in diesen Bildern zugunsten von Übertreibung sowie wuchtigen und überzogenen Ausdrucksformen aufgegeben.

Barockmalerei (17.–18. Jahrhundert) Die Barockmalerei steigert sich zu einer hymnischen Verherrlichung des Lebens und wählt hauptsächlich mythische Themen. Die Komposi-

LEBEN IM MEER

1 Manteltier 1 Manteltier 2 Faßschnecke 3 Braunalge / Gemeiner Blasentang 4 Schlickröhrenwurm 5 Braunalge / Zuckertang 6 Grünalge / Flacher Darmtang 7 Köderwurm / Sandpier 8 Bäumchenröhrenwurm 9 Strandkrabbe 10 Schamkrabbe 11 Knurrhahn 12 Pilgermuschel 13 Seeanemone 14 Seenelke 15 Europäischer Hummer 16 Eche oder Sandgarnele 17 Ostseegarnele 18 Entenmuschel 19 Zerbrechlicher Schlangenstern 20 Zerbrechlicher Schlangenstern 21 Taschenkrebs 22 Petermännchen 23 Gekerbte Seepocke

MALEREI I

Hochkulturenmalerei

Griechische Malerei

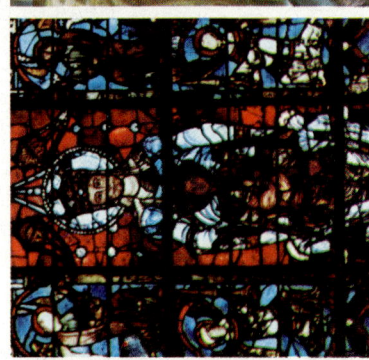

Byzantinische Malerei

Gotische Malerei

Romanische Malerei

Klassizistische Malerei

Rokokomalerei

Barockmalerei

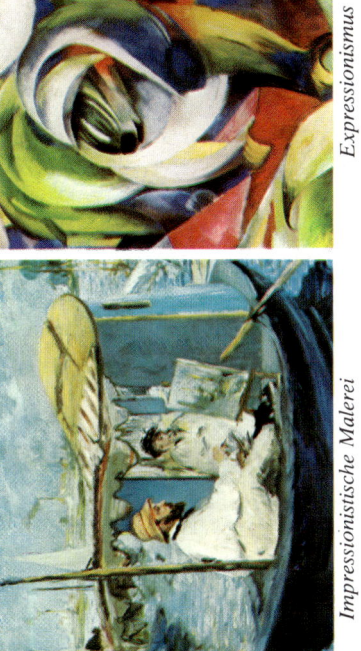

Moderne Malerei

Expressionismus

Impressionistische Malerei

LURCHE

Feuersalamander

Kammolch

Wasserfrosch

Bergmolch

Laubfrosch

Erdkröte

tion der Bilder zeigt Tiefenwirkung, Asymmetrie und Dynamik. Die wichtigsten Vertreter waren Velazquez, Murillo, Rubens, Rembrandt und Hals. Das Beispiel in der Farbtafel Malerei II zeigt einen Ausschnitt aus Peter Paul Rubens: Der trunkene Silen.

Rokokomalerei (1720–1770) Spätform des Barocks ist das Rokoko. Es zielt auf malerische Wirkung. Porträt, Genrebild, idyllische sowie mythologische Themen werden häufig in Pastell ausgeführt. Weiche Formen, schwebende Bewegungen, gebrochene Farben, Halbtöne mit schimmernden Lichteffekten sind die Kennzeichen der Rokokomalerei. Die wichtigsten Maler hießen Tiepolo, Watteau und Fragonard. Das Beispiel in der Farbtafel Malerei II zeigt einen Ausschnitt aus Nicolas Lancret: Der Vogelkäfig.

Romantische Malerei (1790–1850) In der Romantik suchten die Maler ihre Vorbilder im Mittelalter und in der Renaissance. Sie liebten symbolische Darstellungen. In ihren Landschaftsbildern betonten sie die Erhabenheit der Natur. Typisch für diese Zeit sind die Bilder von C. D. Friedrich und Ph. O. Runge.

Französischer Realismus (1850 bis 1877) In der Malerei bedeutet Realismus die bis in Einzelheiten getreue Abbildung der sichtbaren Erscheinungen. Im nachfolgenden Naturalismus wird die genaue Wiedergabe der Erscheinungswelt noch übersteigert.

Impressionistische Malerei (1865 bis 1910) Die impressionistische Malerei zeigt die zunehmende Auflösung der Form. Farben, das Spiel von Luft, Licht und Schatten gewinnen eine neue Transparenz. Die bedeutendsten Maler sind Manet, Monet, Renoir, Pissarro. Das Beispiel in der Farbtafel Malerei II zeigt einen Ausschnitt aus Edouard Manet: Die Barke.

Expressionismus (1900–1930) Diese Kunstrichtung stellt die Welt der Erscheinungen nicht so dar, wie sie ist, sondern wie sie vom Künstler empfunden wird. Kirchner, Heckel, Nolde, Beckmann und Marc prägten den Expressionismus. Das Beispiel in der Farbtafel Malerei II zeigt einen Ausschnitt aus Franz Marc: Der Mandrill.

Moderne Malerei Pablo Picasso ist der Wegbereiter unserer heutigen Kunst und mit Georges Braque der Begründer des Kubismus (1907). Picasso hat beinahe alle Möglichkeiten in der Malerei angeregt und ausgeschöpft. Die moderne Kunstrichtung seit 1945 hat unzählige neue Stilarten hervorgebracht. Das Beispiel in der Farbtafel Malerei II zeigt einen Ausschnitt aus Pablo Picasso: Maler mit Modell.

● ● ●

Mali

Mali heißt eine 1,2 Mill. qkm große Republik in Westafrika, südlich von Algerien an den Flüssen Niger und Senegal. Große Landstriche sind Savannen, Steppen oder Wüste. Die Hauptstadt Bamako und die größeren Städte, z. B. Timbuktu, liegen am Niger. Dort leben auch die meisten der 5,3 Millionen Einwohner. Im südlichen Teil des Landes wird Akkerbau, zumeist primitiver Hackbau, getrieben. Maschinen sind hier nahezu unbekannt. Im Norden wird Vieh gezüchtet. Um die Erträge der Landwirtschaft zu steigern, werden Bewässerungsanlagen durchs Land gezogen.

Mallorca [majórka] ist die größte Insel der spanischen Balearen im Mittelmeer. Die 440 000 Einwohner der Insel leben vor allem vom Fremdenverkehr. Zahlreiche Buchten schneiden sich in die felsige Küste ein. Windmühlen treiben die Bewässerungsanlagen der Oliven- und Zitronenhaine sowie der Weingärten an. Die Straßen ins Landesinnere führen durch Gebirge. Die Hauptstadt Palma de Mallorca hat 170 000 Einwohner.

Malmö ist mit 265 000 Einwohner eine der größten Städte Schwedens. Sie wurde vor rund 800 Jahren am Öresund gegründet. Schon zur Zeit der Hanse war Malmö ein bedeutender Handelsplatz. Jetzt werden hier immer mehr Fabriken der Textil-, Zement- und Maschinenbauindustrie und Werftanlagen errichtet. Viele Schiffe legen in dem künstlich geschaffenen Hafen an. Eine Eisenbahnfähre verbindet Malmö mit der dänischen Hauptstadt Kopenhagen. Neben alten Bauten, wie der gotischen St.-Petri-Kirche und dem Rathaus aus der Renaissancezeit, ist die moderne Gestaltung des Theaters sehenswert.

Malta heißt eine Insel im Mittelmeer, die mit wenigen kleineren Nebeninseln den gleichnamigen Staat bildet. Malta liegt zwischen Sizilien und Nordafrika, ist insgesamt 316 qkm groß und wird von 325 000 Menschen bewohnt. Haupt- und Hafenstadt ist La Valetta. Malta ist Stützpunkt der britischen Mittelmeerflotte und Hauptquartier der NATO-Mittelmeerstreitkräfte.

Malteserritter sind die Angehörigen eines alten katholischen Ordens. Sie tragen als Ordenszeichen ein achtspitziges weißes Kreuz. Die Malteser betreuen vor allem Kranke, sie unterhalten Krankenhäuser und Altersheime. Als Johanniterorden 1099 in Jerusalem gegründet, hatten sie ihren Hauptsitz seit 1530 auf Malta. Daher ihr Name. Heute hat der Orden seinen Sitz in Rom.

Malvengewächse gibt es in rund 1500 verschiedenen Arten. Dazu gehören auch die bis zu zwei Meter hohe Stockrose und die Studentenblume. Diese Pflanzen vertragen keine große Hitze, sie brauchen gemäßigtes Klima. Fünf Blumenkronblätter bilden eine Blüte. Die Früchte sehen aus wie kleine Torten. Bis sie ausgereift sind, hüllen die Kelchblätter sie ein. Aus den Malvenblättern kann Tee bereitet werden, der etwas säuerlich schmeckt, eine dunkelrote Farbe hat und sehr gesund ist.

Malz wird zur Herstellung von Bier und Branntwein gebraucht. Um Malz zu erhalten, werden Gerste, Weizen oder Roggen angefeuchtet. Wenn die Körner zu keimen beginnen, bilden sich aus der Stärke der Körner der Malzzucker und ein Stärkemittel, das Dextrin. Das gekeimte Getreide, Grünmalz genannt, wird zu Spiritus verarbeitet. Für die Biererzeugung muß das Grünmalz noch in Darren getrocknet und geröstet werden. Dabei entstehen für das Bier wichtige Würzstoffe. Reines Malzbier enthält besonders viel Malzextrakt und wenig Alkohol. Deshalb wird es als Nährbier getrunken. Aus geröstetem Gerstenmalz wird auch Malzkaffee hergestellt.

Mamba heißt eine gefürchtete Giftschlange, die in den tropischen Gebieten Afrikas lebt. Die Schwarze Mamba wird bis zu zwei Meter lang. Beißt sie zu, wirkt das Gift in kurzer Zeit tödlich. Die Grüne Mamba schlängelt sich, durch ihr olivgrünes Schuppenkleid getarnt, durch das Geäst der Bäume. Auch ihr Biß ist lebensgefährlich.

Mammon ist eine verächtliche Bezeichnung für das Geld. Man spricht vom »schnöden Mammon«, dem die Menschen nachjagen und von dem sie völlig abhängig sind. Mammon heißt auch im Neuen Testament der Götze der Gewinnsucht.

Mammutbäume findet man in den großen Naturschutzparks Kaliforniens. Die Sequoien, immergrüne Nadelholzbäume, werden bis zu 100 m hoch, ihre Stämme sind bis zu 12 m

Nach den neuesten Erkenntnissen sind die Mammutbäume nicht mehr die ältesten Bäume der Erde. Bestimmt aber gehören sie mit zu den ältesten – denn was machen bei dieser Lebensdauer schon ein paar hundert Jahre mehr oder weniger aus? Als die ältesten Baumriesen gelten jetzt die Kalifornischen Fuchsschwanz- oder Borstenkiefern. Der Mensch wirkt im Vergleich zur Größe der Mammutbäume wie eine Ameise.

dick. An einem gefällten Stamm zählte man 4000 Jahresringe. Diese Baumriesen galten lange als die ältesten Bäume der Erde.

Mammute waren Elefanten der Eiszeit. Sie zogen durch die Steppen Europas, Asiens, Afrikas sowie Nordamerikas. Die frühen Menschen jagten die gewaltigen Urtiere mit dem dichten zottigen Fell. Sie bauten große Fallgruben oder erlegten sie mit ihren primitiven Waffen. Die bis zu vier Meter hohen Tiere trugen fünf Meter lange, nach oben gebogene Stoßzähne.

Manager [männedscher] nennt man

Manc

leitende Mitarbeiter z. B. in der Großindustrie. Organisationstalent ist Voraussetzung für einen Manager, wenn er Erfolg haben will. Als Folge von »gehetzter« Lebensweise, der ein Manager auf Grund seiner Arbeitsbelastung oftmals unterliegt, tritt eine Überbelastung ein, die sich auch krankhaft bemerkbar machen kann. Deshalb wird der Herzinfarkt auch als Managerkrankheit bezeichnet. Die Betreuer von Künstlern und Sportlern nennt man ebenfalls Manager. Das Wort kommt von dem englischen Verb to manage, leiten.

Manchester [mäntscheßter], eine Stadt in Nordwestengland, gilt als das Zentrum der englischen Baumwollindustrie. Hier arbeiten große Spinnereien, Webereien und Färbereien. Viele der 670 000 Einwohner finden auch in den Fabriken Arbeit, die Stahl und Eisen verarbeiten. Ein 64 km langer Schiffahrtskanal verbindet Manchester mit der Hafenstadt Liverpool an der Irischen See.

Manching heißt eine Ortschaft bei Ingolstadt. Sie war eine keltische Ringwallsiedlung. Bei Ausgrabungen fand man die Überreste vieler rechteckiger Wohnbauten. In der Nähe von Manching errichteten Ölgesellschaften ihre Raffinerien.

Mandarinen wachsen an Bäumen und Sträuchern, die dornige Blätter tragen. Die Früchte sehen Orangen ähnlich. Ihre Schalen enthalten ein ätherisches Öl. Wie andere Zitrusfrüchte stammt auch die Mandarine aus China. Heute gedeiht sie in allen wärmeren Ländern der Erde.

Mandate erhalten Abgeordnete, wenn sie als Volksvertreter in den Landtag oder in den Bundestag gewählt werden. Ein Mandat – das Wort kommt aus dem Lateinischen – ist gleichbedeutend mit einem Auftrag. Der Abgeordnete hat es übernommen, die Interessen der Wähler zu wahren. Auch die Vereinten Nationen (UN) können einem Staat ein Mandat, eine Vollmacht, geben, z. B. ein Gebiet vorübergehend zu verwalten. Beachtet ein Autofahrer die Verkehrsregeln nicht, verhängt die Polizei ein Strafmandat. Der Verkehrssünder muß dann Strafe zahlen.

Mandelentzündung heißt die Erkrankung, bei der die Gaumenmandeln entzündet sind und anschwellen. Der Arzt spricht von Angina. Bildet sich durch ständige Entzündung Eiter in den Mandeln, müssen diese durch eine Operation entfernt werden.

Mandeln nennt man die Steinfrüchte des Mandelbaums, die sich aus den weißen Blüten entwickeln. Der Baum braucht viel Sonne, damit die Früchte reifen können. Das Fruchtfleisch eignet sich nicht zum Verzehr. Der Stein der Knack- oder Krachmandel ist dünn und leicht zerbrechlich. Die Samen, Mandeln genannt, werden gegessen und als Backzutaten verwendet. Auch Marzipan enthält feingemahlene Mandeln. Bittere Mandeln enthalten giftige Blausäure, sie sind daher ungenießbar. Preßt man das Öl aus der Mandel, bleibt die Mandelkleie übrig. Dieser Rückstand wird als Hautreinigungsmittel verwendet.

Mandeln ist auch die Bezeichnung für die weichen Lymphknoten im Gaumen und Rachen des Menschen. Sie wehren Krankheitserreger ab, die durch Mund oder Nase eingedrungen sind.

Mandoline ist ein Saiteninstrument, das die Form einer halben Birne hat. Es sieht der Laute ähnlich. Der Musiker reißt beim Spielen die vier Saiten mit einem Plektron, einem Plättchen aus Metall oder Schildpatt, an.

Mandrill

Mandrill heißt der farbenprächtigste Urwaldpavian Westafrikas. Das Gesicht des Männchens ist ungewöhnlich gefärbt. Die Nase ist leuchtendrot, die Wangenwülste sind blau, der Kinnbart ist zitronengelb. Die Schwielen am Hinterteil sind rot und blau. Das braune Fell schimmert olivgrün. Der Stummelschwanz ist kaum zu sehen. Ein Männchen, etwa vier Weibchen und die dazugehörigen Jungen bilden ein Rudel. Eifrig wühlen die Affen in der Erde nach Wurzeln, sie verzehren jedoch auch kleinere Tiere.

Mandschurei wird der nordöstliche Teil Chinas zwischen dem Amur und dem Japanischen Meer genannt. Gebirge schließen das fruchtbare Tiefland ein, das von den Flüssen Liao-ho und Sungari bewässert wird. Die UdSSR, die Innere Mongolei und Korea bilden die Grenzen. Sojabohnen, Hirse, Mais, Reis und Weizen gedeihen auf dem fruchtbaren Lößboden. Steinkohle, Eisenerz, Kupfer, Blei, Mangan und Erdöl liefern die Rohstoffe für die Schwerindustrie im Süden bei Anschan. Bei Fuschun wird Kohle im Tagebau gefördert. Die Flöze sind bis 140 m dick. Hier liegt eine der größten Kohlenhalden der Erde. Andere bedeutende Städte sind Schenjang (früher Mukden), Pingkiang (früher Charbin) sowie die Hauptstadt Tschang-tschun (früher Hsinking).

Manege nennt man im Zirkus den runden, mit Sägespänen bestreuten Platz, auf dem die Artisten, Clowns, Reiter und Dompteure ihre Programmnummern vorführen. Eine niedrige Holzrampe trennt die Manege vom Zuschauerraum. Auch die Bahnen und Flächen in Reithallen nennt man Manegen.

Manessische Handschrift heißt eine Sammlung mittelhochdeutscher Minnelieder, die der Züricher Ratsherr Rüdiger Manesse zusammengetragen hat. In der Universitätsbibliothek zu Heidelberg kann man dieses 600 Jahre alte Buch mit 138 Bildern und Darstellungen der Minnesänger betrachten.

Manet, Edouard, lebte von 1832 bis 1883. Der französische Maler war einer der bedeutendsten Vertreter des Impressionismus. Er schuf einen neuen Stil des Figurenbildes, dessen Farbabstufungen bahnbrechend waren.

Mangelkrankheiten entstehen, wenn der Körper zuwenig Vitamine bekommt. Äußere Zeichen sind Zahnfleischbluten und Zahnausfall. Die Seeleute bekamen früher auf langen Seereisen häufig Skorbut, weil sie weder frisches Obst noch Gemüse für ihre Ernährung an Bord mitführten.
Ein Weltumsegler unserer Zeit hat auf seine Art der Mangelkrankheit Skorbut vorgebeugt. Als er nach vielen hundert Tagen seine anstrengende Reise beendet hatte, war er immer noch bei bester Gesundheit. Auf die Frage nach seiner Ernährung zeigte er auf einige Zwiebeln, die noch übriggeblieben waren. Säckeweise hatte er sie an Bord genommen. Die Zwiebeln, die lange Zeit über seine einzige Nahrung waren, enthielten alle lebenswichtigen Vitamine.

Mangroven sind Bäume, die im schlammigen Boden an tropischen Meeresküsten wachsen. Ihre Stütz- und Atemwurzeln ragen aus dem luftarmen Sumpf und versorgen so den Baum mit Sauerstoff.

Manhattan [mänhätn] ist der älteste Stadtteil New Yorks. Er liegt auf der Insel Manhattan zwischen den Flüssen East River, Hudson und Harlem River. Über zwei Millionen Menschen leben in dem betriebsamen Geschäftsviertel mit den vielen »Wolkenkratzern«.

Manie kommt aus dem Griechischen und heißt Raserei. Manie wird die krankhafte Leidenschaft eines Menschen genannt. Auch die Beteiligung an Glücks- und Kartenspielen sowie Wetten kann zu einer Sucht, zur Manie, ausarten.

Manieren nennt man die Umgangsformen eines Menschen. Wer sich höflich benimmt, zeigt gute Manieren. In der Kunst spricht man auch von der Manier eines Malers und meint damit die bestimmte Art, in der er seine Bilder malt.

Manierismus heißt der Kunststil in der Zeit zwischen Renaissance und Barock. In dieser Zeit schuf der Maler El Greco seine Werke. Tintoretto zeigte in den religiösen Gemälden die leidenschaftlichen Gefühle der Menschen. Der Bildhauer Giovanni da Bologna stellte seine Figuren in einer schwebenden, gekünstelten Haltung dar. Mit dieser Art der Darstellung stellten sich die Künstler gegen den bisher vorherrschenden, strengen klassischen Stil.

Manifeste sind öffentliche Erklärungen, die Regierungen und Parteien abgeben. Darin erläutern sie ihre grundsätzlichen Bestrebungen und ihr politisches Programm. Karl Marx und Friedrich Engels verfaßten das ›Kommunistische Manifest‹. Maler und Dichter manifestieren die Ziele neuer Kunstrichtungen, indem sie deren Stilrichtung prägen. In einem Manifest sind auch sämtliche Güter verzeichnet, die ein Schiff geladen hat.

Maniküre gehört zur Körperpflege. Sie besteht aus dem regelmäßigen Pflegen der Fingernägel. Das lateinische Wort manus heißt Hand. In den großen Friseursalons übernimmt die Handpflege eine dafür ausgebildete Maniküre. Die Pflege der Zehennägel heißt Pediküre, das lateinische Wort pes bedeutet Fuß.

Manila, Stadt in der asiat. Republik Philippinen, liegt auf der Insel Luzón. Mit 1,5 Millionen Einwohnern ist Manila die größte Stadt des Landes und auch der wichtigste Hafen. Kathedralen und Klöster im spanischen Stil zeugen davon, daß sich hier 1565 Spanier ansiedelten.

Manipulation wird eine Handhabung genannt, durch die ein Sachverhalt günstig oder ungünstig beeinflußt wird. Die öffentliche Meinung kann z. B. durch Propaganda manipuliert, also zugunsten oder zuungunsten einer Sache umgestimmt, werden. Das Wort Manipulation kommt aus dem Lateinischen und heißt so viel wie Handgriff.

Manitoba, eine mittelkanadische Provinz, ist 650 090 qkm groß. Dort leben 990 000 Menschen. Weithin dehnen sich die Weizen-, Gersten-, Hafer-, Flachs- und Kartoffelfelder. Waldarbeiter, Fischer und Pelztierjäger sind im Norden die häufigsten Berufe. An Bodenschätzen werden Gold, Kupfer, Zink, Silber sowie Nickel und Erdöl gefördert. In der Hauptstadt Winnipeg gibt es große Industrieunternehmen.

Mann, Heinrich, der ältere Bruder von Thomas Mann, lebte von 1871 bis 1950. Er war ein bedeutender gesellschaftskritischer Erzähler. Zu seinen Hauptwerken gehört der Roman ›Der Untertan‹.

Mann, Thomas, lebte von 1875 bis 1955. Der Schriftsteller stammte aus einer Lübecker Patrizierfamilie. Von 1893 bis zu seiner Emigration 1933 lebte er in München, später in Amerika und in der Schweiz. 1929 erhielt Thomas Mann den Nobelpreis für Literatur. Zu seinen berühmtesten Werken gehören die Romane ›Buddenbrooks‹, ›Der Zauberberg‹, ›Dr. Faustus‹, ›Joseph und seine Brüder‹ sowie die Erzählung ›Tonio Kröger‹.

Mannequins führen auf Modeschauen die neuesten Modelle der Damenmode vor. Männer, die Herrenmode auf dem Laufsteg zeigen, werden Dressmen genannt.

Mannheim ist mit Ludwigshafen zusammen das Zentrum von Handel und Industrie im Rhein-Neckar-Gebiet. Die Altstadt hat einen schachbrettartigen Grundriß. Die Erdölleitung von Marseille nach Karlsruhe liefert auch für die Mannheimer Raffinerien den Rohstoff. Verschiedenste Industriezweige haben sich in Mannheim niedergelassen. Hier befindet sich auch der zweitgrößte Binnenhafen Europas. Die Stadt hat 330 000 Einwohner.

Mannschaften bilden die Fußballvereine, um ihre Spiele gegeneinander austragen zu können. Die Mannschaft eines Bobschlittens kämpft gemeinsam um den Sieg. Die Besatzung eines Schiffs nennt man ebenfalls Mannschaft. Es handelt sich bei einer Mannschaft also stets um eine Gruppe, die zusammengehört.

Manöver nennt man Truppenübungen des Militärs in Friedenszeiten. Unter Manöver versteht man auch

Mano

einen Versuch, durch Verdrehung der Tatsachen oder durch Ablenkung eine Situation zu verändern.

Manometer heißt ein Gerät, mit dem der Druck von Flüssigkeiten oder Gasen gemessen werden kann.

Mansarde nennt man ein ausgebautes Dachgeschoß, in dem sich einzelne Zimmer oder Wohnungen befinden, die an einer Seite eine schräge Wand haben. Die Mansarde wurde nach dem französischen Baumeister Jules Mansart benannt.

Mantua (italienisch Mantova), eine Stadt in der Lombardei, besitzt große Paläste und herrliche Kirchen. 66 000 Menschen wohnen in der alten Festungsstadt am Unterlauf des Mincio. In Mantua wurde 1810 auf Befehl Napoleons der Tiroler Freiheitskämpfer Andreas Hofer erschossen.

Manuell, das heißt mit der Hand, werden heute nur noch wenige Waren hergestellt. Die manuelle Erzeugung, die Handarbeit, ist von der technischen Fertigung fast verdrängt. Maschinell kann in der gleichen Zeit bedeutend mehr produziert werden.

Manufaktur wird ein Betrieb genannt, in dem die Waren größtenteils noch in Handarbeit hergestellt werden. Manufakturen waren die ersten Fabriken. Man spricht zum Beispiel heute noch von Porzellanmanufakturen.

Manuskript ist ein Begriff, der aus dem Lateinischen stammt; »manu scriptum« bedeutet »mit der Hand geschrieben«. Ein Schriftsteller schreibt heutzutage sein Manuskript meist nicht mehr mit der Hand, sondern mit der Schreibmaschine. Dieses schickt er dann zur Veröffentlichung an seinen Verleger.

Maori heißen die Ureinwohner Neuseelands, die vor rund 600 Jahren von anderen Südseeinseln eingewandert sind. Etwa 200 000 Menschen dieser polynesischen Rasse leben noch heute auf Neuseeland.

Mao Tse-tung, ein kommunistischer chinesischer Politiker, wurde 1893 geboren. Bereits in jungen Jahren war er Mitbegründer der kommunistischen Partei Chinas. Sein revolutionäres Ziel war die Zusammenarbeit von Bauern, Arbeitern, Studenten und Professoren zur wirtschaftlichen Entwicklung des riesigen Chinesischen Reichs. Seit 1949 steht Mao Tse-tung an der Spitze der Chinesischen Volksrepublik. Zunächst war er Staatspräsident, später auch Vorsitzender des Politbüros sowie des Zentralkomitees der Kommunistischen Partei Chinas. Mao Tsetung hat politische und philosophische Schriften, aber auch Gedichte verfaßt. Sein bei uns als »Mao-Bibel« bekanntes Werk enthält die bedeutendsten Aussprüche und grundlegenden Ansichten. In China zitiert jedes Kind diese ›Worte des Vorsitzenden Mao‹.

Marabus [máhrabuhß] sind storchähnliche Vögel, die in Afrika und Südasien leben. Kopf und Hals sind nackt, der Kehlsack und die Halskrause geben den Marabus ein eigenartiges Aussehen. Gierig schlingt der Marabu alles hinunter, was ihm vor den übergroßen Schnabel kommt: Aas, Abfälle und Kleingetier. Ist er satt, bläht er zufrieden seinen Kehlsack auf.

Maracaibo [maraká-ibo] heißt eine der bedeutendsten Hafenstädte Venezuelas. 690 000 Menschen leben hier. Große Überseetanker fahren durch den See von Maracaibo in den Hafen ein. Direkt an der Küste und unter dem Grund des Sees wurden große Erdöllager gefunden.

Marathon ist ein griechisches Dorf an der Ostküste Attikas. Hier besiegte im Jahre 490 v. Chr. der griechische Feldherr Miltiades die Perser. Ein Läufer brachte diese Nachricht nach Athen. Dort brach er tot zusammen. Ob vor Freude über den Sieg oder infolge der großen Anstrengung durch den weiten Lauf, wurde nicht überliefert. Ein Langstreckenlauf über 42 192 m wird deshalb im Sport Marathonlauf genannt.

Marburg an der Lahn ist eine Stadt in Hessen mit 48 000 Einwohnern. In Marburg wurde 1527 die erste protestantische Universität gegründet.

Marc, Franz, lebte von 1880 bis 1916. Auf seinen Bildern stellte der Maler in leuchtenden, reinen Farben die Tiere als Sinnbilder der Natur dar. Die Fläche seiner Bilder ist in Kristallformen gegliedert. Franz Marc, ein Expressionist, gründete zusammen mit Wassily Kandinsky die Münchener Künstlergruppe »Der blaue Reiter«.

Marder leben in den meisten Ländern der Erde. Zu ihrer Familie zählen Wiesel, Iltisse, Nerze, Zobel, Baum-, Steinmarder, Dachse, Stinktiere, Otter u. a. Der mehr als 50 cm lange Baum- oder Edelmarder klettert geschickt in die Baumwipfel und lauert hier den Eichhörnchen auf. Der Steinmarder jagt nur nachts. Das leiseste Geräusch kann er hören, sogar das Piepsen der Mäuse. Er scheut sich auch nicht, in Hühnerställe einzubrechen, um ein Huhn zu erbeuten oder wenigstens ein Ei zu verzehren. Nur selten erwischt man ihn. Flink verschwindet der Räuber in seinem Unterschlupf in einem Steinbruch oder in altem Gemäuer. Kommt ein Feind in seine Nähe, verwendet der Marder seine Stinkdrüsen als gute Waffe, um diesen zu vertreiben. Der Mensch jagt den Marder wegen seines begehrten Fells. Marderverwandte sind die Hermeline.

Margarine wird aus tierischen Fetten und vor allem aus gehärteten Pflanzenölen hergestellt. Das geschmolzene Fett wird mit Milchsäure, Eigelb, Stärke und Vitaminen vermischt, gekühlt und geknetet. Die Bundesrepublik Deutschland ist mit fast 600 000 t Margarine im Jahr der drittgrößte Hersteller der Erde.

Maria Stuart war Königin von Schottland. Sie lebte von 1542 bis 1587. Ehrgeizig strebte sie danach, die Herrschaft auch über England an sich zu bringen. Es kam ihr zustatten, daß die Katholiken Schottlands sie als rechtmäßige Erbin des englischen Throns ansahen. So kam es zur Feindschaft zwischen ihr und Englands protestantischer Königin Elisabeth I. Aufruhr zwang Maria Stuart, nach England zu fliehen. Elisabeth ließ ihre Gegnerin in den Kerker werfen und nach 19jähriger Haft enthaupten. Friedrich von Schiller hat das Schicksal dieser Königin in seinem Drama ›Maria Stuart‹ dargestellt.

Maria Theresia lebte von 1717 bis 1780. Sie war Erzherzogin von Österreich, Königin von Ungarn und Böhmen und durch einen Erlaß ihres Vaters, Kaiser Karls VI., erbfolgeberechtigt. 1736 heiratete sie Herzog Franz Stephan von Lothringen. Als dieser 1745 zum deutschen Kaiser gewählt wurde, erhielt sie den Titel Kaiserin. 1740, nach dem Tod ihres Vaters, übernahm Maria Theresia die Regierung der habsburgischen Erblande, die sie, wie auch ihre Thronrechte, in mehreren Kriegen verteidigen mußte. Ihr erbittertster Gegner war Friedrich d. Gr. von Preußen, an den sie Schlesien 1763 endgültig verlor. Maria Theresia war eine bedeutende Herrscherin, die ihr Land klug und umsichtig regierte. Große Erfolge hatte die Kaiserin mit Reformen im Innern ihres Reichs: Abschaffung der Folter, Milderung der Leibeigenschaft der Bauern, Einrichtung von Volksschulen. Maria Theresia hatte 16 Kinder. Ihr Sohn Joseph II. war ihr Mitregent und ab 1765 Kaiser. Ihre Tochter Marie Antoinette wurde mit König Ludwig XVI. verheiratet.

Marianen (früher Ladronen = Diebesinseln) heißt eine Inselkette im westlichen Stillen Ozean, die aus der Koralleninsel Guam und 15 kleinen vulkanischen Inseln besteht. Die »Diebesinseln« wurden 1521 von dem portugiesischen Seefahrer Magalhães entdeckt. Die Hauptinsel Guam ist 549 qkm groß und hat 80 000 Einwohner. Sie gehört seit 1898 den USA. Die übrigen Inseln waren von 1899 bis 1919 deutsche Kolonie. Östlich der Inseln verläuft der Marianengraben. Hier entdeckte der Forscher Jacques Piccard die größte Meerestiefe (11 034 m).

Marienbad in Westböhmen wurde als Kur- und Badeort weltbekannt. Die Stadt hat 14 000 Einwohner.

Marienburg, eine Stadt in Westpreußen, ist jetzt polnisch und hat 31 000 Einwohner. Am Ufer der Nogat erhebt sich die größte Burg Europas, die Marienburg. Im Jahre 1280 begann der Hochmeister des Deutschen Ordens, die weitläufige Anlage als seine Residenz errichten zu lassen. Die gewaltigen Backsteingebäude des Hochschlosses, des Mittelschlosses und des Kapellenchors umschließt eine Ringmauer.

Marienkäfer sind etwa einen halben Zentimeter groß. Ihre roten Flügel haben schwarze Punkte. Die Käfer ernähren sich wie ihre Larven von Blattläusen. Bis zu 50 Stück vertilgen sie an einem Tage. Besonders gefräßig ist der australische Marienkäfer, der in Kalifornien eigens gezüchtet wird, um mit ihm die Schildläuse zu bekämpfen.

Marihuana, ein Rauschgift, ist unter dem Stichwort »Haschisch« beschrieben.

Marine heißen die dem Seehandel und der Seekriegsführung eines Staates dienenden Schiffe und Einrichtungen. Frachtschiffe, Tanker und Passagierschiffe bilden die Handelsmarine. Schiffe, die mit Waffen ausgerüstet sind, gehören zur Kriegsmarine.

Marionetten sind Gliederpuppen, die der Spieler an Fäden oder feinen Drähten in Bewegung bringt. Es gehört sehr viel Geschicklichkeit dazu, das Spielkreuz, an dem die Fäden befestigt sind, mit den Fingern so zu handhaben, daß die Marionetten sich »natürlich« bewegen.

Schon vor 2000 Jahren wurden mit Marionetten Theaterstücke gespielt. Der Münchener Dichter Franz Graf von Pocci schrieb vor 100 Jahren Kasperlestücke, die noch heute in den wenigen Marionettentheatern aufgeführt werden. Sogar Opern wurden eigens für Marionettenbühnen geschaffen. Fernsehsendungen mit Marionetten erfreuen sich bei Kindern und Erwachsenen großer Beliebtheit.

Man bezeichnet einen Menschen als Marionette, wenn er unselbständig ist und sich andauernd beeinflussen läßt. In der Politik spricht man von einer Marionettenregierung, wenn diese sich ausschließlich den Wünschen einer Großmacht unterordnet.

Marius, Gajus, lebte von 156 bis 86 v. Chr. Der römische Feldherr und Konsul stellte erstmals ein Berufsheer auf. Seine Legionen bekamen eigene Feldzeichen. Siegreich beendete er die Schlacht gegen die Germanenstämme der Kimbern und Teutonen.

Mark ist eine weiche Masse, die sich in den Knochen von Mensch und Tier befindet. Man spricht vom Knochenmark. In den großen Knochen ist es wichtiger Erzeuger der roten Blutkörperchen. Das Rückenmark dagegen im Wirbelkanal der Wirbelsäule ist ein Nervenstrangbündel und bildet zusammen mit dem Gehirn das Zentralnervensystem. Bei Pflanzen nennt man das Zellgewebe im Innern des Stengels Mark.

Im Mittelalter verwalteten Markgrafen Gebiete an den Landesgrenzen, z. B. die Mark Brandenburg. Gemeinden zogen um ihre Gemarkung klare Grenzen zu den Nachbargemeinden. Das Wort Mark bedeutet also Grenze. Davon ist das Wort markieren abgeleitet. Markierungen teilen eine Straße in verschiedene Fahrspuren.

Wenn wir etwas einkaufen, bezahlen wir in der Bundesrepublik Deutschland mit Mark. 1948 wurde die erste Deutsche Mark ausgegeben. Vorher hieß die Mark Reichsmark.

Die Bezeichnung Mark war ursprünglich ein Gewicht. Einem 233,89 Gramm schweren Metallbarren drückte man einen Stempel auf. Diese Kölnische Mark war schon im 12. Jahrhundert eine Währungseinheit, und sie blieb es bis 1857.

Mark Aurel [Aurél] war von 161 bis 180 n. Chr. Kaiser des Römischen Reichs. Während seiner Herrschaftszeit bedrohten die Germanen, vor allem die Markomannen, immer wieder die römischen Grenzen in Germanien. Auch im Innern seines Reichs breitete sich Unruhe aus, die der Kaiser geschickt meisterte. Mark

Mark Aurel war nicht nur ein bedeutender Herrscher, sondern auch ein großer Philosoph. In seinen ›Selbstbetrachtungen‹ schrieb Mark Aurel seine Gedanken über die Pflichten eines Herrschers nieder.

Markenartikel sind Waren, die mit einer ihre Herkunft kennzeichnenden Marke versehen sind. Die Marken sollen dem Verbraucher die gleichmäßige Güte der Ware verbürgen. Auf den Verpackungen von Nahrungsmitteln, Kosmetikartikeln, Glühbirnen, aber auch auf Sportgeräten wie z. B. auf Skiern, sind Markenzeichen der jeweiligen Herstellerfirma aufgedruckt. Keine andere Firma darf ein solches geschütztes Markenzeichen verwenden. Verschiedene Waren sind nur noch als Markenartikel erhältlich (Zigaretten, Kraftwagen, Schreibmaschinen).

Marketing kommt aus dem Anglo-Amerikanischen und ist ein Begriff der Wirtschaftswissenschaft. Marketing heißt ursprünglich »Markt machen«, den Absatz für den Markt planen. Marketing umfaßt alle Maßnahmen der Unternehmensführung vom Markt her – im Dienste des Menschen drinnen (innerhalb eines Betriebes) und draußen, d. h. also für den Verbraucher. Die wichtigsten Marketingbereiche sind Markt- und Produktforschung, Vertrieb, Werbung, Verkauf und Verkaufsförderung sowie Öffentlichkeitsarbeit (Public Relations) und Human Relations (d. h. Pflege und Förderung der zwischenmenschlichen Beziehung im Betrieb).

Markisen sind zusammenrollbare, meist bunte Sonnenschutzdächer aus festem Stoff. Sie werden an Balkonen, Terrassen und Schaufenstern angebracht.
Der Goldschmied nennt so einen länglichen Edelsteinschliff.

Markomannen (Männer der Grenzmark) hieß ein altgermanisches Volk, das zunächst am Oberrhein siedelte. König Marbod zog mit seinem Volk dann nach Böhmen weiter und gründete dort ein mächtiges Reich, bis Arminius 17 n. Chr. den Völkerbund sprengte. Über die Donau drangen die Markomannen wiederholt ins Römische Reich vor, sie wurden jedoch immer wieder zurückgeworfen. Um das Jahr 300 ließen sie sich im Gebiet des heutigen Bayern nieder.

Markt hieß ursprünglich eine Veranstaltung, an der nur zu bestimmten Zeiten und an bestimmten Orten Verkäufer ihre Waren anbieten durften. Markt konnte im Mittelalter nur in einer Stadt abgehalten werden, die vom König oder Fürsten das Marktrecht erhalten hatte. Der Marktplatz ist auch heute noch das Zentrum des öffentlichen Lebens in vielen Städten und Dörfern. Der Viktualienmarkt in München und der Markt in Nürnberg sind weithin bekannt. Trödelmärkte erfreuen sich großer Beliebtheit. Es gibt dort von der Kaffeetasse bis zu wertvollen alten Möbeln beinahe alles. Besonders bekannt ist der Nürnberger Christkindlesmarkt in der Vorweihnachtszeit. Unter Markt versteht man allgemein auch das Verhältnis von Warenangebot und -nachfrage.

Marktforschung ist ein Teilgebiet der Wirtschaftswissenschaften und hat verschiedene Aufgaben: Untersuchung der Käuferwünsche bzw. Verbrauchereinstellungen und -erwartungen zu Waren und Dienstleistungen, deren Eigenschaften und der damit zusammenhängenden Werbung (Verbraucher-, Motiv-, Produkt- und Werbeforschung). Außerdem gibt es die Marktforschung, die sich nur mit Zahlen, z. B. vom Statistischen Bundesamt, beschäftigt. Für jede Unternehmensplanung ist Marktforschung wichtig. Selbst Rundfunk- und Fernsehanstalten, Parteien, Kommunalverwaltungen und die Regierung benutzen die Marktforschung, um die öffentliche Meinung kennenzulernen und daraus Rückschlüsse zu ziehen. Die Forschungen werden durch selbständige, private oder staatliche Institute oder aber auch durch betriebseigene Forschungsabteilungen unternommen.

Marktrecht verlieh den Städten im Mittelalter der König oder ein Fürst. Heinrich der Löwe gab München 1158 das »Marktregal«. Jetzt durften hier die Bauern, Handwerker und Kaufleute der Umgebung ihre Waren auf dem Markt anbieten und verkaufen. Die Zünfte sorgten später dafür, daß die Händler der Stadt besondere Vorrechte erhielten.

Marktredwitz ist eine Stadt im Fichtelgebirge. Viele der 16 500 Einwohner sind in der Porzellanherstellung beschäftigt.

Mark Twain [- twéhn] nannte sich der Schriftsteller Samuel Langhorne Clemens. Er lebte von 1835 bis 1910. Seine bekanntesten Bücher ›Die Abenteuer und Fahrten des Huckleberry Finn‹ sowie ›Die Abenteuer des Tom Sawyer‹ wurden in viele Sprachen übersetzt. Hinter den humorvollen Abenteuergeschichten steckt tiefgründige Kritik am damaligen amerikanischen Leben.

Markusevangelium heißt das wahrscheinlich älteste Evangelium des Neuen Testaments. Der Evangelist Markus erzählt darin das Leben Jesu. Vergleicht man seine Schilderung mit dem Lukas- oder Matthäusevangelium, so fällt auf, daß bei Markus die Gleichnisse fehlen.

Marmarameer ist der Name eines Binnenmeers, das den europäischen Teil der Türkei vom asiatischen trennt. Seinen Namen erhielt es von einer seiner zahlreichen Inseln. Vom Mittelmeer fahren die Schiffe durch die Dardanellen in das 280 km lange und nur 80 km breite Marmarameer. Durch den Bosporus gelangen sie weiter zum Schwarzen Meer.

Marmolata heißt ein 3342 m hoher Gebirgsstock der Südtiroler Dolomiten. Seine Nordflanke wird vom größten Gletscher der Südlichen Kalkalpen bedeckt.

Marmor nennt man kristallinen Kalkstein, der in der ältesten Erdzeit entstanden ist. Durch verschiedene Minerale bekam das Gestein unterschiedliche Farben. Eisenoxyd färbte den Marmor aus Florenz gelb, rot ist der Stein der türkischen Insel Bozcaada (Tenedos). Der schwarze Marmor vom Peleponnes erhält seine Färbung durch Kohle. Reiner

Marn

weißer Marmor kommt aus den Steinbrüchen der oberitalienischen Stadt Carrara. In Deutschland findet man zusammengesetzte Marmorsorten im Fichtelgebirge sowie in der Eifel. Marmor wird in der Baukunst und auch von Bildhauern gebraucht. Marmoriert ist ein Muster, das wie Marmor gezeichnet ist.

Marne heißt der längste rechte Nebenfluß der Seine. Er entspringt bei Langres, fließt durch das Weingebiet der Champagne und mündet nach 525 km bei Paris. Kanäle verbinden die Marne mit der Saône, der Aisne und mit dem Rhein. Nach dem Fluß wurde das 8205 qkm große Departement Marne in Ostfrankreich benannt.

Marokko ist seit 1956 ein unabhängiges Königreich in Nordwestafrika. Die Bevölkerung von rund 16 Millionen setzt sich vorwiegend aus mohammedanischen Arabern und Berbern zusammen. Das 445 050 qkm große Staatsgebiet wird im Westen vom Atlantik und im Norden vom Mittelmeer begrenzt. Im Osten und Süden stößt Marokko an Algerien. Das Atlasgebirge erhebt sich bis in eine Höhe von 4225 m. Die Industrialisierung des Landes zieht viele Menschen in die großen Städte an der Küste, nach Casablanca und Tanger, sowie in die Hauptstadt Rabat. Das Königreich Mauretanien wurde im Jahre 42 n. Chr. zur römischen Provinz gleichen Namens. Ihre geographische Lage entsprach der des heutigen Marokko. Vor seiner Unabhängigkeit war Marokko teils französischer, teils spanischer Besitz.

Maronenpilze sind für jeden Pilzkenner ein besonderer Leckerbissen. An der Unterseite des dunkelbraunen Huts befinden sich feine blaßgelbe Röhren. Drückt man mit dem Finger leicht darauf, färbt sich die Druckstelle bläulich. (Siehe auch Farbtafel »Pilze« Band 7)

Marrakesch heißt eine Stadt in Marokko. Ihr Wahrzeichen ist die Koutoubia-Moschee, die vor rund 800 Jahren im maurischen Stil errichtet wurde. Die Häuser der Stadt, in der 330 000 Menschen leben, stehen inmitten einer riesigen Dattelpalmenoase. Nur wenige Kilometer entfernt erhebt sich das Atlasgebirge mit seinen schneebedeckten Gipfeln. Eine Eisenbahnlinie verbindet das Handelszentrum Marrakesch mit der Hafenstadt Casablanca.

Mars nannten die Römer den Gott des Krieges. Gleichzeitig verehrten sie ihn als Gott des Frühlings. Daher stammt auch der Name des Monats März.

Mars heißt auch der vierte Planet unseres Sonnensystems (siehe Stichwort »Planet«). In 687 Tagen umkreist er die Sonne im Abstand von 240 Millionen km. Die geringste Entfernung zwischen Mars und Erde beträgt 54 Millionen km. Der Mars hat zwei Monde, Phobos und Deimos, die beide sehr klein sind. Phobos hat einen Durchmesser von 18 bis 22 km, Deimos von 12 bis 13,5 km. Auf dem Mars ist genauso wie auf unserem Mond die Anziehungskraft geringer als auf der Erde. Ein Zentner wiegt auf dem Mars nur 38 Pfund.

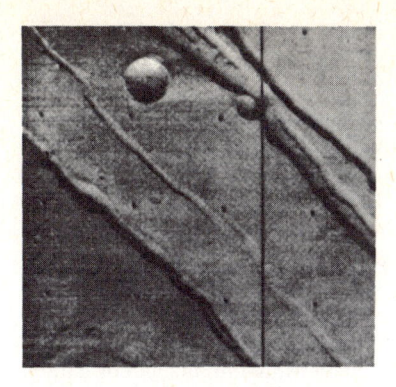

Über die amerikanische Weltraumsonde »Mariner 9« bekamen die Forscher die ersten scharfen Bilder vom Mars. Wir sehen darauf starke Zerklüftungen und tiefe Mulden. Daraus schließt die Wissenschaft, daß der Mars seine Oberfläche erst vor gar nicht allzu langer Zeit verändert haben muß. In den Mulden befand sich wahrscheinlich zunächst Kohlendioxydeis, das dann aber schmolz.

Marschland wird durch das Meer oder durch Flüsse an der Küste angeschwemmt. Diese fruchtbare Erde wird durch Deiche geschützt und durch Siele (verschließbare Öffnungen in Deichen) entwässert. Auf dem fetten Ackerboden werden in Nordwestdeutschland Weizen, Gerste und Kohl angebaut. Auf den weiten Grasflächen des Marschlands weiden große Viehherden.

Marseille [marßahj] ist die älteste Stadt Frankreichs. Sie hat etwa 900 000 Einwohner. Schon um 600 v. Chr. gründeten die Griechen hier in einer geschützten Bucht am Mittelmeer nahe der Rhônemündung eine Siedlung. In der Römerzeit wurden bereits Hafenanlagen errichtet. Marseille ist Frankreichs größter Hafen. Werftanlagen, Maschinen-, Nahrungsmittel- und chemische Fabriken sowie Erdölraffinerien prägen wesentlich das Bild der Stadt. In der Stadt sind neben den Sehenswürdigkeiten aus früherer Zeit auch interessante moderne Bauten, z. B. ein Wohnhochhaus von Le Corbusier, zu besichtigen. Die französische Nationalhymne wurde nach der Stadt die Marseillaise genannt, denn die Arbeiter der Hafenstadt sangen das Revolutionslied, als sie 1792 in Paris einmarschierten.

Marshall-Plan [márschall-] nannte man ein Hilfsprogramm der USA, das in den Jahren 1948 bis 1952 durchgeführt wurde. Der damalige Außenminister George C. Marshall wollte damit den westeuropäischen Staaten den Wiederaufbau nach dem Zweiten Weltkrieg ermöglichen. Diese Wirtschaftshilfe wurde später durch eine Rüstungshilfe erweitert. 1953 erhielt Marshall den Friedensnobelpreis.

Martinique [martiníhk] heißt eine französische Insel der Kleinen Antillen in Westindien. Sie hat eine Größe von 1100 qkm und 340 000 Einwohner (Neger und Mulatten). In der Hauptstadt Fort-de-France leben 100 000 Menschen. Als 1902 auf Martinique der Vulkan Mont Pelée ausbrach, wurden 32 000 Menschen getötet.

Marx, Karl, lebte von 1818 bis 1883, zum größten Teil im Exil in London. In Zusammenarbeit mit Friedrich Engels entwickelte er eine revolutionäre Gesellschaftslehre, den spä-

Marx
ter nach ihm benannten Marxismus. Marx schrieb zahlreiche politische und wissenschaftliche Bücher, Broschüren und Zeitungsartikel. ›Das Kapital‹ ist sein dreibändiges Hauptwerk.

Marxismus heißt die Gesellschaftslehre und politische Richtung, die auf Karl Marx und Friedrich Engels zurückgeht. Der Marxismus ist heute die theoretische Grundlage der kommunistischen Parteien und die alleingültige Lehre in den Staaten des Ostblocks.

Maryland [märriländ] ist ein Staat im Osten der USA. Hier leben etwa 4 Millionen Menschen auf einem Gebiet von 25 600 qkm. Die Ebene im Osten des Landes steigt langsam nach Westen hin zu einem Hügelland an. Viehzucht und Fischerei führten zum Bau großer Konservenfabriken in der Hafenstadt Baltimore. Die Hauptstadt von Maryland heißt Annapolis.

Marzipan wird aus zerriebenen süßen und bitteren Mandeln, Puderzucker und oft mit Rosenwasser hergestellt. Das teigige Gemisch wird geknetet. Marzipan kam durch die Kreuzzüge nach Europa.

Maschine nennt man ein mechanisches Gerät, das zum Antrieb natürliche Kräfte benötigt und durch die ausgeführten Bewegungen Arbeit leistet. Arbeitsmaschinen werden durch Kraftmaschinen angetrieben. Ein Elektromotor ist eine Kraftmaschine. Mit ihm wird eine Arbeitsmaschine, z. B. ein Förderband, angetrieben.

Masern ist der Name einer Kinderkrankheit. Es handelt sich um eine sehr ansteckende Infektionskrankheit, deren Erreger ein Virus ist. Die Zeitspanne zwischen Ansteckung und Ausbruch der Krankheit (Inkubationszeit) beträgt 11 Tage. Die Krankheit beginnt mit Husten und anderen Erkältungsmerkmalen. Am zweiten oder dritten Tag überzieht dann ein fleckig-roter Ausschlag vom Gesicht ausgehend den Körper. Nach der Krankheit ist die Anfälligkeit für Mittelohrentzündung häufig. Die meisten Menschen bekommen Masern während ihrer Kindheit. Im Erwachsenenalter ist der Krankheitsverlauf schwerer.

Maserung wird das Muster des Holzes genannt. Ein Schreiner muß die Maserung der Furniere beachten, wenn er z. B. die Türen eines Schranks anfertigt, die gleichmäßige Maserung haben müssen.

Masken verdecken die menschlichen Züge und stellen vergröbernd und vergrößernd typische Eigenschaften zur Schau. Die Naturvölker fertigen Masken zur Beschwörung böser Geister oder als Fruchtbarkeitszauber an.

Die alten Ägypter versahen ihre Mumien mit Totenmasken. Die Schauspieler der antiken Tragödie und Komödie trugen Masken, um ihrer Darstellung überpersönliche Züge zu verleihen.

In China wird wie in anderen Ländern des Fernen Ostens die Drachenmaske als Symbol für Glück und Reichtum getragen. Die Gesichter japanischer Puppen, die zuweilen auch bestimmte Persönlichkeiten

darstellen, werden mit besonderer Sorgfalt maskenartig bemalt, so wie auch die Schauspieler ihre Gesichter bemalen.
Die Maske wurde im deutschen Volksbrauch vor allem am Nikolaustag, zu Weihnachten und zum neuen Jahr, aber auch während der Fastnachtszeit getragen. Berühmt sind die Perchtenmasken der Alpenländer. Die Perchtenumzüge finden in den Rauhnächten zwischen dem 25. Dezember und dem 6. Januar statt. Bei Karnevalsfesten in unserer Zeit kann man nur raten, welches Gesicht sich hinter einer Maske aus Pappe oder Kunststoff verbirgt. Der Maskenbildner verändert das Gesicht der Schauspieler durch Schminke, angeklebten Bart oder Haare, damit er der darzustellenden Person möglichst ähnlich sieht. Wer einmal die Welt unter Wasser betrachten will, braucht eine Tauchermaske. Zum Schutz gegen Rauch oder giftige Gase verwenden die Feuerwehrleute Schutzmasken.

Maskottchen sollen Glück bringen. Das aus dem Französischen stammende Wort bedeutet Hexchen. Man versteht darunter beispielsweise ein Amulett, einen Anhänger für ein Halskettchen, auch eine Figur, die im Auto hängt.

Maskulin(um) ist ein lateinisches Wort und bedeutet männlich. Der Gegensatz, weiblich, heißt feminin. Ob ein Hauptwort ein Maskulinum, Femininum oder ein Neutrum ist, erkennt man an seinem Geschlechtswort, dem Artikel: *der* Fluß; *die* Bürste; *das* Bad.

Massachusetts [mäßetschúhsetß] heißt ein Staat im Osten der USA mit rund 6 Millionen Einwohnern. Ein Drittel der 20 400 qkm großen Fläche ist Waldland. Die Industrie ist vor allem auf die Fischerei im Atlantik ausgerichtet. Der wichtigste Hafen ist die Hauptstadt Boston. Im Unabhängigkeitskampf der USA spielte Massachusetts eine führende Rolle. Die bekannte Harvard-Universität befindet sich in Cambridge.

Massage [maßáhsche] hilft, den Blutkreislauf des Körpers zu beleben, die Muskeln zu entspannen. Wer einmal in Gips gelegen hat, der weiß, wie schnell die Muskeln durch Massage wieder gestärkt werden. Der Masseur streicht, klopft oder knetet die Haut und das Gewebe. Er hat diese Handgriffe erlernen müssen, denn nichtsachgerechte Massage kann ungesund, sogar gefährlich sein. Die Kosmetikerin massiert mit sorgfältigen Bewegungen die Gesichtshaut und glättet sie.

Massai (Masai) [maßáh-i] nennt sich ein Eingeborenenstamm Ostafrikas. Er hat etwa 250 000 Angehörige, die Nomaden sind. Mit ihren Rinderherden ziehen die Massai durch Kenia und Tansania. Aus Rindleder fertigen sie sich ihre Kleidung und auch ihre Rundhütten. Kunstvoll bemalen sie ihre Lederschilde.

Massaker [-áhker] wird ein grauenvolles Blutbad genannt. Die Täter töten die Opfer ihres Hasses im Blutrausch, der sich meist der Kontrolle des Verstandes entzieht. Im Krieg kommt es gelegentlich zu Massakern an den Bewohnern gan-

Maße

zer Ortschaften oder an gegnerischen Soldaten, manchmal durch verantwortungslose Hetzpropaganda gegen den Feind hervorgerufen. Das Wort kommt aus dem Französischen.

Maße und Gewichte braucht man, um Größen und Mengen festzustellen. In früherer Zeit wurden mit den Körpermaßen Handspanne, Elle und Fuß Längen, Breiten und Höhen gemessen. In Eimern füllte man Flüssigkeiten ab. Diese Maße waren natürlich sehr ungenau. Deshalb schuf man ein einheitliches Maßsystem, dessen Werte überall gleich sind. Die folgende Tabelle gibt eine Übersicht.

Massenmedien (Einzahl: Medium) sind Vermittler von Information und Unterhaltung, die weite Bevölkerungskreise erreichen und durch Wort und Bild beeinflussen können. Zu den Massenmedien gehören Zeitungen, Zeitschriften, Rundfunk, Fernsehen und Film.

Maßstab 1:100 steht auf der Planzeichnung eines Architekten. Das bedeutet, daß 1 cm auf dieser Zeichnung in Wirklichkeit 100 cm, also 1 m, entspricht. Wenn eine Landkarte beispielsweise einen Maßstab von 1:100 000 hat, so stellt 1 cm auf der Karte eine Entfernung von 1 km in der Natur dar. Maßstab nennt man auch ein Meßgerät. Ein Metermaß ist in dm und cm eingeteilt. Es wird an den zu messenden Gegenstand angelegt.

Mastdarm heißt der Endteil des Dickdarms, der in den After mündet.

Masten sind senkrechte Rundhölzer

MASSE UND GEWICHTE

Längenmaße:
Grundeinheit Meter

1 Kilometer (km)	1000 m
1 Meter (m)	1 m
1 Dezimeter (dm)	0,1 m
1 Zentimeter (cm)	0,01 m
1 Millimeter (mm)	0,001 m

Andere Längenmaße:

1 Zoll	2,54 cm
1 engl. Fuß (ft.)	30,48 cm
1 engl. Yard (yd.)	91,44 cm
1 Seemeile	1,852 km
1 geograph. Meile	7,42 km

Metrische Flächenmaße:
Grundeinheit Quadratmeter

1 Quadratkilometer (qkm)	1 000 000 qm
1 Hektar (ha)	10 000 qm
1 Ar (a)	100 qm
1 Quadratmeter (qm)	1 qm
1 Quadratdezimeter (qdm)	0,01 qm
1 Quadratzentimeter (qcm)	0,0001 qm
1 Quadratmillimeter (qmm)	0,000001 qm

Raum- und Hohlmaße:
Grundeinheiten Kubikmeter und Liter

1 Kubikmeter (cbm)	1000 l
1 Hektoliter (hl)	100 l
1 Liter (l)	1 l
1 Deziliter (dl)	0,1 l
1 Kubikzentimeter (ccm)	0,001 l

Gewichte:
Grundeinheit Kilogramm

1 Tonne (t)	1000 kg
1 Doppelzentner (dz)	100 kg
1 Kilogramm (kg)	1 kg
1 Hektogramm (hg)	0,1 kg
1 Dekagramm (Dg)	0,01 kg
1 Gramm (g)	0,001 kg
1 Dezigramm (dg)	0,0001 kg
1 Zentigramm (cg)	0,00001 kg
1 Milligramm (mg)	0,000001 kg
1 Zentner	50 kg
1 Pfund	0,5 kg

oder Metallrohre, an denen die Segel eines Schiffes befestigt sind. Große Segelschiffe haben mehrere Masten: Fockmast, Großmast, Besanmast. Am vorderen Mast war früher ein Mastkorb angebracht. Darin stand ein Matrose auf Beobachtungsposten.

Masten werden auch zu anderen Zwecken verwendet:
Hochspannungsleitungen werden von Mast zu Mast durchs Land getragen. Straßenlampen sind an Lichtmasten angebracht. Hohe Sendemasten mit Antennen braucht man zur Ausstrahlung von Rundfunk- und Fernsehsendungen.

Masuren, eine hügelige Moränenlandschaft mit Kiefernwäldern, Heide und zahllosen Seen, liegt in Ostpreußen. Der Spirdingsee (122,5 qkm) und der Mauersee (104 qkm) sind die größten der Masurischen Seen. Die Masuren sind Kleinbauern, Fischer oder Waldarbeiter.

Matador nennt man im spanischen Stierkampf den Fechter, der dem Stier den Todesstoß gibt.

Match [mätsch], ein englisches Wort, bedeutet Wettkampf oder Wettspiel zwischen zwei Mannschaften. Man spricht z. B. von einem Fußballmatch.

Materie [matéhri-e] ist ein Begriff, unter dem man feste, flüssige oder gasförmige Stoffe versteht. Die Materie Ton läßt sich z. B. zu einem Gegenstand formen. Man kann daraus einen Krug oder eine Schale modellieren.

Mathematik heißt die Wissenschaft von Zahl und Raum. Zur Arithmetik, der Zahlenlehre, gehören das Addieren, Subtrahieren, Multiplizieren und Dividieren. Die Differential- und Integralrechnung beschäftigen sich mit unendlichen Größen. Linie, Winkel, Fläche und Körper sind Gegenstand der Geometrie. Die angewandte Mathematik benutzt die Ergebnisse der reinen Mathematik auf anderen Gebieten wie z. B. Physik und Chemie sowie in Technik und Wirtschaft.

Matisse, Henri [matíhß], lebte von 1869 bis 1954. Er war ein berühmter französischer Maler. Seine Akte, Landschaften und Stilleben gestaltete er in heiteren, klaren, leuchtenden Farben, die er durch Umrisse stark betonte. Er wandte sich damit vom Impressionismus ab. Man rechnet ihn zu den Fauvisten. (Siehe auch Stichwort »Fauves«)

Mato Grosso heißt einer der 22 Bundesstaaten Brasiliens. Auf einer Fläche von rund 1,2 Millionen qkm leben dort 1,6 Millionen Menschen. Die Landeshauptstadt ist Cuiabá. Der größte Fluß heißt Paraguay. Im Mato Grosso gibt es reiche Diamanten-, Gold- und Manganerzvorkommen. Daneben sind die Viehzucht sowie die Gewinnung von Mate (Stechpalmenblätter für Tee) und Wildkautschuk wichtige Wirtschaftszweige des Landes.

Matratze nennt man den federnden Einsatz des Betts, jedoch auch die mit Roßhaar oder Seegras gefüllten Polster, die darauf liegen. Heute werden häufig auch Schaumstoffmatratzen verwendet.

Im Flußbau ist Matratze die Be-

Matr

zeichnung für ein zur Uferbefestigung benötigtes Weidengeflecht.

Matrose ist ein Angehöriger der Schiffsbesatzung. In der Handelsmarine dauert seine Lehrzeit drei Jahre. Der Matrose kann danach zwischen der Deckslaufbahn mit den Stationen Schiffsjunge, Jungmann, Leichtmatrose und Vollmatrose oder der nautischen Laufbahn wählen. Hierfür ist der Besuch der Schiffsjungenschule notwendig, außerdem gehört es zur Ausbildung, vier Jahre zur See zu fahren. Wer zum Wachoffizier (früher Steuermann) oder Kapitän aufsteigen möchte, braucht dazu noch einen erfolgreichen Abschluß bei einer Seefahrtschule.

Matt oder schachmatt heißt die Schlußstellung beim Schachspiel. Der angegriffene König kann keinen Zug mehr machen, das Spiel ist zu Ende.

Matterhorn ist der Name eines besonders steilen Gipfels in den Walliser Alpen nahe der schweizerisch-italienischen Grenze. Das Matterhorn ist 4478 m hoch und sieht einer Pyramide ähnlich. Es wurde 1865 erstmals bestiegen. Die außerordentlich schwierige Nordwand wurde 1931 bezwungen. 1962 gelang die erste Winterbesteigung der Nordwand. Das Matterhorn gilt als einer der schönsten Gipfel, es ist aber wegen seiner plötzlichen Wetterstürze auch einer der gefährlichsten Berge.

Matthäusevangelium heißt die dem Apostel Matthäus zugeschriebene, ursprünglich in aramäischer Sprache abgefaßte Evangelienschrift. Sie entstand um das Jahr 70 n. Chr., wurde jedoch später wahrscheinlich mehrmals überarbeitet und verändert. Das Matthäusevangelium beinhaltet Aussprüche, Gleichnisse sowie Weissagungen Jesu und steht an erster Stelle im Neuen Testament.

Matthäuspassion nannte Johann Sebastian Bach seine 1729 geschaffene Vertonung der Leidensgeschichte Jesu Christi nach dem Matthäusevangelium.

Mattscheibe ist ein Begriff aus der Photographie. Man bezeichnet damit die durchsichtige, auf einer Seite aufgerauhte Platte am Photoapparat, auf der das aufzunehmende Bild sichtbar gemacht und dem Ausschnitt entsprechend eingestellt werden kann. Als Mattscheibe bezeichnet man auch den Bildschirm des Fernsehapparates.

Matura nennt man in Österreich die Reifeprüfung an höheren Schulen. In Deutschland sagt man dazu Abitur.

Mauer wird eine aus Bausteinen aufgeschichtcte Wand genannt. Die Steine sind übereinandergreifend, im sogenannten Mauerverband, aufeinandergesetzt und in der Regel mit Mörtel befestigt. Die Dicke einer Mauer richtet sich nach ihrer Höhe und danach, ob sie Decken- bzw. Dachlast trägt. Bei einer frei stehenden Mauer beträgt sie $1/8$ bis $1/12$ der Höhe. Stützmauern werden zur Sicherung und Befestigung von Erdhängen errichtet. Man unterscheidet bei Mauern aus künstlichen Steinen je nach der Anordnung der Steine verschiedene Formen von Mauerverbänden, z. B. den Läuferverband, den Kreuzverband oder den gotischen Verband. Wichtig ist, daß die Stoßfugen der Steine in zwei aufeinanderfolgenden Schichten nicht an derselben Stelle liegen.

Mauerbrecher wurden im Altertum bei der Belagerung von Festungen verwendet. Diese bestanden aus einem frei schwebenden Balken, der in einer scharfen eisernen Spitze endete. Mauerbrecher waren zum Zertrümmern von Festungsmauern unentbehrlich.

Maulbeerbaum ist der Name einiger Baumarten, die nur in wärmeren Ländern gedeihen. Ihre Blütenstände sehen den Kätzchen der Weiden ähnlich, die Früchte haben die Form von Brombeeren. Der Schwarze Maulbeerbaum gedeiht in West- und Mittelasien und ist wegen seiner schmackhaften dunklen Früchte geschätzt. Der Weiße Maulbeerbaum wird in China und Japan kultiviert, denn seine Blätter sind das beste Futter für die Seidenraupen. In Ostasien und Ozeanien gedeiht der Papiermaulbeerbaum, aus dessen Rinde in Japan ein filterartiges Papier hergestellt wird. In den warmen Gebieten Amerikas gibt es den Färbermaulbeerbaum, dessen Holz man zum Gelbfärben verwendet.

Maulesel werden durch Kreuzung von Pferdehengst und Eselstute gezüchtet. Sie ähneln mehr einem Esel als einem Pferd und sind gewöhnlich kleiner als die Maultiere.

Maultier wird die Kreuzung von Eselhengst und Pferdestute genannt. Das Maultier oder Muli hat größere Ähnlichkeit mit einem Pferd. Wie der Maulesel gilt es als sehr trittsicheres, ausdauerndes und anspruchsloses Tier. Deshalb wird das Maultier hauptsächlich in gebirgigen und unwegsamen Gegenden als Reit- und Lasttier gebraucht.

Sowohl bei Mauleseln als auch bei Maultieren sind die männlichen Tiere nicht fortpflanzungsfähig.

Maul- und Klauenseuche heißt eine ansteckende Virusinfektion, die besonders Haustiere (Rinder, Schafe, Schweine), aber auch Schalen- und Klauenwild befällt. Die Krankheitssymptome sind Blasen und Geschwüre am Maul, am Euter sowie an den Klauen. Viele Tiere sterben an dieser Krankheit. Die Seuche wird durch bereits erkrankte Tiere, deren rohe Milch oder durch Zwischenträger, die selbst keine Krankheitsanzeichen aufzuweisen brauchen, übertragen. Wegen der großen Ansteckungsgefahr muß jeder Krankheitsfall sofort gemeldet werden. Die gesunden Tiere werden dann durch Impfungen geschützt. Auch auf Menschen ist diese Krankheit übertragbar.

Maulwürfe sind unterirdisch lebende Insektenfresser. Sie haben etwa die Größe von Ratten und einen plumpen, gedrungenen Körper. Der europäische Maulwurf besitzt ein samtartiges schwarzes Fell, schaufelförmige Grabfüße und eine rüsselförmige Schnauze. Maulwürfe sind meist blind, doch ihr Gehör- und Geruchssinn sind ausgezeichnet entwickelt. Die Tiere halten keinen

Maul

Winterschlaf, sie graben ihre Gänge in der kalten Jahreszeit bis in frostfreie Tiefen, wo sie immer noch ausreichend Würmer und Insekten finden. Oft legen sie sich Vorräte in ihren Nestern an, die sie sich in kugelrunden Höhlen einrichten. Maulwürfe sind Schädlingsvertilger, sie unterwühlen aber auch in Gärten und Feldern die Erde und werfen Maulwurfshaufen auf.

Der Maulwurf ernährt sich hauptsächlich von Regenwürmern. Bis zu 300 Stück am Tag verzehrt er.

Der in Inneraustralien lebende Beutelmaulwurf gehört nicht zur Familie der Maulwürfe, sondern zu den Beuteltieren. Er trägt seinen Namen nur deshalb, weil er einem Maulwurf ähnlich sieht.

Maulwurfsgrille, Erdkrebs oder Werre sind die Namen einer 4–5 cm großen Grille mit schaufelartigen Vorderbeinen. Sie lebt in selbstgegrabenen Gängen unter der Erde und frißt die Wurzeln von Pflanzen ab.

Mauretanien war im Altertum ein Königreich, ab 42 n. Chr. eine römische Provinz in Nordwestafrika, etwa im Gebiet des heutigen Marokko. Im Jahre 429 n. Chr. wurde diese von den Wandalen erobert.
Seit 1960 ist Mauretanien eine unabhängige Republik in Westafrika. Die amtliche Bezeichnung lautet Islamische Republik Mauretanien. Hier leben auf einer Fläche von 1 030 700 qkm 1,5 Millionen Menschen, größtenteils Bekenner des Islams (Moslems), die Arabisch, meist jedoch auch Französisch sprechen. Die Hauptstadt Mauretaniens ist Nouakchott. Das Land leidet unter großem Wassermangel, denn in diesem Gebiet fällt kaum Regen. Deshalb besteht der größte Teil des Landes aus Wüste. Nur im Schwemmland des Senegal ist Ackerbau möglich. In den Oasen der Wüste gedeihen Dattelpalmen. Einträglicher als die landwirtschaftlichen Erzeugnisse sind die reichen Eisen- und Kupfererzvorkommen. Die Verkehrsverbindungen sind nicht ausgebaut, und es gibt nur eine einzige Eisenbahnlinie, auf der die abgebauten Erze zum Ausfuhrhafen Port-Étienne transportiert werden.

Mauritius heißt eine Insel im Indischen Ozean östlich von Madagaskar, die zur Gruppe der Maskarenen gehört. Seit 1968 ist sie ein unabhängiger Staat mit der Hauptstadt Port Louis. Auf der 2045 qkm großen, bis zu 826 m Höhe ansteigenden Insel leben 850 000 Einwohner, die ein buntes Völkergemisch darstellen. Sie sind Nachkommen indischer Plantagenarbeiter oder französischer Kolonisten sowie Abkömmlinge von Negern, Malaien und Chinesen. Die Bevölkerung lebt in der Hauptsache vom Zuckerrohranbau. Aus Mauritius stammen sehr alte, wertvolle Briefmarken: die blaue Mauritius und die orange Mauritius. Diese wurden 1847 dort als erste englische Kolonialmarken gedruckt. Beide Mauritius sind selten, es gibt insgesamt schätzungsweise noch 26 von den kostbaren Marken. 1971 wurde eine für 80000 £ (rund 650000 DM) gehandelt.

Mauser oder Mauserung nennt man den Federwechsel der Vögel, der ein- oder zweimal im Jahr stattfindet. Er kommt dadurch zustande, daß eine neue Feder sehr schnell im gleichen Federbalg nachwächst und die alte Feder so lange vor sich herschiebt, bis diese ausfällt. Im allgemeinen mausern sich die Vögel unmittelbar nach der Fortpflanzungszeit. Bei den Tieren, die sich zweimal jährlich mausern, ist das »Sommerkleid« anders gefärbt als das »Winterkleid«. In der Umgangssprache wird der Ausdruck Mauser fälschlich auch für den Haarwechsel bei Säugetieren benutzt.

Mausoleum ist die Bezeichnung für einen monumentalen Grabbau. Ursprünglich war es das Grabmal für den 352 v. Chr. gestorbenen König Mausolos von Karien, das ihm seine Gattin Artemisia zu Halikarnassos errichten ließ. Im Altertum zählte dieses Mausoleum zu den Sieben Weltwundern. Es wurde durch ein Erdbeben zerstört.

Maximal – ein Wort aus dem Lateinischen – bedeutet soviel wie höchstens (Beispiel: Die Gehleistung eines Erwachsenen beträgt maximal 7 km pro Stunde). Das Gegenteil von maximal ist minimal.

Maximilian hießen viele herrschende Fürsten Deutschlands. Der bedeutendste war Maximilian I., »der Letzte Ritter«. Er lebte von 1459 bis 1519 und war seit 1493 gewählter römischer Kaiser. Er wurde vom Papst nicht gekrönt. Maximilian I. regierte über alle Länder der Habsburger. Durch geschickte Heiratspolitik gewann er die spanische Krone. Er war ein feinsinniger Mensch und ein bedeutender Schriftsteller seiner Zeit. Albrecht Dürer zeichnete ihn und illustrierte für ihn die Bibel. (Siehe auch Stichwort »Habsburger«)

Max-Planck-Gesellschaft heißt die nach dem Physiker Max Planck benannte Gesellschaft zur Förderung der Wissenschaften. Max Planck war der Präsident der Kaiser-Wilhelm-Gesellschaft, die 1948 nach ihm umbenannt wurde. Die Gesellschaft unterhält in der Bundesrepublik Deutschland viele Forschungsinstitute, die Max-Planck-Institute, für alle Wissenschaftsbereiche. Sie ist unabhängig von Staat und Wirtschaft und wird von bedeutenden Wissenschaftlern geleitet.

May, Karl, war ein deutscher Schriftsteller. Er lebte von 1842 bis 1912. Seine Abenteuerromane, die hauptsächlich unter den Indianerstämmen Nordamerikas oder im Vorderen Orient spielen, werden auch heute noch oft gelesen. Viele seiner Erzählungen sind verfilmt worden. Karl-May-Freilichtspiele finden alljährlich in Bad Segeberg und in Elspe statt.

Maya hieß ein altmexikanisches, hochentwickeltes indianisches Kulturvolk. Die Maya lebten als Maisbauern auf der Halbinsel Yucatán

Mayd

Chichen-Itza, eine alte Mayastadt im Süden von Mexiko, wurde wie so viele Kultstätten der Maya im 10. Jahrhundert n. Chr. aus rätselhaften Gründen plötzlich von den Mayas verlassen, später von den Azteken übernommen.

und auf dem Hochland von Guatemala. Ursprünglich erstreckte sich ihr Reich über die mexikanischen Staaten Chiapas, Tabasco, Campeche und Yucatán sowie über Teile von Honduras, Guatemala und El Salvador. Man vermutet, daß es ursprünglich aus mehreren Stadtstaaten bestand. Die Ruinenplätze der alten Mayastädte mit ihren Palästen und reichverzierten Tempeln auf gestuften Pyramiden zeugen von dem hohen Stand der Künste. Großzügig angelegte Straßennetze und ausgeklügelte Bewässserungssysteme beweisen die technischen Fähigkeiten der Maya. Auch in der Mathematik, in der Sternkunde und Zeitmessung war dieses Volk weit fortgeschritten. Es gab eine Bilderschrift, die im Begriff war, sich zu einer Lautschrift zu entwickeln. Sie diente der Wahrsagekunst sowie dem Kult der Götter, denen Tier- und Menschenopfer dargebracht wurden. Im Jahre 1524 drangen die spanischen Eroberer unter Cortez in das Reich der Maya ein. Damit waren der politische und der kulturelle Untergang besiegelt.

Maya (Maja) ist auch der Name der Mutter Buddhas. In der indischen Philosophie bedeutet Maya eine als Trugbild aufgefaßte Erscheinungswelt.

Mayday [méhdeh] ist der in englischer Lautschrift übernommene französische Ruf: »M'aidez!« (Helft mir!) Er ist das internationale Notsignal im Sprechfunkverkehr.

Mayflower [méhflauer] (»Maiblume«) hieß das Schiff, das im Jahre 1620 nach abenteuerlicher Reise die ersten englischen Siedler, die puritanischen Pilgerväter, nach Nordamerika brachte.

Mayo-Klinik heißt eines der bedeutendsten und fortschrittlichsten Krankenhäuser der Erde. Es wurde 1899 in Rochester (Minnesota, USA) von William W. Mayo gegründet. Heute wird es von einer gemeinnützigen Stiftung getragen. Die Mayo-Klinik ist besonders auf Herzoperationen spezialisiert.

McKinley oder Mount McKinley heißt der höchste Berg Nordamerikas. Er erhebt sich aus der Alaskahauptkette bis in 6187 m Höhe. Seit 1917 ist das Gebiet um den Berg herum Nationalpark.

MdB ist die Abkürzung für Mitglied des Bundestages. MdL bedeutet Mitglied des Landtages und MdR Mitglied des Reichstages.

Mechanik, ein Zweig der Physik, beschäftigt sich mit den Bewegungen der Körper und den Kräften, die sie verursachen. Wichtigste Grundbegriffe in der Mechanik sind Raum, Zeit, Masse und Kraft. Die Mechanik gliedert sich in Teilgebiete: die Lehre von den möglichen Bewegungen (Kinematik) und die Lehre von den tatsächlichen Bewegungen (Dynamik). Ein Sonderfall der Dynamik ist die Statik, die Lehre vom Gleichgewicht der Kräfte. Die Mechanik befaßt sich nicht nur mit den Gesetzen, denen starre Körper unterliegen, sondern auch mit verformbaren Körpern, so die Hydro- und Aeromechanik (Mechanik der Flüssigkeiten und Gase). Hierzu gehören auch die Schwingungslehre und die Akustik. Die klassische Mechanik erfuhr durch die Entdeckung der Quantenmechanik tiefgreifende Veränderungen.

Mechaniker arbeiten in verschiedenen Bereichen der eisen- und metallverarbeitenden Industrie. Sie stellen Einzelteile für Kleinapparate und -maschinen her, außerdem regulieren sie neue oder instand gesetzte Maschinen, überprüfen sie und übernehmen Reparaturarbeiten. Meistens sind sie Spezialisten auf einem bestimmten Gebiet. Es gibt z. B. Büromaschinen- und Kraftfahrzeugmechaniker.

Mecklenburg, eine geschichtliche Landschaft an der Ostsee zwischen der Lübecker Bucht und der Halbinsel Darß, gehört heute zur DDR. Sie bildet den größten Teil der Bezirke Rostock, Schwerin und Neubrandenburg. Die waldreiche Mecklenburgische Seenplatte umfaßt über 400 Seen, von denen die größten der Müritzsee (138 qkm), der Schweriner, der Plauer, der Kummerower und der Malchiner See sind. Im Süden Mecklenburgs erstreckt sich eine bewaldete Heideebene, im Norden liegt eine fruchtbare Moränenlandschaft.

Im 12. Jahrhundert unterwarf der Sachsenherzog Heinrich der Löwe die um 600 n. Chr. dort seßhaft gewordenen Wenden der deutschen Oberherrschaft. Das Land wurde völlig eingedeutscht. 1348 wurde es Herzogtum und war schließlich von 1815 bis 1918 Großherzogtum.

Medaillen [medáljen] werden Münzen genannt, die anläßlich besonderer Ereignisse oder Verdienste und zur Erinnerung an bedeutende Persönlichkeiten geprägt wurden. Diese Gedenkmünzen sind keine Zahlungsmittel.

Medici hieß ein florentinisches Patriziergeschlecht. Durch erfolgreiche Bankgeschäfte reich geworden, erlangte es im 15. Jahrhundert die Herrschaft über Florenz. Zweimal wurden die Medici aus Florenz vertrieben. 1531 wurden sie Herzöge von Florenz, später Großherzöge von Toskana. Der Hof der Medici war der Sammelpunkt der berühmtesten Maler, Bildhauer und Baumeister ihrer Zeit. 1737 starben die Medici aus.

Medikament ist das Fremdwort für Arzneimittel.

Medina, eine Stadt in Saudi-Arabien, gilt nach Mekka als wichtigster Wallfahrtsort der Mohammedaner. Die Stadt hat 100 000 Einwohner. In der 1487 erbauten Moschee El-Haram liegt Mohammed begraben.

Medi

Mediterran bedeutet mittelmeerisch oder das Mittelmeer betreffend. Als mediterrane Rasse werden die Menschen der Mittelmeergebiete bezeichnet, die zu den Europiden gehören. Sie sind im Wuchs kleiner, besitzen eine bräunliche Haut und dunkle Haare.

Medium ist ein Wort aus dem Lateinischen und bedeutet Mittel, Vermittelndes. In der Parapsychologie, einem Zweig der Psychologie, wird so ein Mensch genannt, dem man die Fähigkeit zu außer- oder übersinnlichen Wahrnehmungen zuschreibt. Das Medium vermittelt seine Eindrücke. In der Hypnose ist der Hypnotisierte das Medium. In der Physik ist das Medium ein Raum oder ein Stoff, in dem ein physikalischer Vorgang stattfindet. Als Massenmedien werden Zeitungen, Zeitschriften, Rundfunk und Fernsehen bezeichnet.

Medizin ist ein Wort aus dem Lateinischen und bedeutet Heilkunde. Diese Wissenschaft befaßt sich mit den Krankheiten, ihren Ursachen, Erscheinungen und Auswirkungen, ihrer Erkennung, Heilung und Verhütung.

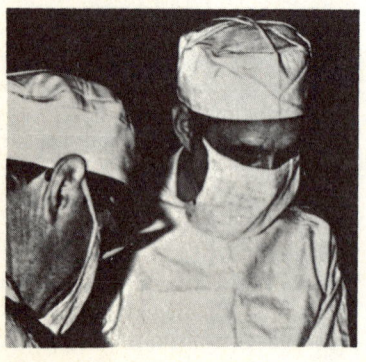

Die Tierheilkunde wird Veterinärmedizin, die Menschenheilkunde Humanmedizin genannt. Bereits im Altertum gab es berühmte Ärzte, deren Erkenntnisse in der heutigen Medizin immer noch gültig sind.

Im Kampf gegen die Krankheiten wurden immer neue Heilverfahren entdeckt. Physik, Chemie und Biologie sind Grundlagen der neuzeitlichen Medizin.

Der praktische Arzt (Hausarzt) ist nicht spezialisiert. Für die einzelnen Krankheiten sind folgende Spezialisten zuständig:

Chirurg: Facharzt für operative Eingriffe – Internist: Facharzt für innere Krankheiten – Gynäkologe: Facharzt für Frauenkrankheiten – Kinderarzt – Augenarzt – Zahnarzt – Hals-, Nasen- und Ohrenarzt – Orthopäde: Facharzt für Knochen- und Muskelkrankheiten – Dermatologe: Facharzt für Haut- und Geschlechtskrankheiten – Urologe: Facharzt für Blasen- und Nierenleiden – Röntgenologe: Facharzt für Bestrahlung und Durchleuchtung – Neurologe: Nervenarzt – Psychiater: Facharzt für seelische Erkrankungen.

Medizinball heißt ein schwerer Lederball. Er wurde zuerst in den USA als »Medizin für den Körper« bei gymnastischen Übungen verwendet. Beim Fangen und Werfen wird mit dem Medizinball die gesamte Körpermuskulatur trainiert.

Medizinmann nennt man bei den Stämmen der Naturvölker den Zauberer, der mit magischen Kräften die

Geister abwehrt und die durch »bösen Zauber« verursachten Krankheiten zu heilen sucht.

Medusen, im Meer lebende Tiere, werden unter dem Stichwort »Quallen« beschrieben.

Meere
Welt des Schweigens

Meere werden die zusammenhängenden Wassermassen der Erde genannt. Beinahe drei Viertel der Erdoberfläche sind von Meeren bedeckt. Je nach Betrachtungsweise sprechen die Geographen von drei oder fünf Weltmeeren. Am klarsten ist die Einteilung in drei Meere, die mit ihren zusammenhängenden Wassermassen den größten Teil der Erdoberfläche bedecken: der Atlantische Ozean, der Stille Ozean sowie der Indische Ozean. Das Nördliche und das Südliche Eismeer würden nach früherer Einteilung das vierte und fünfte Weltmeer darstellen.

Wer in einem Atlas die Karten betrachtet oder den Globus dreht, sieht auf einen Blick, daß der größte Teil unserer Erde von den zusammenhängenden Wassermassen der Meere bedeckt ist. Wie große Inseln ragen die Kontinente aus dem Meer heraus. Es sind die Gipfel riesiger Bergketten, die sich unter dem Wasserspiegel fortsetzen. Hier bilden sie unter Wasser Täler, tiefe Schluchten und gewaltige Gebirgsmassive. Eine Tiefe von 3000 Meter bedecken die Wasser der Meere im Durchschnitt. Das war nicht immer so. Jahrmillionen bestand die Erde zunächst nur aus glutflüssigem Gestein. Vulkane türmten sich auf, und aus ihren Rissen drangen Wasserdampf, Kohlensäure und andere Gase. Diese stiegen in kältere Zonen auf und umhüllten die Erde mit gewaltigen Wolkenmassen. Als diese großen Wolken zu schwer geworden waren, verflüssigte sich ihre Feuchtigkeit und fiel als Wasser zur Erde zurück. Da diese aber noch immer sehr heiß war, verdunstete das Wasser sofort und stieg erneut als Dampf auf. Dieser Vorgang wiederholte sich so lange, bis sich die Temperatur des Erdgesteins abgekühlt hatte. Erst nach dem Erstarren der Erdoberfläche konnte sich das Urmeer bilden, dann nämlich, als der Regen, der niederfiel, nicht mehr verdampfte, sondern begann, sich in den flachen Becken der Erde zu sammeln. Unaufhörlich, jahrhundertelang, regnete es. Die Wasser stiegen aus den Becken heraus, überfluteten die tiefsten Stellen der Gebirge, ja bald ganze Gebirgszüge. Nur die höchsten Bergspitzen schauten noch aus dem Wasser als Land heraus. Die wie ein riesiger Wolkenbruch mit großer Kraft herabströmenden Wassermassen aber verformten auch das Bild der Erde. Sie schwemmten Gebirge ab und verflachten Landschaften.

Die Wasser des Urmeers waren zunächst nicht salzig. Der große Regen und die Wucht des Zusammenfließens schwemmten erst nach und

Meer

nach aus den Gesteinen die Salze heraus. Die riesigen Salzvorkommen der Unterwassergebirge lösten sich mit vielen anderen Substanzen im Meerwasser auf. Der durchschnittliche Salzgehalt der heutigen Meere beträgt 35 Promille, das heißt, 35 Teile Salz kommen auf 1000 Teile Wasser. Es wurde errechnet, daß die Weltmeere eine Salzmenge von 50 Billiarden Tonnen enthalten. Wissenschaftler stellten auch fest, daß alle Meere zusammmen 97,2% der gesamten Wassermenge der Erde ausmachen. Infolge der durch die Sonnenbestrahlung auf der Meeresoberfläche entstehenden Hitze steigen jährlich 334 000 Kubikkilometer Wasser als Dunst auf. Dieses Wasser fällt in Form von Regen wieder auf die Erde herab. Dieser Kreislauf des Wassers von der Verdunstung bis zum lebenspendenden Regen bestimmt das Schicksal sämtlicher Erdbewohner. Die stärkere Verdunstung in den südlicheren Gebieten der Meere erklärt auch den höheren Salzgehalt dieses Oberflächenwassers. Infolge der großen Hitze findet eine ständige Wasserverdunstung statt, die das verbliebene Wasser salzhaltiger werden läßt. Meere, in die Ströme und Flüsse münden oder die sich in Regionen mit starken Regenfällen befinden, haben einen geringeren Salzgehalt. Dieser kann bis auf 2 Promille in den oberen Wasserschichten absinken. Der Salzgehalt des Meerwassers ist für die Existenz der Meerestiere und -pflanzen unentbehrlich.

Seit alters her hat der Mensch das kostbare Salz nicht nur in Salzbergwerken abgebaut, sondern auch versucht, es durch Verdunstung aus dem Meerwasser zu gewinnen.

Alles Wasser der Erde in Quellen, Flüssen, Seen und Strömen entstammt dem Meer. Von der gesamten Meeresfläche verdunsten jährlich 334 000 Kubikkilometer Wasser. Auf die Meeresfläche regnet es wiederum 300 000 Kubikkilometer zurück. Den Fehlbedarf von 34 000 Kubikkilometer bringen die Flüsse und Ströme zum Meer. Sie befördern das Wasser des Regens, der sich das Jahr über auf die Landgebiete niederschlägt. Im Laufe der Zeit haben sich die Wasserspiegel der Meere teils gesenkt, teils sind sie auch angestiegen. Land wurde überschwemmt und dafür neues Land freigegeben. Wir wissen, daß die Anziehungskraft des Mondes und die der Sonne die Wassermassen der Meere in Bewegung bringen. Ebbe und Flut sind unter dem Stichwort »Gezeiten« ausführlich beschrieben.

Eine andere Kraft, die von der Bewegung der Erde um ihre eigene Achse ausgeht, wirkt ebenfalls ein: die Rotation. Durch sie entsteht im Meer um den Südpol eine kreisende Strömung. Die Landmassen der Antarktis verhindern den Abfluß dieser Strömung über den Pol, und so wächst diese zu gewaltiger Höhe an. Erst an den Landmassen Südamerikas und Südafrikas teilt sie sich. Als Humboldtstrom fließt die große Meeresströmung nun entlang der Westküste Südamerikas nordwärts und wird in der Nähe des

Äquators durch die Erdrotation nach Westen abgedrängt. Die durch diese Teilung hervorgegangene zweite große Meeresströmung streift als Benguelastrom Afrika. Beide Strömungen beeinflussen mit ihren kalten Wassermassen das Klima der Küstengebiete dieser Erdteile.

Die bedeutendste Meeresströmung ist der »Golfstrom«. (Siehe Stichwort »Golfstrom«)

Aber nicht nur von Süden nach Norden bewegen sich die großen Meeresströmungen, sie ziehen auch in umgekehrter Richtung. Der kalte Labradorstrom z. B. führt riesige schwimmende Eisberge mit sich. Treffen verschieden warme Wasser aufeinander, wie das beim kalten Labradorstrom und dem warmen Golfstrom der Fall ist, so bilden sich über dem Wasserspiegel dichte Nebelwolken. Nebel und Eisberge sind besonders für die Schiffahrt gefährlich.

Wenn auch die großen Strömungen der Meere vornehmlich durch die Bewegung der Erde entstehen, so wirken dennoch auch andere Kräfte mit: die Winde. Ihre Entstehung hängt zwar ebenfalls mit der Erdbewegung zusammen, doch sie sind es, die feuchte Meeresluft landeinwärts schieben, so daß es auch über den Landgebieten der Erde regnen kann.

Auch Temperatur und Wasserdichte spielen bei der Bewegung des Wassers eine Rolle: Warmes Wasser steigt auf, kaltes ist schwerer und sinkt ab. Je größer der Salzgehalt der Meere ist, desto schwerer ist das Wasser.

Wellen entstehen meistens durch den Wind. Eine leichte Brise verursacht ein Auf- und Abschwingen der Wasseroberfläche. Verstärkt sich der Wind, so bilden sich Wellen. Die Wellenhöhe hängt also von der Windgeschwindigkeit ab. Wellen gibt es so lange, wie die Luft in Bewegung ist. Doch auch nach eingetretener Windstille ist die Wasserbewegung nicht zu Ende. Noch viele Tage und über Tausende von Kilometern hinweg hält sie an, bis sie endlich als sanfte Dünung endet. Im allgemeinen sind Wellen zwischen einem und dreieinhalb Meter hoch, Sturmwellen zwischen sieben und neun Meter. Von haushohen Wellen spricht man bei Wogen. Die größten, die je beobachtet wurden, erreichten eine Höhe von 15 bis 18 Meter. Wind, Erddrehung und Dichte halten die Wassermassen der Erde in immerwährender Bewegung.

Auch das Leben auf der Erde entwickelte sich im Meer und aus dem Meer. Als der Dauerregen der Urwelt zu Ende war und die ersten Sonnenstrahlen durch die Wolken auf die Erde fielen, war die Möglichkeit für die Entwicklung von Leben geschaffen. Unzählig sind die wissenschaftlichen Beweise dafür, daß das Meer die Urheimat allen Lebens ist. Selbst im Körper des Menschen pulsiert dafür ein untrügliches Beweismittel: sein Blut. Man hat nämlich herausgefunden, daß die Zusammensetzung unseres Bluts der des Meerwassers ähnelt. In den einzelnen Tiefenregionen der Meere haben sich die Lebensräume für eine

Meer

unermeßliche Zahl von Lebewesen gebildet. Im Flachmeer entfaltet sich die größte Pracht. Da gibt es Muscheln, Seesterne, Seerosen, Krebse und Korallen. Tangpflanzen bilden riesige Meereswälder, in denen Schwärme von Fischen hausen.

Die großen Fische, z. B. Thunfische, Haie, Rochen und Heringe, sowie die Säugetiere im Meer, wie Delphin und Wal, leben in der Hochsee. Die Riesenkraken kommen manchmal aus der Tiefsee in höhere Regionen. Im ewigen Dunkel der Tiefsee haben sich die dort lebenden Tiere mit Leuchtsignalen ausgerüstet.

Seit Tausenden von Jahren versuchen die Menschen, in die weite, unberührte Wunderwelt unter Wasser vorzudringen. Unter dem Stichwort »Tauchen« werden die ersten Tauchversuche des Altertums und die wissenschaftlichen Tauchexpeditionen unserer Zeit beschrieben. Wir haben bis heute nicht mehr als 5% der Meere wirklich erforscht. Wie viele Geheimnisse warten noch in der Tiefe?

Der Mensch braucht die Erforschung der Tiefsee nicht voranzutreiben, denn dicht unter dem Wasserspiegel gibt es noch viele Rätsel zu lösen. Eines weiß man heute schon: Das Meer wird einmal der große Nahrungslieferant der bis dahin stark angewachsenen Menschheit sein. Von diesem Gesichtspunkt aus betrachtet, ist die Erforschung der Welt unter Wasser für alle Menschen notwendig. Deshalb ist auch die Reinhaltung des Meeres eines der größten Weltprobleme: Müll, Abfälle, Abwässer und Öl, die ins Meer gelangen, vernichten auch hier unsere Umwelt, stören das biologische Gleichgewicht. Schon jetzt sterben in diesem Lebensraum Tier- und Pflanzenarten aus, weil der Mensch unüberlegt in das Gefüge der Natur eingreift. Wir Menschen jedoch werden bald darauf angewiesen sein, Trinkwasser aus dem Meer zu gewinnen. Nur das Meer mit seinen gewaltigen Vorräten wird den großen Bedarf an Eiweiß für die menschliche Ernährung decken können. Deshalb hat für uns alle das Meer eine große wirtschaftliche Bedeutung, die über das bisher genutzte Maß weit hinausgehen wird.

• • •

Meerdrache heißt ein bis zu 300 kg schwerer Fisch, der zu den Rochen gehört. Er hat einen flachen Körper mit breiten Brustflossen. Der peitschenförmige Schwanz endet in einem Stachel, mit dem der Fisch seinen Angreifern gefährliche Wunden beibringt.

Meerenge nennt man eine Meeresstraße zwischen Inseln und Festland. Der Ärmelkanal, der Großbritannien vom europäischen Festland trennt, ist eine Meerenge.

Meereskunde wird wissenschaftlich Ozeanographie genannt. Sie ist ein Teilgebiet der Geophysik, man versteht darunter die Wissenschaft vom Meer. Diese untersucht alle physikalischen, chemischen und biologischen Bedingungen, die im Meer gegeben sind, ebenso auch ihre Auswirkungen z. B. auf die Fischerei und Schiffahrt. Auch die Erforschung des Meeresbodens, der Wassertemperaturen sowie des Salzgehalts der Meere gehört dazu. Die Meeresbiologie untersucht den Stoffhaushalt des Meeres, die im Meer lebenden Pflanzen und Tiere; die dynamische Meereskunde befaßt sich mit den Gezeiten, den Strömungen und Wellen sowie den Austauschvorgängen zwischen Ozean und Atmosphäre.

Meeresströmungen entstehen im offenen Ozean durch immer gleichmäßig wehende Winde (Passate und Monsune). Durch die Erdumdrehung werden die Strömungen von der Windrichtung abgelenkt. Wenn sie ihren Ursprung in der Äquatorialgegend haben, sind sie warm (Golfstrom). Stammen sie aus den Polarregionen, so sind sie kalt (Labradorstrom). Meeresströmungen haben erheblichen Einfluß auf das Klima. Auch durch Unterschiede der Temperatur, des Salzgehalts und der Dichte des Wassers können sich Meeresströmungen bilden. In neuester Zeit wurden auch Tiefseeströmungen festgestellt und untersucht.

Meerkatze heißt eine Affengattung mit sehr vielen Arten, die besonders im tropischen Afrika heimisch sind. Die Tiere haben weite Backentaschen, Gesäßschwielen, lange Schwänze und meistens eine gelbgrüne Färbung. Sie leben auf Bäumen. Zu den Meerkatzen gehören die Grüne Meerkatze, die Blaumaul-Meerkatze und viele andere.

Meerrettich ist eine Kreuzblütlerstaude mit glänzenden Blättern und weißen Blüten. Man reibt die fleischigen weißen Wurzeln und ißt sie als scharf schmeckende Beigabe zu gekochtem Ochsenfleisch. Die Wurzeln enthalten das scharfe Meerrettichöl. In Bayern, Österreich und Ostdeutschland heißt der Meerrettich Kren.

Meersburg, eine am Nordufer des Bodensees in Baden-Württemberg gelegene Stadt mit 4500 Einwohnern, hat ihr malerisches, mittelalterliches Stadtbild bewahrt. Von 1526 bis 1803 hatten die Bischöfe von Konstanz ihren Sitz in Meersburg. Im alten Schloß und im »Fürstenhäusle« lebte 1841 bis 1848 die Dichterin Annette von Droste-Hülshoff.

Meerschaum, auch Sepiolith genannt, ist ein leichtes weiches Mineral. Es besteht aus wasserhaltigem Magnesiumsilikat, das in weißen, gelblichen, rötlichen und grauen Farbnuancen vorkommt. Der Meerschaum wird hauptsächlich in Kleinasien gefunden und zu Pfeifenköpfen sowie Zigarren- und Zigarettenspitzen verarbeitet.

Meerschweinchen sind in Südamerika beheimatete Nagetiere. Sie haben etwa die Größe von Ratten, sind schwanzlos und kurzbeinig. Die Inka hielten sie bereits als Haustiere, und auch heute noch sind sie bei Kindern als Haustiere beliebt. Das Gemeine Meerschweinchen ist weiß, gelb und schwarzgescheckt, Angora-Meerschweinchen haben ein langes, seidiges Fell, Strupp-Meerschweinchen

Meer

einen wirbeligen Pelz. Meerschweinchen dienen der medizinischen Forschung als Versuchstiere. Sie werden eigens zu diesem Zweck gezüchtet.

Meerschweinchen haben eine ausgesprochene Beißhemmung gegen alle Lebewesen, die nicht ihre Artgenossen sind. Auch Menschen beißen sie nie. Ihren Kollegen gegenüber aber setzen sie sich oft auch mit ihren Zähnen zur Wehr.

Meerspinne heißt eine im Mittelmeer lebende große Krabbenart.

Meeting ist ein Wort aus dem Englischen und bedeutet Treffen, Zusammenkunft oder auch Versammlung.

Mega- bedeutet als Vorsilbe groß (Megatherium = Riesenfaultier), vor einer Maßeinheit jedoch eine Million (1 Megavolt = 1 Million Volt). Das Wort kommt aus dem Griechischen.

Megalithgräber, Hünen- oder Großsteingräber sind aus riesigen, unbehauenen Steinblöcken errichtete Grabbauten aus der Jungsteinzeit. Vermutlich stammen die Megalithkulturen aus dem Mittelmeerraum und haben sich von dort bis nach Skandinavien ausgebreitet. Auch in Afrika, in Asien und in der Südsee gab es Megalithkulturen. Man unterscheidet verschiedene Grabformen: Dolmen, Ganggräber, Steinkisten, Kuppelgräber und lange, steingedeckte Gänge, die Galeriegräber.

Megalosaurus heißt ein Dinosaurier, dessen Überreste in den Jura- und Kreideschichten gefunden wurden.

Megatherium ist der Name eines eiszeitlichen Riesenfaultiers von der Größe eines Elefanten. Es war ein Säugetier, das in Südamerika lebte.

Mehl wird durch das Mahlen von Getreidekörnern gewonnen. Es dient hauptsächlich zur Herstellung des Grundnahrungsmittels Brot. Man unterscheidet je nach der Feinheit des Mehls Schrot-, Grieß- und Dunstmehle, aber auch nach dem Anteil von Mineralstoffen (Aschegehalt) in 100 g Trockensubstanz des Mehls die verschiedenen Mehltypen. Der Mehlkern des Korns enthält sehr viel weniger Mineralstoffe (Asche) als die Schale. Daher ist das Mehl um so heller, je geringer darin der Anteil von Schalen ist. Die Typennummer gibt einen Hinweis auf den Ascheanteil im Mehl. Das Bleichen des Mehls ist in der Bundesrepublik Deutschland gesetzlich verboten.

Im allgemeinen Sprachgebrauch wird jeder pulverförmig zerkleinerte Stoff als Mehl bezeichnet, z. B. Sägemehl.

Mehlspeisen sind Gebäck oder süße Speisen, zu deren Herstellung Mehl verwendet wird. Die österreichische und die böhmische Küche sind für ihre Mehlspeisen berühmt.

Mehltau heißt eine Pflanzenkrankheit, bei der Echte oder Falsche Mehltaupilze die Blätter mit einem feinen, mehlähnlichen Belag überziehen. Sie schädigen die befallenen Pflanzen dadurch, daß sie ihnen durch Saugorgane die Nahrung entziehen. Echter Mehltau befällt vor allem Getreide, Apfelbäume, Stachelbeersträucher und Weinstöcke. Den Falschen Mehltau erkennt man daran, daß die Blätter der befallenen Pflanzen abfallen und die Blüten sowie die Früchte faulen, ohne daß der typische weißliche Belag erscheint. Mehltau wird durch Spritzen mit schwefel- bzw. kupferhaltigen Mitteln bekämpft.

Mehlwurm nennt man die gelbe Larve des Mehlkäfers, die sich vorwiegend von Mehl und Kleie, aber auch von Aas ernährt. Mehlwürmer sind ein ausgezeichnetes Futter für manche Kleintiere, z. B. Singvögel und Schildkröten.

Mehrkampf ist eine Sportart, die aus mehreren Einzelkämpfen besteht und nach Punkten bewertet wird. Der olympische Fünfkampf besteht aus den Disziplinen 5000-Meter-Geländeritt, Degenfechten, Pistolenschießen, 300-Meter-Freistilschwimmen und 4000-Meter-Geländelauf. Neben dem Fünfkampf gibt es den Dreikampf, den Vierkampf, den Achtkampf, den Zehn- und den Zwölfkampf.

Mehrwertsteuer heißt ein Umsatzsteuersystem, bei dem auf allen Produktionsstufen nur der jeweilige Wertzuwachs versteuert wird. Im Zuge der Vereinheitlichung der Steuersysteme wurde die Mehrwertsteuer in allen EWG-Staaten eingeführt.

Mehrzahl oder Plural ist ein Begriff in der Sprachlehre. Man bildet die Mehrzahl von Haupt- und Fürwörtern sowie die Mehrzahl von den dazugehörigen Zeit- und Eigenschaftswörtern, wenn man von mehr als nur einem Gegenstand oder Lebewesen spricht.

Meile ist ein uneinheitliches Längenmaß, das heute nur noch in angelsächsischen Ländern und in der Schiffahrt gebräuchlich ist. Die englische Meile (London mile) hat 5000 Fuß, das sind 1524 m. Eine Seemeile (nautische Meile) entspricht 1852 m.

Meineid wird die wissentlich unwahre Aussage eines vom Gericht vereidigten Zeugen oder Sachverständigen genannt. Der Meineid wird mit Freiheitsstrafe geahndet. Ebenso strafbar ist die Verleitung anderer zum Meineid. Strafmildernde Umstände sind gegeben, wenn ein Zeuge durch Aussage der Wahrheit das Risiko eingınge, selbst gerichtlich verfolgt zu werden. Man spricht in diesem Fall von Eidesnotstand.

Meinungsfreiheit ist eines der Grundrechte jedes Menschen. Sie ist in der Bundesrepublik Deutschland im Grundgesetz verankert. Man versteht darunter das Recht auf Freiheit der Meinungsbildung und das der freien Meinungsäußerung. Im weiteren Sinne gehören dazu auch die Presse- und Lehrfreiheit. Das Recht der Meinungsfreiheit geht auf die Erklärung der Menschen- und Bürgerrechte zu Beginn der Französischen Revolution im Jahre 1789 zurück.

Meisen sind in Mitteleuropa heimische Singvögel. Kohlmeisen, Blau-, Sumpf- und Haubenmeisen gehören zur Familie der Echten Meisen. Zu den Meisen zählen auch die Schwanz-, Bart- und Beutelmeisen.

Meißel heißt ein vorn keilförmig zugeschärftes Werkzeug aus Stahl. Es

Meiß

dient zur Metall- und Steinbearbeitung. Flach- und Kreuzmeißel werden als Handwerkzeuge mit dem Hammer geschlagen, Dreh- und Hebelmeißel verwendet man als Maschinenwerkzeuge.

Meißen liegt an der Elbe und hat 45 000 Einwohner. Das Stadtbild ist durch zahlreiche mittelalterliche Bauwerke und Kunstdenkmäler geprägt. Sehenswert ist der Dom mit seiner gotischen Hallenkirche und die Albrechtsburg. Weltbekannt ist das Meißener Porzellan aus der 1710 gegründeten Manufaktur. Meißen ist eine wichtige Industriestadt der DDR.

Meister darf sich ein Handwerker nennen, der die Meisterprüfung als Abschluß der Gesamtausbildung (Lehrling – Geselle – Meister) abgelegt hat. Die Prüfung besteht aus einem theoretischen und einem praktischen Teil. Mit Meister bezeichnet man auch Maler und Bildhauer bedeutender Werke, deren Namen nicht überliefert sind. Zur näheren Kennzeichnung verbindet man die Bezeichnung Meister mit dem Namen des Schaffensortes des Künstlers, z. B. der Naumburger Meister, der die Stifterfiguren im Dom geschaffen hat.

Mekka ist eine Stadt in Saudi-Arabien mit etwa 185 000 Einwohnern. Sie ist nicht nur einer der größten Handelsplätze Arabiens, sondern als Geburtsort Mohammeds der religiöse Mittelpunkt der gesamten islamischen Welt. Bis zu 300 000 Pilger wallfahrten jährlich nach Mekka zur heiligen Kaaba mit dem berühmten schwarzen Stein. Das Betreten der Stadt ist nur Mohammedanern gestattet.

Mekong heißt der größte Strom Hinterindiens. Er entspringt in den Bergen Osttibets und mündet nach 4500 km in das Südchinesische Meer.

Melancholie [melangkolíh] nannte der griechische Arzt Hippokrates (um 400 v. Chr.) eines der vier Grundtemperamente. Der Melancholiker neigt zu Grübeleien, ist ernst und in sich gekehrt. Melancholie nennt man auch eine Gemütskrankheit. Die Kranken leiden unter Schlaf- und Appetitlosigkeit, Angstzuständen, Traurigkeit und ständigem Grübeln. Diese seelische Erkrankung kann zum Selbstmord führen.

Melanchthon, Philipp, hieß eigentlich Schwarzerd. Er übersetzte seinen Namen ins Griechische wie viele bedeutende Leute seiner Zeit, die dem griechischen und lateinischen Kulturgut nahestanden und sich Humanisten nannten. Er lebte von 1497 bis 1560. Auch ihm ging es, wie Martin Luther, um die Erneuerung, die Reformation, der damaligen katholischen Kirche. Er war der engste Mitarbeiter Martin Luthers und wurde nach dessen Tod Oberhaupt des Protestantismus.

Melanesien heißen die Inselgruppen, die im Norden, Nordosten und Osten von Australien im westlichen Pazifik liegen. Dazu gehören Neuguinea, der Bismarck-Archipel, die Salomon- und Santa-Cruz-Inseln, die Neuen Hebriden, Neukaledonien und viele andere. Die Fidschiinseln bilden den Übergang zu Polynesien. Insgesamt haben die Inseln eine Fläche von etwa 1 Million qkm. Auf ihnen leben 3,5 Millionen Melanesier und malaisch-papuanische Mischlinge. In Melanesien herrscht tropisch-feuchtes Klima. Deshalb sind die Inseln überwiegend mit Regenwäldern bedeckt.

Melbourne [méllbörn] ist mit 2,4 Millionen Einwohnern die Hauptstadt des australischen Gliedstaats Victoria, einer der wichtigsten Häfen Australiens sowie eine bedeutende Universitäts- und Industriestadt.

Melkmaschine nennt man eine elektrisch oder von Hand betriebene Saugpumpe zum Melken der Kühe. Über die Euterzitzen werden sehr dünnwandige Metallröhren mit luftdicht abschließenden Gummirohren (Melkbecher) geschoben. Diese stehen unter 0,5 at Unterdruck und saugen die Milch aus dem Euter ab. Melkmaschinen ermöglichen das gleichzeitige Melken mehrerer Kühe. Diese Melkart ist zudem hygienischer, da kein Schmutz in die Milch fallen kann.

Melodie wird eine einstimmige, in sich geschlossene, sing- oder spielbare Tonfolge genannt. Durch die steigende oder fallende Richtung der aufeinanderfolgenden Töne, durch die Höhenabstände der einzelnen Töne voneinander sowie durch die Rhythmik wird die Melodie gegliedert. Diese Kennzeichen bleiben auch erhalten, wenn die Melodie in eine andere Tonart transponiert wird.

Melonen sind mit den Kürbissen und Gurken verwandte, wohlschmeckende Früchte. Sie haben verschiedene Formen und wuchsen ursprünglich in Südwestasien. Heute werden Melonen in allen warmen Gegenden auf sandigem Boden gezogen. Zu den Honigmelonen gehören die gerippte Kantalupe sowie die Netzmelone. Die viel größere, glatte grüne Wassermelone hat meist rotes Fleisch, das außerordentlich wasserhaltig ist. Sie wird in Südeuropa und Nordafrika angebaut. Geröstet sind die Kerne der Wassermelone ein Nahrungsmittel, gepreßt liefern sie Speiseöl für die Bewohner Nordafrikas.

Melone heißt auch ein steifer Hut, der früher von den eleganten Herren getragen wurde.

Membran (Membrane) nennt man ein sehr dünnes, elastisches, an den Rändern eingespanntes Blättchen aus Metall, Papier oder anderem Material. Die Membran dient der Übertragung von Schwingungen. Membranen braucht man z. B. in Lautsprechern, in Telefonhörern und in Druckmessern. Auch das aus einem Häutchen bestehende Trommelfell wird als Membran bezeichnet.

Memelgebiet heißt ein Gebiet der Litauischen Sozialistischen Sowjetrepublik, das nördlich des Flusses Memel liegt. Es gehörte früher abwechselnd zu Ostpreußen und Litauen.

Memoiren [memoahren] sind schriftlich niedergelegte Lebenserinnerungen eines Menschen. Sie sind zeitgeschichtlich interessant, wenn der Verfasser unmittelbar an historischen Geschehnissen mitgewirkt oder sie als Augenzeuge erlebt hat. Oft geben Memoiren Aufschluß über die politische Entwicklung und das kulturelle Leben einer Epoche.

Mendel, Gregor Johann, lebte von 1822 bis 1884. Er war Prior des Augustinerklosters in Brünn. Dort lehrte er in der angeschlossenen Schule Naturgeschichte und Physik. Im Garten des Klosters züchtete er Bohnen und Erbsen, die er immer wieder kreuzte. So entdeckte er die nach ihm benannten grundlegenden Vererbungsregeln, die Mendelschen Gesetze. Seine Entdeckungen blieben lange Zeit unbeachtet. Erst um 1900 wurden sie von anderen Wissenschaftlern als bedeutend nicht nur für Pflanzen, sondern auch für Mensch und Tier erkannt. (Siehe auch Stichwort »Vererbung«)

Mendelssohn-Bartholdy, Felix, ein bekannter deutscher Komponist der Romantik, lebte von 1809 bis 1847. Er schrieb u. a. die Musik zu Shakespeares ›Sommernachtstraum‹.

Menge, ein Begriff aus der Mathematik, bezeichnet eine Zusammenfassung von bestimmten Dingen oder Begriffen. Diese einzelnen Teile, aus denen die Menge besteht, nennt man Elemente der Menge. Mengen kann man durch Aufzählen ihrer Elemente angeben oder durch Angabe der die Menge bestimmenden Bedingungen. Georg Cantor (1845 bis 1918) begründete die Mengenlehre, die die Mathematik nachhaltig beeinflußte. Man spricht auch z. B. von einer Menschenmenge, einer großen Zahl von Menschen.

Meningitis ist der medizinische Fachausdruck für Gehirnhautentzündung.

Meniskus heißen zwei sichelförmige Knorpelscheiben im Kniegelenk. Der Meniskusriß wird meist durch Sportverletzungen verursacht.
In der Physik bedeutet Meniskus die durch die Oberflächenspannung konvex oder konkav gekrümmte Oberfläche von Flüssigkeiten in engen Röhren.
In der Photographie verwendet man eine Linse mit zwei nach derselben Seite gekrümmten Linsenflächen. Diese wird Meniskus genannt. Sie ermöglicht die Aufnahme von Bildern mit weichen, ineinanderfließenden Konturen.

Mensa heißt auf lateinisch Tisch. Man nannte später auch den Altartisch so. Auch der Speisesaal für Studenten heißt Mensa.

Menschen

»Woher kommen wir? Wer sind wir? Wohin gehen wir?« Diese Worte hat der berühmte französische Maler Paul Gauguin auf sein letztes Gemälde geschrieben. Seit Tausenden von Jahren stellt sich die Menschheit immer wieder die Fragen nach ihrer Vergangenheit, ihrem Wesen und ihrer Zukunft. In allen großen Kulturen versuchten Philosophen, den

Ursprung und den Sinn des Lebens zu deuten. Die drei offenen Fragen führten zur Entstehung der Religionen, denn im Glauben versuchten die Menschen, den Sinn ihrer Existenz zu verstehen. Sie entwickelten dabei einen Hochmut, der den Menschen als »Krone der Schöpfung« verstand und ihn alle Rechte für sich in Anspruch nehmen ließ. Deshalb mußten den Menschen neuere Erkenntnisse der Wissenschaft schwer treffen.

Der Naturforscher Charles Darwin stellte im Jahre 1859 eine Theorie auf: Affe und Mensch hatten, seinen Entdeckungen entsprechend, die gleichen Vorfahren. In seinen berühmten Schriften ›Die Entstehung der Arten‹ und ›Die Abstammung des Menschen‹ erläuterte er seine Beobachtungen, nach denen alle Lebewesen dieser Erde einschließlich des Menschen gemeinsame Vorfahren haben, die sich in Jahrmillionen schrittweise entwickelten und veränderten. Dieser Gedanke brachte im vergangenen Jahrhundert althergebrachte Vorstellungen von der Schöpfung der Welt ins Wanken. Ein heftiger Meinungsstreit zwischen Wissenschaftlern, der Kirche und der öffentlichen Meinung entbrannte. Am meisten empörte die Zeitgenossen, daß Darwin in seiner Abstammungstheorie die Menschen mit den Tieren gleichsetzte. Daß Affe und Mensch die gleichen Vorfahren haben sollten, wollten viele einfach nicht wahrhaben.

Gorilla, Orang-Utan und Schimpanse sind unsere nächsten Verwandten. Sie stammen genauso wie wir von einer Urform ab, die sich irgendwann einmal vom Affenstamm gespalten hat. Die Menschenaffen und die Wesen, die einmal Menschen werden sollten, haben sich dann nach verschiedenen Richtungen hin weiterentwickelt.

Die Beweise für Darwins Lehre erbrachte die Wissenschaft von den Fossilien, den versteinerten Tier- und Pflanzenformen, die sich im Laufe der Erdgeschichte gebildet hatten.

Nur wenige Fossilien sind bisher von der gemeinsamen Stammform Affe/Mensch gefunden worden. Deshalb können wir nicht mit Sicherheit sagen, zu welchem Zeitpunkt diese Abspaltung geschah. Fest steht jedoch, daß das menschenähnliche Wesen, das Zwischenglied zum heutigen Menschen, das etwa vor ein bis zwei Millionen Jahren lebte, sowohl äffische als auch schon menschliche Züge trug. Der Mensch entwickelte sich aus den Herrentieren, den Primaten, im besonderen aus den Altweltaffen. So beschreibt der Zoologe die Entwicklung des Menschen. Aus Fossilienfunden konnte rekonstruiert werden, daß die ältesten Hominiden, die Vormenschen, vor ein bis zwei Millionen Jahren hauptsächlich im afrikanischen Raum lebten. Deshalb glauben die Wissenschaftler, daß sich die Vormenschen von Afrika aus über die Erdteile der Alten Welt (Europa, Asien und Afrika) verbreitet haben. So kam es auf dem Weg der Entwicklung zum heutigen Menschen nicht immer nur zu Zwi-

Mens

schengliedern, sondern auch zu menschlichen Nebenlinien, die später ausstarben. Unklar ist man sich auch noch darüber, zu welchem Zeitpunkt die einzelnen Menschenrassen, die heute in den verschiedenen Erdteilen leben, entstanden sind. Zoologisch wird der Mensch in vier Großrassen und in eine große Anzahl von Einzelrassen unterteilt. Diese werden unter dem Stichwort »Rassen« ausführlich beschrieben.

Man könnte glauben, daß die Entwicklung des Gehirns den affenartigen Vormenschen zum Menschen werden ließ. Denn das Gehirn ist es ja letztlich, das dem Menschen die Möglichkeit zum Denken gibt. Zum Zeitpunkt der Menschwerdung war das Gehirn jedoch noch unbedeutend entwickelt. Es war vielmehr der aufrechte Gang, der am Anfang der Entwicklung zum Menschen stand. Irgendwann einmal war es für einen unserer Vorahnen im Kampf ums Dasein notwendig geworden, sich vom Erdboden zu erheben. Über viele Zwischenformen festigte sich diese aufrechte Haltung. Mit dem Aufrecht-Gehen-Können wurden zwei ihrer Gliedmaßen frei, da diese zur Fortbewegung nicht mehr ge-

Prokonsul
(vor 20 Millionen Jahren)

Er ist von zahlreichen, fast vollständigen Skeletten her bekannt. Im Tier-Mensch-Übergangsfeld nimmt er wohl die entscheidende Stelle ein.

Ramapithecus
(vor 10 Millionen Jahren)

Wahrscheinlich ist er der älteste menschliche Vorfahr. Man hat von ihm zwar nur einige Zähne und Kieferbruchstücke gefunden, aber der Gaumen weist bereits menschliche Form auf.

Australopithecus
(vor 2 Millionen bis 60 000 Jahren)

Mit Sicherheit ist er ein menschlicher Ahn. Dieser Urmensch ging bereits aufrecht und lebte auf dem Erdboden. Beim späten Australopithecus wurde schon primitives Werkzeug gefunden.

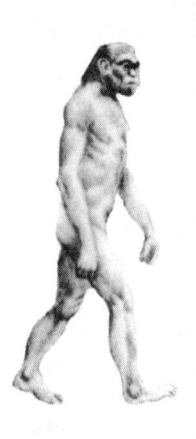

Homo erectus
(vor 1,5 Millionen Jahren)

Dieser erste wirkliche Mensch besaß bereits moderne Gliedmaßen, jedoch hatte er noch ein sehr primitives Gehirn. Er kannte den Gebrauch des Feuers und lebte in festen Gemeinschaften.

braucht wurden. So entwickelten sich die Hände zu den ersten Werkzeugen des Menschen. Er lernte, sie sinnvoll einzusetzen, und schulte damit das Gehirn. Je geschickter die Hände des Menschen wurden, desto mehr entwickelte sich auch das Gehirn. Erst die hohe Entwicklung des Vorderhirns gab dem Menschen die Möglichkeit zur geistigen Leistungsfähigkeit.

Auf Grund der Fähigkeit, zu lernen und Erkenntnisse zu verarbeiten sowie auszuwerten, konnte sich der Mensch von seiner bisher von der Natur vorgegebenen Umwelt lösen. Er baute sich seine eigene Welt. Der Mensch war zu einem Kulturwesen geworden, er lernte, seine Instinkte und vor allem seine Triebe zu kontrollieren. Auch diese Kontrollmöglichkeit erhob ihn über die Tiere und machte das weitere Fortschreiten der Menschheit überhaupt erst möglich. Der Mensch setzte sich damit weitgehend über die vorhandenen Naturgesetze hinweg, vor allem über die einer natürlichen Auslese, der alle anderen existierenden Lebewesen unterliegen. So wie die Haustiere sich durch Domestikation von den Wildtieren über die verschiedensten

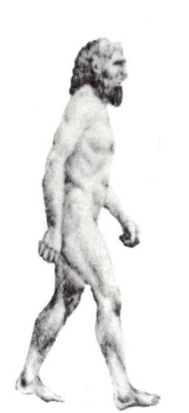

Früher Homo sapiens
(vor 250 000 Jahren)
Das Gebiß des frühen »weisen Menschen« ist primitiv, doch sein Gesicht und sein Hinterkopf muten modern an. Sein Gehirnvolumen entspricht bereits unseren heutigen Ausmaßen.

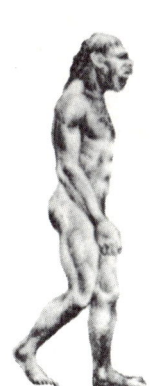

Neandertaler
(vor 150 000 bis 30 000 Jahren)
Er lebte an den Küsten des Mittelmeers und in einigen Gebieten West- und Mitteleuropas. Sein Gehirnvolumen war in manchen Fällen größer als das der modernen Menschen.

Cro-Magnon-Mensch
(vor 30 000 bis 10 000 Jahren)
Diesen Eiszeitmenschen trennt nur eine Kulturstufe vom modernen Menschen. An seinen Kunstgegenständen erkennt man sein Niveau.

Moderner Mensch
(vor 10 000 Jahren bis heute)
Seit vielen tausend Jahren ist er äußerlich gleichgeblieben. Doch der moderne Mensch hat in dieser Zeit viel dazugelernt. Ein weiter Weg von Ackerbau und Viehzucht zu unserer heutigen Lebensform.

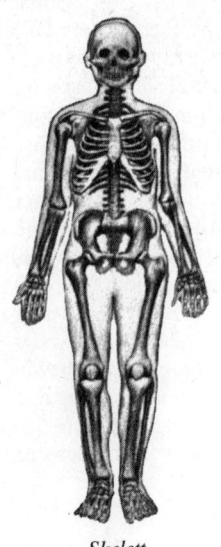

Mens

Skelett 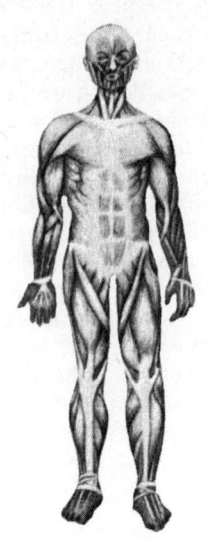   *Muskulatur des Körpers* 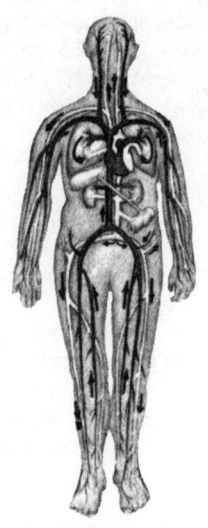   *Blutkreislauf des Menschen*

Zwischenformen herausbildeten, entwickelte sich der Mensch in Selbstdomestikation vom Urmenschen zum Kulturmenschen. Wenn das Verhalten der Tiere ausschließlich vom Instinkt gelenkt wird, so wird es beim Menschen nur teilweise davon beeinflußt. Die erstaunliche Anpassungsfähigkeit des Menschen, sein kulturelles Erbe und seine geistige Haltung haben dieses Instinktverhalten größtenteils verdrängt. Unsere Verhaltensvorschriften beziehen wir hauptsächlich traditionsgebunden von der Familie und der menschlichen Gemeinschaft. Sie werden von Mitmensch zu Mitmensch und von Generation zu Generation weitergegeben. Selbst aus sozialen Erfordernissen entstandene Sitten sind imstande, biologisch grundlegende Verhaltensweisen, z.B. den Fortpflanzungstrieb, entscheidend zu verändern. Dennoch kann man durch Beobachtungen des Verhaltens von Tieren auch erfahren, wie der Mensch reagiert. Uralte menschliche Verhaltensweisen haben sich in uns erhalten, obwohl diese eigentlich im heutigen Leben nicht mehr gebraucht werden. Unter dem Begriff »Vergleichende Verhaltensforschung« sind diese Erkenntnisse behandelt.

Die einzelnen Entwicklungsphasen des menschlichen Lebens, wie Kindheit, Jugend und Alter, sowie die menschlichen Verhaltensweisen im Zusammenleben der Gemeinschaften werden in dem Stichwort »Psychologie« dargestellt.

Eine bedeutende Errungenschaft,

Mens

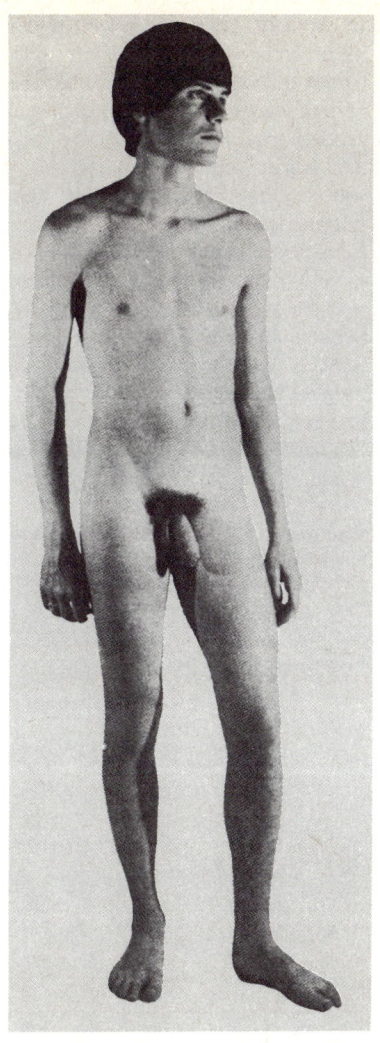

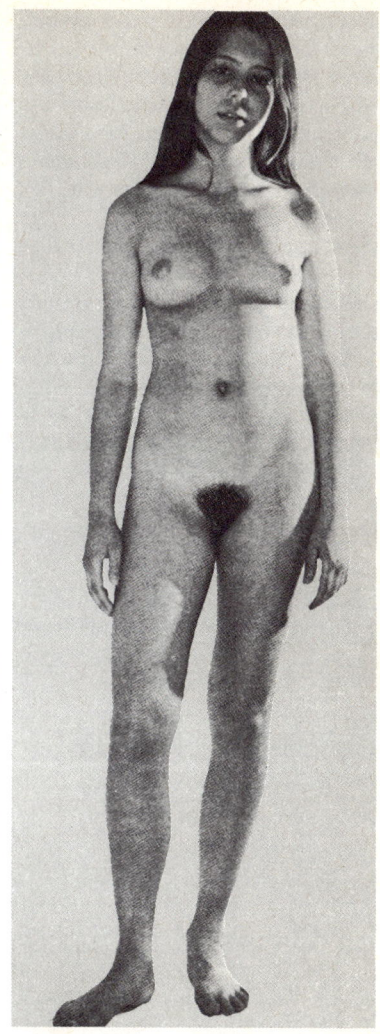

Mann und Frau unterscheiden sich im Körperbau. Die Frau ist im allgemeinen kleiner und schmaler. Nur ihr Becken ist breiter angelegt. Darin ist der Platz für die Entwicklung eines neuen Menschen. Die weiblichen Formen wirken durch das Fettgewebe des Körpers weich und abgerundet. Der Körper des Mannes ist straffer. Durch den Knochenbau und die Muskeln wirkt er kantig. Im Laufe des Wachstums verändern sich die Proportionen unseres Körpers.

Mens

über die kein anderes Lebewesen dieser Erde verfügt, ist die menschliche Sprache. Sie ist kein Erbe, das uns automatisch zufällt, wie die Laute der Tiere, sondern eine Lernsprache. In dieser Symbolsprache spiegeln sich sämtliche Bereiche der menschlichen Erfahrung. Die »Sprache« ist ausführlich unter diesem Stichwort beschrieben.

Die Jahrmillionen dauernde Geburt des Menschen ist wohl das aufregendste Kapitel in der Entwicklungsgeschichte unserer Erde. Vergleicht man die Entstehung der Erde mit dem Ablauf der Stunde zwischen 11 und 12 Uhr, dann wurde der Mensch erst eine Minute vor 12 Uhr geboren. In dieser einen Minute hat er sich von einem Wesen, das den großen und kleinen Katastrophen der Natur schutzlos preisgegeben war, zu einem geistig hochstehenden Lebewesen entwickelt, das die ganze Erde bevölkert hat und sie nach seinem Willen verändert. Er macht Wüsten fruchtbar, holt verborgene Schätze aus dem Erdinnern und erforscht das Meer, um es für sich nutzbar zu machen. Eine kurze Zeit hat genügt, den Menschen an die Grenzen seines Heimatplaneten

Die Bevölkerung der Erde

Wachstum

Jahrzehnt	Erde insgesamt in Millionen	Industrieländer in Millionen	Entwicklungsländer in Millionen
1920	1862	675	1187
1930	2070	759	1311
1940	2295	821	1474
1950	2516	858	1658
1960	2990	976	2014
1970	3574	1083	2491
1980	4269	1195	3074
1990	5068	1318	3750
2000	5965	1441	4524

Zu den Industriegebieten gehören Europa, Nordamerika, Japan, die UdSSR, die gemäßigte Zone Südamerikas, Australien und Neuseeland. Zu den Entwicklungsgebieten zählen Ostasien (ohne Japan), Südasien, Afrika, Lateinamerika (ohne die gemäßigte Zone im Süden), Melanesien, Polynesien sowie Mikronesien.

In der Bundesrepublik Deutschland leben heute 62,1 Millionen Menschen. Seit dem Jahre 1950 sind zur damaligen Anzahl rund zwölf Millionen hinzugekommen. Die Zunahme dieser Bevölkerungszahl ist größer als die Gesamtzahl der Einwohner Bayerns.

Verteilung und Dichte

	Anteil an der Erdoberfläche in %	Einwohner pro qkm		
		1960	1980	2000
Europa (ohne Sowjetunion)	3,6	87	99	108
Sowjetunion	16,6	10	12	16
Ostasien	8,7	68	89	110
Südasien	11,3	56	89	133
Afrika	22,4	9	15	25
Nordamerika	15,9	9	12	16
Lateinamerika	15,2	10	18	30
Australien und Ozeanien	6,3	2	3	4
Erde insgesamt	100,0	22	32	44

Die Zahlen für die Jahre 1980, 1990 und 2000 sind natürlich Schätzungen.

Erde zu führen – und darüber hinaus: Heute fliegt er zum Mond. Und morgen?

Wie die Entwicklung des Menschen weitergehen wird, hängt zum größten Teil wohl von uns selbst ab. Drei entscheidende Fragen sind damit verbunden: Werden wir den Bevölkerungszuwachs noch rechtzeitig stoppen können, werden wir es lernen, friedlich miteinander zu leben und werden wir noch rechtzeitig lernen, die Erde nicht sinnlos auszubeuten, sondern zur Erhaltung der Menschen zu schützen? Hier muß der Mensch noch sehr umlernen, glaubte er doch in seiner Vermessenheit, in die Natur eingreifen zu können, wo und wann er wollte, und merkte nicht, daß er von ihren Schätzen nach wie vor abhängig ist.

Der Mensch hat in seiner Entwicklung vieles durch Überlegung, durch gedankliche Entscheidung vollbracht. Warum sollte er, wenn er das Problem erkannt hat, an den Grundfragen des Überlebens scheitern?

Menschenaffen
Unsere nächsten Verwandten

Sie heißen nicht etwa deshalb Menschenaffen, weil sie aufrecht gehen können und in ihrer Gestalt uns Menschen ähnlich sind. Vielmehr ist es die hohe Intelligenz, die sie in die Nähe des Menschen rückt. Die Menschen und die heute lebenden Menschenaffen haben die gleichen äffischen Urahnen, die vor Jahrmillionen lebten. Diese Tatsache ist heute wissenschaftlich einwandfrei erwiesen. Mensch und Menschenaffe entwickelten sich in auseinandergehende Richtungen weiter. Die Beobachtungen, die wir an Menschenaffen machen können, geben uns auch Auskunft über unsere eigene menschliche Entwicklung. Einige Zeit glaubten Wissenschaftler, der Mensch sei mit den langarmigen Gibbons am nächsten verwandt. Das ist jedoch nicht der Fall. Die Gibbons zählen in der Zoologie zu einer eigenen Familie, die allerdings der der Menschenaffen nahesteht.

Die Menschenaffen leben heute in den tropischen Urwäldern Afrikas (Gorilla und Schimpanse) sowie in den Dschungeln der asiatischen Inseln Sumatra und Borneo (Orang-Utan). Sie sind fast alle für ein Leben auf den Bäumen ausgerüstet. Mit ihren langen Armen hangeln sie sich geschickt durch die Äste. Wenn sich die Menschenaffen auf dem Boden fortbewegen, geschieht das zumeist auf allen vieren. Für kürzere Zeit können sie jedoch auch aufrecht umhergehen. Ihre kurzen Beine enden in Greiffüßen. Übrigens hatte auch der Mensch ursprünglich einen Stemm- und Greiffuß. Unser Fuß hat sich erst mit dem zweibeinigen Aufrechtgehen zum Standfuß umgewandelt.

Der Körperbau des Menschen ist

dem der Menschenaffen sehr ähnlich, ebenso die Funktion der einzelnen inneren Organe. Auch die Zusammensetzung des Bluts, den Chromosomenbestand und viele Verhaltensweisen haben Mensch und Menschenaffe gemeinsam. Wie der einzelne Mensch ist auch jeder Menschenaffe seinen Artgenossen gegenüber verschieden in seiner Charaktereigenschaft und in seinen Fähigkeiten. Die Menschenaffen verfügen über eine Vorstufe von Sprache. Mit ihren ererbten Lauten und mit ihrer Mimik verstehen sie es, ihre Gefühle auszudrücken und sich ihren Mitaffen verständlich zu machen.

Im Körperbau ist der Gorilla der menschenähnlichste Menschenaffe. Früher wurde er von Afrikareisenden als mordgieriges Ungeheuer geschildert, das besonders gern weiße Menschenfrauen geraubt haben soll. Als die alten Karthager nach Westafrika kamen und in den Urwäldern erstmals die Gorillas sahen, wußten sie nicht, ob sie es mit behaarten Menschen oder mit Tieren zu tun hatten.

Bis 1,75 m werden die Gorillas groß. Ihr Fell ist sehr dunkel. Nur alle vier Jahre bringt ein Gorillaweibchen ein Junges zur Welt. Die Hälfte der Neugeborenen überlebt das Kindesalter nicht. In den letzten Urwaldgebieten Afrikas leben zwei Gorillaunterarten: im Flachland der Flachlandgorilla, in den Berggebieten der Berggorilla. Durch die zunehmende Rodung der Urwälder wird auch der Gorilla stark bedrängt. Insgesamt soll es noch rund 20 000 freilebende Gorillas geben; aber auch dieser Bestand ist weiterhin gefährdet.

Die Gorillas streifen in kleineren Familientrupps umher. Wie alle Menschenaffen fressen sie hauptsächlich Früchte und Pflanzen. Die Nacht verbringen die Weibchen und Jungen oftmals hoch in den Bäumen in aus Blättern gebauten Schlafnestern. Die Männer ruhen unter diesen Bäumen auf dem Boden. Gorillas sind friedliche Menschenaffen, sie leben zurückgezogen und scheu. Sie setzen ihre gewaltige Körperkraft ohne Not nicht in Angriffslust um. In die Enge getrieben, wehrt sich das Altmännchen als Verteidiger der Familie jedoch mit wütender Verbissenheit.

In den Urwäldern auf Sumatra und Borneo leben die Orang-Utans. Sie sehen dem Menschen am wenigsten ähnlich. Meist bewegen sie sich hoch in den Baumregionen und kommen

Der Phantasie von Autoren unwahrscheinlicher Urwaldgeschichten ist diese Darstellung entsprungen: Ein zähnefletschender Gorilla raubt ein Mädchen.

selten zum Boden herab. Die Orangs sind bedächtig und verschlafen gern einen Großteil des Tags. Nur morgens und wenn der Abend dämmert, werden sie unternehmungslustig. Der »Waldmensch« – so heißt sein Name auf malaiisch – bringt auch gesangsähnliche Laute hervor. Er hat eine tiefe, brummige Stimme. Sein Fell ist rotbraun und dicht behaart. An den langen Zotteln kann der Regen gut ablaufen. Orang-Babys sind wie Menschenkinder. Sie brauchen ihre Mutter in ganz besonderem Maße. Die Orang-Mütter tun wie die Menschenmütter alles für ihr Kind: Sie waschen es zärtlich mit Regenwasser sauber, sie spielen mit ihm, und später lernt das Affenkind unter Anleitung seiner Mutter auch das Klettern. Besonders geschickte Fangmethoden haben den ohnehin geringen Beständen der Orang-Utans hart zugesetzt. Heute leben vielleicht nur noch insgesamt 2500 Tiere. Die Regierungen haben zwar den Nachstellungen durch Fang- und Ausfuhrverbote Einhalt geboten, doch viele Schmuggler rauben noch immer Affenbabys, die sie illegal über die Grenze bringen und an Privatzoos verkaufen. Deshalb haben auch die wissenschaftlichen Zoos der Welt beschlossen, keine Orang-Utans mehr zu erwerben, die nicht mit einer Genehmigung der Regierung des Einkaufslands versehen sind. Heute steht schon fest, daß die Zoos mit ihrem Tierbestand die Art nicht werden erhalten können. Orang-Geburten in Zoos sind selten. Es ist wahrscheinlich, daß die

Dieses Orang-Utan-Baby wurde im Stuttgarter Zoo geboren und von seiner Mutter nicht angenommen. Eine Säuglingsschwester zog es mit der Flasche und mit dem Windelhöschen genauso wie ein Menschenbaby auf.

Orang-Utans bereits in wenigen Jahrzehnten zu den ausgestorbenen Tierarten zählen werden.
Der bekannteste seiner Intelligenz nach und auch menschenähnlichste Menschenaffe ist der Schimpanse. Er ist, gemessen am Wuchs seiner Verwandten, verhältnismäßig klein. Im Vergleich zum Gorilla und Orang-Utan ist der Schimpanse noch am weitesten verbreitet. Er lebt in den afrikanischen Urwäldern, schläft in Baumnestern und baut sich, schlau wie er ist, meistens auch ein Regendach aus großen Blättern darüber. Sein Fell ist braun-schwarz. Wie bei allen Menschenaffen ist auch sein Gesicht unbehaart und er hat auch keinen Schwanz. Ein Schimpansen-

TEST MIT EINEM SCHIMPANSEN

Der im Zoo aufgewachsene Schimpanse soll eine Intelligenzprobe bestehen. Die Banane liegt vorm Käfig, er möchte sie gerne haben, aber seine Arme sind zu kurz.

Der Wärter hat einen Stock mit Widerhaken in seinen Käfig gelegt. Nach kurzem Suchen und Überlegen greift der Affe nach dem Stock und verlängert so seinen Arm.

Seine Artgenossen im Urwald brechen sich Zweige ab, wenn sie etwas mit dem Arm nicht erreichen können.

Die Anstrengung hat sich gelohnt. Die Banane schmeckt. Den Stock behält er in der Hand. Vielleicht kann er ihn noch mal brauchen.

gesicht hat sehr viele Ausdrucksmöglichkeiten. Das Tier kann »Gesichter schneiden« und damit seine augenblickliche Stimmung genau ausdrücken. Schimpansen können lächeln und lachen, sie drücken Angst, Freude, Trauer und Wut aus. Ein Schimpanse kann einen andern durch Gebärden auffordern, ihm beim Wegrücken eines Gegenstands zu helfen, wenn darunter Futter liegt. Das ist eine Verhaltensweise, die eine bewegliche Intelligenz voraussetzt. Wenn Schimpansenkinder Hunger haben, betteln sie mit der offenen, ausgestreckten Hand um Futter. Diese Haltung erinnert uns an die bettelnden Kinder in manchen südlichen Ländern.

Schimpansen sind zu echten Verstandesleistungen und zu einsichtigem Verhalten fähig. Sie sind nach dem Menschen die intelligentesten Lebewesen. Ein Experiment beweist das: In einem Schimpansenkäfig wurde ein großer Spiegel angebracht. Die Tiere sahen sich darin in voller Lebensgröße. Zunächst verhielten sich die Menschenaffen so wie andere Tiere auch. Sie dachten, ein Artgenosse blicke ihnen entgegen. Mit Geselligkeitslauten versuchten sie, diesen zu locken. Als dies nichts nutzte, versuchten sie es zur Abwechslung auch einmal mit Drohen. Nach einigen Tagen schon beobachteten die Forscher, daß die Tiere sich an Körperstellen putzten, die sie nur mit Hilfe des Spiegels sehen konnten. Mit sichtlicher Freude sahen sie ihr Spiegelbild, zeigten sich die Zähne und schnitten Grimassen. Sie hatten begriffen, daß sie selbst die Spiegelbilder verursachten. Das eigene Spiegelbild als solches zu erkennen, erfordert einen hohen Grad von Intelligenz.

Das Verhalten der Schimpansen verrät uns viel über unsere menschliche Entstehungsgeschichte und Entwicklung. Obwohl es noch viele Schimpansen gibt, ist auch ihre Existenz gefährdet. Die jährlichen Fangraten der Tiere, die für medizinische Zwecke gebraucht werden, sind viel zu hoch. Bei andauernden Nachstellungen liegt auch bei diesen Tieren die Ausrottungsgefahr nahe, denn es verschwinden mehr Tiere, als Nachwuchs großgezogen werden kann.

Da alle Menschenaffen stark bedroht sind, müßten sämtliche Staaten der Erde sich dazu entschließen, die Einfuhr dieser Tiere zu verbieten. Die wenigen letzten Schutzgebiete müßten außerdem einer strengeren Überwachung unterliegen. Wir Menschen sollten endlich etwas Entscheidendes tun, um die Menschenaffen am Leben zu erhalten.

• • •

Menschenfresser sind unter dem Stichwort »Kannibalen« beschrieben.

Menschenrechte nennt man die persönlichen, unantastbaren Rechte eines jeden einzelnen Menschen. In

Mens

den Verfassungen der einzelnen Staaten sind diese verankert, z. B. im Grundgesetz der Bundesrepublik Deutschland. Zum erstenmal wurden sie 1776 in der amerikanischen Unabhängigkeitserklärung und dann 1789 in der Französischen Revolution verkündet. In der 1948 von den Vereinten Nationen beschlossenen Internationalen Charta der Menschenrechte sind sie ebenfalls aufgezählt. Zu den Menschenrechten gehört u. a. das Recht jedes Menschen ohne Unterschied der Rasse, Sprache, Religion, Herkunft und des Geschlechts auf persönliche Freiheit und Sicherheit, auf Besitz, freie Meinungsäußerung sowie Religionsfreiheit. Die Erklärungen der Vereinten Nationen sind rechtlich noch nicht verbindlich. Seit 1959 besteht in Straßburg der Europäische Gerichtshof für Menschenrechte. Er kann von jedermann angerufen werden, dessen Rechte angetastet wurden.

Menstruation, Periode, Regel oder Unwohlsein wird die bei einer geschlechtsreifen Frau normalerweise alle 28 Tage auftretende Blutung aus der Gebärmutter genannt. Während dieses Vorgangs werden ein reifes, unbefruchtetes Ei und die für eine Schwangerschaft vorbereitete Gebärmutterschleimhaut abgestoßen. Die Blutung wird von den in den Eierstöcken gebildeten Geschlechtshormonen veranlaßt und dauert vier bis sechs Tage. Sie tritt gewöhnlich 14 Tage nach dem Eisprung (Follikelsprung) ein. Der Zeitpunkt der ersten Menstruation (Menarche) hängt unter anderem vom Klima und auch von der Rassenzugehörigkeit des Menschen ab. In den Wechseljahren der Frau, etwa zwischen dem 45. und 50. Lebensjahr, hört die Menstruation auf (Menopause).

Menthol ist ein höherer Alkohol, der Hauptbestandteil des Pfefferminzöls ist. Es wird aus Minze oder künstlich hergestellt. Menthol wirkt kühlend, entzündungshemmend, aber auch schmerzstillend und beruhigend.

Menzel, Adolf, war ein deutscher Maler, Zeichner und Illustrator. Er lebte von 1815 bis 1905. Besonders bekannt sind seine realistischen (naturgetreuen) Ölbilder und Holzschnitte zur Geschichte Friedrichs des Großen.

Meran (italienisch Merano) ist eine Südtiroler Stadt mit 33 000 Einwohnern. Sie liegt in der italienischen Provinz Bozen. Wegen des milden Klimas hat sie sich zu einem beliebten Kurort entwickelt.
Bis 1420 war Meran die Hauptstadt von Tirol.

Mercury [mörkjeri] benannten die USA eine Serie von Raumfahrzeugen für bemannte Flüge. Die erste Mercury-Kapsel wurde im Jahre 1961 mit Alan Shepard an Bord in eine Flugbahn gebracht. Dieser Flug dauerte nur 16 Minuten. Das Mercury-Programm wurde vom Gemini-Programm abgelöst.

Mergentheim, Bad, heißt eine Stadt im Taubertal in Baden-Württemberg. Sie hat 17 000 Einwohner und ist wegen ihrer drei an Glauber- und Bittersalz reichen Kochsalzquellen als Kurort bekannt. Zahlreiche Bauwerke aus dem 16. bis 18. Jahrhundert befinden sich in der Stadt.

Meridian ist in der Geographie (Erdkunde) die Bezeichnung für einen Längenkreis. Um jeden Punkt auf der Erde genau festlegen zu können, ist die Erdkugel mit einem gedachten Netz von Kreisen bedeckt. Die durch den Nord- und Südpol gehenden Kreise nennt man Meridiane. Diese Längenkreise stehen senkrecht zum Äquator, der die Erdkugel in die nördliche und südliche Halbkugel teilt. Parallel zum Äquator ist die Erdkugel ebenfalls mit einer Anzahl von Kreisen überzogen, die die Meridiane in einem Winkel von 90° schneiden. Diese Kreise nennt man Breitenkreise. Der Anfangsmeridian, von dem aus alle anderen Meridiane gezählt werden, läuft durch die englische Sternwarte Greenwich. Der Anfangsbreitenkreis, von dem aus alle Breitenkreise gezählt werden, ist der Äquator. Die Meridiane werden von Null° (Meridian von Greenwich) nach Ost und West bis 180° gezählt. Die Breitenkreise werden vom Äquator aus (Null° Breite) nach Nord und Süd bis 90° gezählt.

In der Astronomie bezeichnet man mit Meridian den größten Kreis am Himmel durch den Zenit und die Pole, vom Standort des Beobachters auf der Erde aus gesehen.

Merkur hieß der altrömische Götterbote, der die Kaufleute beschützte. Nach ihm ist der sonnennächste Planet Merkur benannt. Er umläuft die Sonne auf einer Ellipsenbahn im Abstand von 46 bis 70 Millionen km. Von der Erde ist er zwischen 79 und 219 Millionen km entfernt. Sein Äquatordurchmesser beträgt etwa 4870 km, seine Masse rund $1/19$ der Erdmasse. Auf der der Sonne zugewandten Seite herrschen Oberflächentemperaturen von über 400 Grad Celsius, auf der ihr abgekehrten Hälfte ist es kälter als -100 Grad. Der Merkur besitzt nur eine äußerst dünne Atmosphäre.

Merowinger nannte sich ein fränkisches Königsgeschlecht, das vom 5. bis zum 8. Jahrhundert bestand. Chlodwig I. (481–511) gründete das Großfränkische Reich und schuf ihm eine Vormachtstellung im Abendland. Im 8. Jahrhundert verloren sie ihre Vormacht an die Karolinger.

Meskalin, ein Rauschgift, kennen die Indianer schon seit Jahrhunderten unter dem Namen Peyote. Sie gewinnen es aus den in Texas und Mexiko wachsenden Peyotl-Kakteen, die ihnen als heilig gelten. Bei kultischen Veranstaltungen essen die Indianer getrocknete Scheiben des Peyotl-Kaktus. Im Meskalinrausch verlangsamt sich der Puls, die Pupillen erweitern sich, das Zeitgefühl schwindet, und es stellen sich starke farbige Halluzinationen ein. Meskalin kann auch synthetisch (künstlich) hergestellt werden.

Mesopotamien heißt das Land zwischen Euphrat und Tigris, das von Syrien bis zum Persischen Golf reicht. Im Altertum gehörte Mesopotamien zum assyrisch-babylonischen Reich. Es ist eine der ältesten Kulturlandschaften der Erde. Später eroberten es nacheinander die Par-

Mess

ther, Perser, Araber und Türken. 1921 wurde in Mesopotamien der arabische Staat Irak gegründet.

Messe wird der katholische Gottesdienst nach der Schlußformel »ite, missa est« genannt. Der wichtigste Teil der Messe ist die Verwandlung von Brot und Wein in Leib und Blut Christi als Erneuerung seines Kreuzesopfers. Die Messe ist nach festen Regeln in bestimmte Teile gegliedert. Katholiken sind verpflichtet, an Sonn- und Feiertagen die Messe zu besuchen. Man unterscheidet nach der Art der Zelebrierung Lesemesse, gesungene Messe, feierliches Hochamt und Pontifikalamt.

Messen heißen auch die Vertonungen der in jedem Gottesdienst wiederkehrenden Teile (Kyrie, Gloria, Credo, Sanctus, Agnus Dei) und der für jeden Sonn- und Feiertag des Kirchenjahrs wechselnden Teile einer Messe. Berühmt sind z. B. die Messe in h-Moll von Johann Sebastian Bach sowie die Missa solemnis von Beethoven.

Handelsmessen sind seit dem Mittelalter üblich. Meistens fanden sie im Anschluß an Kirchenfeste statt. Wie auf Märkten wurden auf ihnen Waren angeboten. Heute haben Messen große wirtschaftliche Bedeutung. Sie finden in regelmäßigen Zeitabständen statt und sollen einen Überblick über das Warenangebot vermitteln.

Messias bedeutet der Gesalbte. In der jüdischen Theologie ist der Messias der von Gott verheißene Erlöser, der das Messianische Reich heraufführen und die Verehrung des allein wahren Gottes auf Erden verwirklichen wird. Die Christen sehen die Weissagungen des Alten Testaments als durch Jesus Christus erfüllt an. Allerdings hat sich dieser Glaube völlig von den politischen Erwartungen gelöst, wie sie im jüdischen Glauben noch immer mit dem Erscheinen des Messias verknüpft sind.

Messina heißt eine italienische Provinz an der Nordostküste Siziliens. Die gleichnamige Hauptstadt hat 250 000 Einwohner. Sie liegt an der Straße von Messina, einer Meerenge zwischen dem italienischen Festland und Sizilien. Messina ist eine Hafenstadt, die von den Griechen im 8. Jahrhundert v. Chr. gegründet wurde. Im Laufe der Geschichte wurde sie von Arabern und Normannen erobert. Die Stadt wurde mehrmals von Erdbeben heimgesucht. Während des schrecklichsten Bebens im Jahre 1908 fanden von 120 000 Einwohnern 84 000 den Tod. Messina ist Erzbischofssitz und hat eine Universität.

Messing ist eine Metallegierung, die aus 50 bis 80 Prozent Kupfer und aus 50 bis 20 Prozent Zink besteht. Je nach Mischungsverhältnis hat Messing eine rote bis goldgelbe Farbe. Die Legierung ist von großer Festigkeit, leichter schmelzbar, dünnflüssiger und vor allem billiger als reines Kupfer. Sogenanntes Sondermessing enthält zusätzlich kleinere Mengen von Mangan, Eisen, Aluminium und Zinn, die es fester machen.

Metalle sind chemische Elemente, die außer Quecksilber alle fest sind. Sie glänzen, auch sind sie ausgezeichnete Wärme- und Elektrizitätsleiter. Mit steigender Temperatur nimmt die Leitfähigkeit ab. Die meisten Metalle sind gut verformbar. Sie mischen (legieren) sich mit anderen Metallen, jedoch nicht mit Nichtmetallen. Die Moleküle der Metalle bestehen nur aus einem Atom. Man unterscheidet Leichtmetalle (Aluminium), niedrigschmelzende Schwermetalle (Blei), hochschmelzende Schwermetalle (Eisen) sowie sehr hoch schmelzende Schwermetalle (Wolfram). Gold, Silber und Platin sind Edelmetalle.

Metamorphose kommt aus dem Griechischen und bedeutet Verwandlung. In der Mythologie ist es die Verwandlung von Menschen in Bäume oder Tiere. In der Zoologie spricht man von Metamorphose, wenn ein Tier sich vom Ei über Larven- und Puppenformen zum erwachsenen Tier entwickelt und die einzelnen Entwicklungsstufen sich in Lebensweise und Aussehen vom erwachsenen Tier unterscheiden. Bei einigen Insekten, z. B. den Schmetterlingen, folgt dem Larvenstadium noch die Verpuppung. Bei den Pflanzen bedeutet Metamorphose die Umbildung eines Pflanzenorgans im Laufe seiner Stammesentwicklung (Beispiel: Blätter, die zu Dornen wurden). Auch Steine können unter dem Einfluß extrem hoher Temperaturen und hohen Drucks in der Erdkruste eine Metamorphose durchmachen. Die auf diese Weise sich neu bildenden Gesteine werden Metamorphite oder metamorphe Gesteine genannt. Solche Gesteinsformen sind kristalline Gesteine, z. B. der Gneis.

Metastasen werden in der Medizin die Tochtergeschwülste einer Krebsgeschwulst genannt. Ebenso bezeichnet man durch Bakterien entstandene neue Eiterherde. Die Krankheitskeime gelangen über die Blutbahn oder das Lymphsystem in alle Körperregionen. Krebs bildet im fortgeschrittenen Stadium überall Metastasen.

Meteore kommen aus dem Weltraum. Sie dringen mit extrem hohen Geschwindigkeiten (zwischen 11 und 72 km je Sekunde) in die Erdatmosphäre ein. Dabei entsteht eine so starke Reibung mit der Luft, daß die Meteore zu glühen beginnen und als rasch fliegende Sternschnuppen oder langsam dahinziehende Feuerkugeln

Als Meteoriten kündigten viele Boulevardzeitungen diesen Planetoiden »Ikarus« an. Er hatte einen Durchmesser von zwei Kilometer, kreiste im Weltraum und kam der Erde im Sommer 1968 gefährlich nahe. Er war »nur noch« zwei Millionen Kilometer entfernt. Meteoriten haben einen Höchstdurchmesser von 100 Meter, darüber werden sie als Planetoiden bezeichnet.

Mete

am Nachthimmel zu beobachten sind. Sie verglühen dabei zumeist in einer Höhe von 30 bis 120 km. Manchmal fallen sie auch unter explosionsartigem Knall auf die Erde. Große Meteore verursachen riesige Krater, die mehr als 1 km Durchmesser haben können. Meteoriten, das sind Teile von Meteoren, liefern den Forschern wertvolles Untersuchungsmaterial, das Aufschluß über die Zusammensetzung anderer Sterne im Kosmos gibt. Mitunter enthalten sie sogar Spuren von Organismen, die auch auf der Erde existieren oder die uns unbekannt sind. Je nach der Zusammensetzung wird zwischen Eisenmeteoriten, Holosideriten, Steinmeteoriten und Übergangsformen unterschieden.

Meteorologie heißt die Wissenschaft vom Wetter, die Wetterkunde. Dazu gehört die Beobachtung aller physikalischen Vorgänge (Sonnenstrahlung, Wärme, Luftdruck, Luftfeuchtigkeit, Wind, Bewölkung und Niederschläge). Die synoptische (zusammenschauende) Meteorologie versucht, die Wetterentwicklung über große Gebiete hinweg zu über-

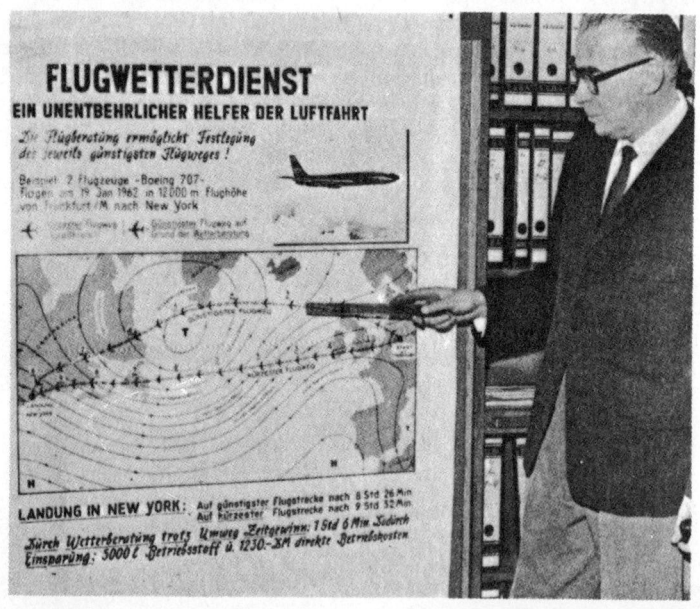

Meteorologen, die beim Flugwetterdienst, einem Zweig des allgemeinen Wetterdienstes, arbeiten, bekommen meistens halbstündlich aus aller Welt Nachrichten über die Wetterlage. Mit Hilfe dieser Meldungen werden Karten gezeichnet, nach denen jeder Flugzeugführer die für ihn rationellste und sicherste Route wählt. (Siehe auch Stichwort »Wetterkunde«)

schauen, die Klimatologie befaßt sich mit dem Klima in den verschiedenen Erdregionen. Besondere Untersuchungen führt die Flugmeteorologie für die Luftfahrt durch, die maritime Meteorologie für die Schiffahrt und die Agrarmeteorologie für die Landwirtschaft.

Methode nennt man ein planvolles Verfahren, mit dem ein Ziel erreicht werden soll. So gibt es ausgearbeitete Lehr- und Lernmethoden, mit denen bestimmte Aufgaben leichter bewältigt werden können. Die Lehre von den Methoden ist ein Teilgebiet der Wissenschaftslehre. Sie schreibt gewisse Regeln vor, die in der Forschung beachtet werden müssen. Methodologie ist die Lehre von den wissenschaftlichen Verfahren.

Methylalkohol (Methanol) ist in ätherischen Ölen und in der Form von Äther in vielen Pflanzenstoffen enthalten. Er wird als Lösungsmittel für Lacke und als Brennstoff verwendet. Methylalkohol riecht nach Alkohol, schmeckt brennend und ist sehr giftig. Wer ihn trinkt, erblindet.

Metrisches System nennt man das dezimale Maßsystem, dessen Grundlage das Meter ist. Es wurde zum sogenannten Meter-Kilogramm-Sekunde-System erweitert. Metrische Maße und Gewichte werden in den meisten Ländern benutzt.

Metropole [-póhle] nannte man im 19. Jahrhundert eine Hauptstadt oder einen kulturellen Mittelpunkt. Bei den alten Griechen bedeutete Metropolis [metró-] die Mutterstadt im Gegensatz zu den Kolonialstädten, die von ihr gegründet wurden. Später wurde Metropole der allgemeine Begriff für die Hauptstadt eines Landes.

Metropolitan Opera [póliten -], kurz Met genannt, heißt das bedeutendste Opernhaus der USA in New York. Für viele Sänger, Sängerinnen sowie Dirigenten bedeutete das Engagement an die Met den Durchbruch zum Weltruhm und den Glanzpunkt ihrer Karriere.

Metz ist die Hauptstadt des französischen Departements Moselle in Lothringen. Die Stadt hat 107 000 Einwohner und besitzt viele bedeutende Kulturdenkmäler. In der gotischen Kathedrale befinden sich berühmte Glasmalereien. Im 13. Jahrhundert war Metz deutsche Reichsstadt, es wurde 1552 von den Franzosen erobert, gehörte ab 1871 zum Deutschen Reich und ist seit 1918 wieder französisch.

Meute nennt man eine Schar zur Hetzjagd auf Wild dressierter Hunde.

Meuterei gab es früher oftmals bei Schiffsbesatzungen. Eine Meuterei bricht aus, wenn mehrere Personen gemeinsam den Gehorsam gegenüber ihren Vorgesetzten verweigern und gegen diese rebellieren. In der Zeit, da jede Fahrt eines Schiffs über das offene Meer noch eine Entdeckungsreise und ein großes Abenteuer war, bekamen die Matrosen nach langen, gefahrvollen und zermürbenden Fahrten, oft noch vom Aberglauben beeinflußt, Angst um ihr Leben. Viele Meutereien entstanden, wenn die Mannschaft kein Vertrauen mehr zu ihrem Kapitän

Mexi

hatte, wenn die Verpflegung knapp wurde und wenn die Reise länger als vorgesehen dauerte. Meuterer wurden damals mit dem Tode bestraft. Auch heute kommen noch Fälle von Meuterei vor: Bei Soldaten, Schiffsbesatzungen und Gefangenen stellt Meuterei eine Straftat dar. Gefangene werden mit zusätzlichem Freiheitsentzug nicht unter sechs Monaten, Soldaten nicht unter einem Jahr bestraft. Die Gesetze hinsichtlich Meuterei sind von Land zu Land verschieden.

Mexiko heißt eine Bundesrepublik in Mittelamerika, die zwischen dem Stillen Ozean und dem Golf von Mexiko liegt. Auch die Hauptstadt heißt Mexiko. Auf einer Fläche von 1,97 Millionen qkm leben 53 Millionen Menschen, von denen etwa 75 Prozent Mischlinge sind. Ungefähr 10 Prozent sind noch reinrassige Indianer. 15 Prozent der Einwohner sind Weiße. Die Landessprache ist Spanisch. Mexiko ist ein von mächtigen Vulkankegeln umsäumtes Hochland. Die Vegetation besteht vorwiegend aus Kakteen, Agaven und Yuccapflanzen. Wichtigster Wirtschaftszweig ist die Landwirtschaft. Es werden Mais, Weizen, Kaffee, Baumwolle u. a. angebaut. Auch Viehzucht wird betrieben. Die tropischen Wälder liefern Mahagoni und andere Edelhölzer. Mexiko besitzt reiche Bodenschätze: Erdöl, Gold, Kupfer, Zink, Mangan, Quecksilber, Blei, Kohle, Eisenerz, Silber und Schwefel. Eine bedeutende Einnahmequelle ist auch der Fremdenverkehr. Mexiko wurde 1519 bis 1521 von dem Spanier Hernando Cortez erobert. Die Ureinwohner Mexikos, die Azteken, wurden von den Spaniern ausgebeutet und versklavt, ihr einst mächtiges Reich wurde zerstört. 1821 trennte sich Mexiko vom spanischen Mutterland.

Nach fortgesetzten Bürgerkriegen wurden die Mexikaner in einem Krieg gegen die USA völlig besiegt und verloren große Teile ihres nördlichen Gebietes (u. a. Texas, Kalifornien) an sie. 1864 wurde ein Habsburger, der österreichische Erzherzog Maximilian, Kaiser von Mexiko. 1867 kehrte der frühere Präsident Juarez zurück; Maximilian wurde gefangengenommen und erschossen.

Unter dem Diktator Diaz (1876 bis 1911) wuchs die Macht der Großgrundbesitzer weiter an, die Landbevölkerung verarmte immer mehr. 1910 brach eine Revolution aus, und der blutige Bürgerkrieg dauerte bis 1920. Trotz Aufteilung der großen Landgüter, der Latifundien, und teilweiser Verstaatlichung der Industrie und des Bergbaus ging die Beseitigung der Armut nur langsam voran.

1945 war Mexiko Gründermitglied der Vereinten Nationen.

Die weitere Industrialisierung und der Ausbau der Landwirtschaft sind auch heute noch Ziele der mexikanischen Regierung.

Mexiko (Ciudad de México) ist die Hauptstadt von Mexiko und auch die bedeutendste Handelsstadt im Lande. Die 3 Millionen, mit Vororten sogar über 8 Millionen Einwohner arbeiten vorwiegend in der Textil-, Eisen-, Tabak-, Zement-, Papier- und chemischen Industrie. Die 1551 gegründete Universität wurde jetzt für 30 000 Studenten erweitert. Bei der Ausschmückung der Gebäude wurden Kunstformen aus aztekischer Überlieferung verwendet. Mexiko wurde über den Ruinen der alten Aztekenhauptstadt Tenochtitlán auf einer Insel im Texcoco-See erbaut. Der Baugrund gibt immer wieder nach, so daß Häuser und Straßen unversehens absacken.

Mexiko, Golf von, heißt der Teil des Amerikanischen Mittelmeers zwischen Florida, der Halbinsel Yucatán und Kuba. Er dehnt sich über 1,6 Millionen qkm aus und ist bis 3900 m tief. Durch den Antillenstrom wird ihm sehr warmes Wasser aus der Gegend des Äquators zugeführt, das als Golfstrom durch die Floridastraße nach Norden weiterfließt.

Mezzo ist ein italienisches Wort, das halb oder mittel bedeutet und in der Musik verwendet wird, um Lautstärken anzugeben (Beispiele: mezzoforte = halbstark; mezza voce = mit halber Stimme). Mezzosopran nennt man die weibliche Stimmlage zwischen Alt und Sopran.

Miami [maiähmi] heißt eine als Seebad und Winterkurort bekannte Stadt an der Südostküste des USA-Staats Florida. Sie hat 335 000 Einwohner.

Michelangelo [mikelándschelo], mit vollem Namen Michelangelo Buonarroti, lebte von 1475 bis 1564 in Italien. Er war ein bedeutender, außerordentlich vielseitiger Künstler. So wirkte er als Maler, Bildhauer, Baumeister und Dichter und war besessen von der Leidenschaft, große Werke zu schaffen. Als Schüler des Malers Ghirlandajo und des Bildhauers Bertoldo arbeitete er in Florenz, Bologna und Rom. Seine Skulpturen und Gemälde sind kraftvoll und monumental, oft aber zeigen die dargestellten Menschen einen schwermütigen, qualvollen Gesichtsausdruck. Michelangelos berühmteste Werke sind die Pietà im Petersdom, das riesige Marmorstandbild des David in Florenz und die Fresken mit der Darstellung der Schöpfungsgeschichte und des Jüngsten Gerichts in der Sixtinischen Kapelle. Seine gewaltigste Leistung als Baumeister ist die Kuppel der Peterskirche in Rom.

Michigan [míschigen], ein Staat der USA, liegt auf zwei Halbinseln, die vom Oberen See (Lake Superior) sowie vom Michigan-, Huron- und Eriesee gebildet werden. Auf einer Fläche von 150 779 qkm hat Michigan fast 9 Millionen Einwohner. Die Hauptstadt heißt Lansing, die größte Stadt ist Detroit. In dem flachhügeligen, wald- und seenreichen Land spielen der Ackerbau (Weizen, Mais, Zuckerrüben) und die Viehzucht (Rinder, Schafe) eine große Rolle. Wichtig für die bedeutende Industrie sind reiche Eisenerz-, Kupfer- und Kohlevorkommen. 60 % aller Automobile und Traktoren der USA werden in Michigan hergestellt.

Michigansee [míschigen-] heißt der

Midl

drittgrößte der fünf nordamerikanischen Großen Seen, die auch Kanadische Seen genannt werden. Über den Sankt-Lorenz-Seeweg ist er mit dem Atlantik verbunden und daher auch für Ozeanschiffe erreichbar. Die zum Staat Illinois gehörige Stadt Chicago liegt am Ufer dieses 58 160 qkm umfassenden und bis zu 281 m tiefen, fischreichen Sees.

Midlands [mídländs] wird das mittelenglische Industrie- und Bergbaugebiet genannt.

Midway-Inseln [mídweh-] heißen die zu den USA gehörenden Koralleninseln Sand und Eastern (zusammen nur 5 qkm), die nordwestlich der Hawaii-Inseln im Pazifik liegen. Sie sind als Flugstützpunkt bzw. Kabelstation von Bedeutung.

Miesmuscheln sind eßbare Muscheln mit dunkelvioletter Schale. Sie kommen häufig in der Nord- und Ostsee und im Mittelmeer vor, wo sie sich an Pfählen oder Steinen festsetzen.

Mies van der Rohe, Ludwig, lebte von 1886 bis 1969. Er war ein bedeutender deutscher Architekt. Von 1929 bis 1933 war er Direktor des Bauhauses in Dessau, später Leiter der Architekturabteilung der Technischen Hochschule in Chikago. Seine Bauten in Stahl und Glas haben die Architektur unserer Zeit geprägt.

Miete ist die Bezahlung oder der Preis für eine zur Benutzung überlassene Sache. Der Eigentümer vermietet zum Beispiel eine Wohnung, eine Garage oder ein Gerät an einen Mieter, der dafür einen Mietpreis bezahlen muß.

Migräne nennt man sehr heftige, meist halbseitig auftretende, durch Gefäßkrämpfe hervorgerufene Kopfschmerzen, die anfallsweise wiederkehren. Sie sind oft mit Übelkeit, Erbrechen und großer Licht- und Geräuschempfindlichkeit verbunden.

Mikro- als Vorsilbe bedeutet klein. Das Wort kommt aus dem Griechischen.

Mikroben sind kleinste pflanzliche oder tierische Lebewesen, wie Bakterien und Viren. Sie werden nur im Mikroskop für das menschliche Auge sichtbar.

Mikrokosmos bedeutet kleine Welt. Man versteht darunter die organische Einheit eines Einzelwesens, vor allem des Menschen. Der Mikrokosmos steht im Gegensatz zum Makrokosmos, der »großen Welt«, also dem Weltall.

Mikrometer ist ein Feinmeßgerät. Das Messen erfolgt durch eine Schraube, deren drehbarer Schaft mit einer Maßeinteilung (Skala) versehen ist. Die Genauigkeit dieses Instruments geht bis zu $^1/_{1000}$ mm.

Mikronesien, eine Kleininselwelt im westlichen Pazifik, besteht aus über 2000 meist winzigen Vulkan- und Koralleninseln und hat insgesamt rund 200 000 Bewohner. Die Gruppen der Marianen, Karolinen, Marshall- und Palau-Inseln werden seit 1947 als UN-Treuhandgebiete von den USA verwaltet, während die Gilbert- und Ellice-Inseln eine britische Kronkolonie sind.

Mikrophon heißt ein Gerät, das unentbehrlich ist, wenn man Geräusche, gesprochenes Wort oder Musik über ihre natürliche Reichweite hinaus hörbar machen will. Das ist bei Fernseh- und Rundfunkübertragungen der Fall. Man braucht das Mikrophon auch für Tonfilm- und Schallplattenaufnahmen. Das Mikrophon verwandelt Schallwellen in elektrische Schwingungen. Sein wichtigster Bestandteil ist die Membran, ein dünnes Metallblättchen, das diese Umwandlung ermöglicht. Wenn zum Beispiel jemand ins Mikrophon spricht, gerät die Membran durch das Auftreffen der Schallwellen in Schwingungen. Diese Schwingungen erzeugen auf einer der Membran anliegenden Kohleschicht, die unter Strom steht, oder auch in einem hochempfindlichen Kondensator Stromstöße von schwankender Stärke, die weitergeleitet werden können. Das gleiche geschieht, wenn man in die Sprechmuschel des Telefons spricht, in der das Mikrophon liegt. Am Empfangsort werden die elektrischen Schwingungen durch ein Gerät wieder in Schallwellen zurückverwandelt, beim Radio- und Fernsehgerät im Lautsprecher, beim Telefonapparat in der Hörmuschel.

Mikroskopie
Blick in die Welt des Unsichtbaren

Mikroskop nennt man ein optisches Instrument, mit dem kleinste Gegenstände vergrößert betrachtet werden können. Es besteht aus zwei Linsensystemen, von denen das eine dem zu betrachtenden Gegenstand, das andere dem Auge zugewandt ist. Das dem Gegenstand zugewandte Objektiv entwirft ein reales, umgekehrtes, vergrößertes Bild des Objekts (Gegenstands), das durch das dem Auge zugewandte Okular nochmals vergrößert wird. Binokulare Mikroskope besitzen zwei Okulare für beidäugiges Sehen. Der Objekttisch, so heißt das Gestell, auf dem der zu mikroskopierende Gegenstand liegt, ist meistens in der Höhe verstellbar und drehbar. Gute Mikroskope besitzen eingebaute Beleuchtungsapparate. Durchsichtige Objekte sieht man am besten, wenn sie von unten beleuchtet werden, undurchsichtige dagegen in von oben einfallendem Licht. Im Ultramikroskop können submikroskopisch kleine Teilchen betrachtet werden. Interferenzmikroskope machen die Untersuchung ungefärbter Stoffe möglich und lassen die Oberflächenstruktur erkennen. Im Präpariermikroskop können die Objekte räumlich gesehen werden. Die derzeit höchstmöglichen Vergrößerungen werden mit dem Elektronenmikroskop erzielt. An Stelle von Lichtstrahlen erzeugen Elektronenstrahlen ein vergrößertes Bild.
Das erste Mikroskop soll 1590 in Holland erfunden worden sein.
Der niederländische Forscher Anton van Leeuwenhoek beobachtete im Jahre 1676 zum erstenmal durch ein von ihm selbst gebautes, einfaches

Mikr

Mikroskop Bakterien, die er »als lebende Tierchen, die sich lustig bewegen«, bezeichnete.

Der Kampf der Medizin gegen die Mikroben wäre ohne die Erfindung des Mikroskops undenkbar gewesen. Dieses Instrument erst hat die allerkleinsten Lebewesen, unter denen sich auch die Krankheitserreger befinden, sichtbar gemacht und so die Grundlagen für ihre Bekämpfung geschaffen.

Das Mikroskop hat uns darüber hinaus Kenntnis vom Aufbau und der Struktur der Stoffe vermittelt, und es gibt uns die Möglichkeit zur Erforschung des Mikrokosmos.

Unter dem Mikroskop kann man winzige Gegenstände erkennen und beobachten, die mit dem bloßen Auge nicht mehr zu sehen sind.

Mikroskop

Bild 1 zeigt mikroskopisch kleine Aufgußtierchen, die im Wassertropfen leben.
Bild 2 zeigt die Vergrößerung eines Schneekristalls.
Bild 3 zeigt die Papierstruktur einer Zeitungsseite in 2800facher Vergrößerung durch ein Elektronenmikroskop.

• • •

Mikrowaage wird eine sehr empfindliche chemische Waage genannt, auf der höchstens 50 g ausgewogen werden können, die aber noch Gewichtsdifferenzen (Gewichtsunterschiede) bis 10^{-5} g angezeigt. Das ist $1/100$ Milligramm.

Milan ist ein Raubvogel, der seine Beute, vor allem Mäuse und Frösche, am Tag jagt. Bei uns gibt es den Schwarzen und den Roten Milan, der auch Gabelweihe genannt wird. Beide überwintern im Süden. Die großen Vögel haben eine Flügelspannweite von 1,44 m. Sie sind beim Flug an ihrem deutlich gegabelten Schwanz zu erkennen.

Milben werden 0,5 bis 2 mm große Spinnentiere genannt, die zumeist als Schmarotzer leben. Menschen werden von Krätzmilben befallen, die sich in der Haut einnisten und ein quälendes Jucken hervorrufen. Zecken, wie zum Beispiel der Holzbock, saugen sich an Hunden und Weidetieren als Blutsauger fest. Andere Milben verursachen bei Tieren die Räude, die manchmal schlimme Formen annimmt. Die Gamsräude kann in wenigen Jahren ein ganzes Revier von Gemsen entvölkern. Auch Nahrungsmittel und Pflanzen werden von Milben befallen.

Milch ist eine weiße undurchsichtige Flüssigkeit, die in den Milchdrüsen der weiblichen Säugetiere und der Frau nach dem Gebären gebildet wird. Milch besteht zu etwa 87% aus Wasser, der Rest ist sogenannte Trockensubstanz, die sich aus Fett, Eiweißstoffen, Milchzucker, Vitaminen und Salzen zusammensetzt. Die Milch ist bei allen Säugetieren das erste Nahrungsmittel des Neugeborenen und enthält sämtliche für den Aufbau des Körpers, besonders für die Blut- und Knochenbildung, notwendigen Stoffe. Die Menschen trinken hauptsächlich Kuhmilch, aber auch Ziegen- und Schafmilch. Vollmilch kommt bei uns als Vorzugs-, Marken- und Trinkmilch in den Handel. Magermilch ist stark entrahmt. Durch Eindampfen werden Kondens- und Trockenmilch hergestellt. Die wichtigsten Milchprodukte sind Butter, Rahm, Käse, Quark (Topfen), Joghurt, Buttermilch und Sauermilch. Aus den Abfallprodukten macht man Kunststoff und Leim.

Milch wird auch die Samenflüssigkeit der männlichen Fische (Milchner) sowie der Milchsaft von Pflanzen genannt, den zum Beispiel der Gummibaum, die Wolfsmilch und bestimmte Pilze, wie der Reizker, enthalten.

Milchglas hat mit Milch nichts zu tun. Den Namen hat es nur wegen seiner milchähnlichen Farbe erhalten. Diese Glassorte wird durch Zusatz bestimmter Stoffe so getrübt, daß sie nicht mehr durchsichtig, sondern nur noch durchscheinend ist. Milchglas verteilt das Licht gleichmäßig und milde. Es wird darum in der Beleuchtungstechnik für Lampenschirme, Leuchtstoffröhren sowie für Wandlampen und Deckenbeleuchtungen verwendet.

Milchsäure entsteht durch Bakterien bei der Gärung von Milch- und Traubenzucker. Saure Milch, Sauerkraut und saure Gurken enthalten Milchsäure.

Milchstraße nennen wir das Lichtband, das wir in klaren Nächten am Himmelsgewölbe sehen. Dieser milchige Lichtnebel besteht aus dem Licht von Milliarden schwacher Fixsterne, die wir mit bloßem Auge nicht mehr unterscheiden können. Die Milchstraße ist nur ein Teil des riesigen Milchstraßensystems (Galaxis), zu dem unser Sonnensystem und alle für uns ohne Fernrohr sichtbaren Sterne gehören. Das Milchstraßensystem hat etwa die Form einer diskusartig gewölbten Scheibe, besteht aus 200 bis 300 Milliarden Einzelsonnen und rotiert (kreist) um ein Zentrum. Unsere Sonne braucht bei einer Geschwindigkeit von etwa 217

Mili

Milliarden von Sternen ergeben einen lichtweißen Schleier am Nachthimmel. Dieses Sternensystem nennen wir Milchstraße.

km in der Sekunde für einen Umlauf rund 234 Millionen Jahre. Im Weltraum gibt es Millionen von Sternsystemen. Als nebliges Wölkchen können wir den 2,3 Millionen Lichtjahre entfernten Andromedanebel, das uns nächste Sternsystem, gerade noch sehen. Die Gesamtheit aller Sternsysteme nennt man das Weltall.

Milieu [milljóh] nennt man die Umwelt, auch die umweltbedingten Lebensumstände eines Menschen. Das Wort kommt aus dem Französischen und heißt Mitte.

Militär ist der Sammelbegriff für die Soldaten, die Wehrmacht, die Streitkräfte.

Militärdiktatur herrscht, wenn militärische Führer die Staatsgewalt ausüben und sich militärischer Machtmittel bedienen.

Militärregierung heißt die Ausübung der Staatsgewalt durch eine Besatzungsmacht in einem militärisch besetzten Gebiet.

Militarismus nennt man den übermäßigen Einfluß des Militärs auf die Politik. Eine Gesinnung, die militärische Werte überbetont, gilt als militaristisch. Ein Beispiel: Wer Jugenderziehung hauptsächlich als Wehrertüchtigung auffaßt, ist ein Militarist.

Military [míllitärri], eine Vielseitigkeitsprüfung im Reitsport, stellt an Pferd und Reiter die höchsten Anforderungen. Sie besteht aus einem Geländeritt mit schweren Hindernissen, einer Dressurprüfung sowie einem Jagdspringen. Military ist eine olympische Disziplin.

Miliz ist die Bezeichnung für ein Bürger- oder Volksheer, das sich im Gegensatz zum stehenden Heer oder Berufsheer aus den Bürgern des Landes zusammensetzt, die in Friedenszeiten nur zu kurzen Übungen einberufen und erst im Kriegsfall als Truppe aufgestellt werden. Die Schweiz hat ein Milizheer.

Milliarde ist das Zahlwort für 1000 Millionen. Eine Milliarde wird als 1 mit 9 Nullen geschrieben, also 1 000 000 000.

Millibar, der tausendste Teil eines Bars, ist eine Maßeinheit für den Luftdruck. Wetterberichte geben den Luftdruck in Millibar an.

Millimeter ist der tausendste Teil eines Meters, der hundertste Teil eines Dezimeters und der zehnte Teil eines Zentimeters. Die Abkürzung heißt mm.

Million ist das Zahlwort für 1 000 000. Eine Million wird als 1 mit 6 Nullen geschrieben. 1000 × 1000 ergibt eine Million.

Milwaukee [millūóhki] liegt am

Westufer des Michigansees und ist mit 720 000 Einwohnern die größte Stadt des USA-Staats Wisconsin. Die bedeutende Hafenstadt bildet mit ihrer Eisen-, Stahl-, Auto-, Leder-, Nahrungsmittel- und Brauindustrie ein wichtiges Wirtschaftszentrum. Etwa 50% der Einwohner sind deutscher Abstammung.

Milz heißt ein Organ in unserm Körper, das untaugliche weiße und rote Blutkörperchen beseitigt und das Blut entgiftet. Die Milz bildet die zur Abwehr von Infektionen so wichtigen weißen Blutkörperchen. Außerdem ist sie ein Blutspeicher. Sie liegt links vom Magen unter den Rippen.

Milzbrand wird eine gefährliche Infektionskrankheit der Tiere genannt, von der auch Menschen befallen werden können. Anzeichen sind Fieber und Atemnot. Das Blut gerinnt nicht, die Milz ist blutig geschwollen. Schweine, Schafe, Ziegen, Rinder und Pferde, auch Geflügel und Wild sind besonders gefährdet. Als Robert Koch noch Landarzt war, entdeckte er den Milzbrandbazillus.

Mimese nennt man die Fähigkeit mancher Tiere, sich durch eine Schutztracht ihrer Umgebung anzupassen. Dadurch werden sie für die Augen sowohl ihrer Verfolger als auch ihrer Beute unauffällig. Meistens besteht die Tarnung aus Schutzfarben. Polartiere, zum Beispiel der Schneehase, haben das ganze Jahr über ein weißes Fell. Viele Raupen, die zwischen Blättern und Gräsern leben, sind grün. Wüstentiere hingegen, wie der Wüsten-

Das »Wandelnde Blatt«, ein Insekt Ostindiens, gleicht in seinem Erscheinungsbild den Blättern des Strauchs, in dem es lebt. Wenn es sich regungslos verhält, kann es von keinem Feind erspäht werden. Erst durch die Bewegung verrät sich das Insekt.

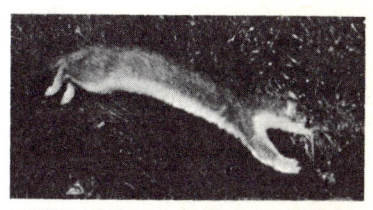

Das Hermelin hat ein braunes Sommerkleid. Die Farbe des Fells paßt zu seinem Lebensraum im Sommer. So fällt es in Wald und Feld kaum auf und kann sich ziemlich nahe an seine Beute heranschleichen.

Im Winter ist die Umwelt des Hermelins verändert. Es liegt Schnee, und darin wäre ein braunes Fell leicht zu erkennen. So legt das Hermelin im Winter einen weißen Winterpelz an.

Mimi

fuchs, sind häufig rötlichgelb gefärbt. Diese Schutzfarben werden manchmal durch Schutzformen und Schutzhaltungen noch ergänzt. Die ostindische Gespenstheuschrecke hat sich in ihrer Erscheinung so sehr den Blättern, in denen sie lebt, angepaßt, daß man sie »Wandelndes Blatt« genannt hat. Es gibt Schmetterlinge, die von der Rinde des Baums, auf dem sie mit zusammengeklappten Flügeln sitzen, kaum zu unterscheiden sind. Eine Stabheuschrecke sieht in ihrer starren Schutzhaltung wie ein Ästchen aus.

Mimikry [míhmikri] heißt die Eigenschaft wehrloser Tiere, in ihrer Färbung und Gestalt das Erscheinungsbild wehrhafter, schlecht schmeckender oder gefürchteter Tiere nachzuahmen. Der Hornissenschwärmer zum Beispiel ist ein harmloser Schmetterling. Aber sein schwarz und gelb geringelter Hinterleib sowie seine Flügel sind denen der Hornisse so ähnlich, daß er von den Vögeln gemieden wird, weil sie

Kuckucksei — *Ei des Drosselrohrsängers*

Der europäische Kuckuck legt seine Eier in fremde Nester; die Farbe seiner Eier ist der der anderen im Nest liegenden angepaßt.

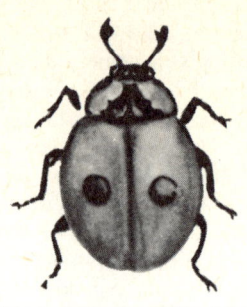

Das Marienkäferchen fällt nicht nur jedem Kind auf. Auch die Vögel sehen es deutlich auf den grünen Blättern. Es darf ruhig auffallen. Die Insektenfresser verzehren nur ein einziges Mal diesen Käfer, denn Marienkäfer schmecken nicht gut!

die Hornissen fürchten. Bestimmte Schmetterlinge im Amazonasgebiet werden wegen ihres widerlichen Geschmacks von keinem Vogel gefressen. Unter ihnen entdeckte man einzelne Falter einer anderen Schmetterlingsfamilie, die sich in den entscheidenden Erscheinungsmerkmalen ihren geschützten Artgenossen angepaßt haben. Sie genießen den gleichen Schutz, den jene ihrem üblen Geschmack verdanken. Ebenfalls zur Mimikry gehört die auffallende Warnfärbung von Tieren, die Giftwaffen besitzen oder einen üblen Geschmack auslösen. Den Feuersalamander mit seiner grellgelben Zeichnung wird sich jedes Tier, das seine ätzenden Giftdrüsen einmal zu spüren bekam, gut merken. Auch das Marienkäferchen fällt auf, wenn es leuchtend rot auf einem grünen Blatt sitzt. Doch weil es unangenehm schmeckt, wird es von allen insektenfressenden Vögeln in Ruhe gelassen.

Drei Arten der Korallenschlange leben in Südamerika. Eine sehr giftige, eine mäßig giftige und eine ungiftige. Alle drei haben eine ähnlich auffallende Färbung. Schlangen haben unter den Tieren viele Feinde. Trotzdem meiden die Tiere alle Korallenschlangen. Der Grund dafür liegt nicht in der Angst vor der giftigen Art. Tiere können ja in der Auseinandersetzung mit ihr keine Erfahrung sammeln, weil sie nach einem Biß kaum überleben werden. Auch die ungiftige wird ihm keine Angst einflößen. In diesem Falle schützt allein die mäßig giftige Art auch die beiden anderen Schlangenarten. Jeder Feind kann mit ihr seine Erfahrungen sammeln. Er wird ihren Biß in unangenehmer Erinnerung behalten. Also meidet er alle Korallenschlangen.

Mimose ist eine artenreiche Gattung tropischer Hülsenfrüchtler mit gefiederten Blättern und gelben, weißen oder violetten Blütenköpfchen. Eine von ihnen, die Mimosa pudica, wird Sinnpflanze genannt. Sie reagiert nämlich auf äußere Reize, wie die leiseste Berührung, sofort mit Zusammenfalten und Abwärtsrichten ihrer Blätter. Deshalb gilt sie als Sinnbild großer Empfindlichkeit. Von leicht gekränkten Menschen sagt man, sie seien »empfindlich wie eine Mimose«.

Minarett nennt man den schlanken Turm einer Moschee, der Kirche der Mohammedaner. Das Minarett ist oben mit einer Galerie versehen, von der der Muezzin die gläubigen Mohammedaner täglich fünfmal zum Gebet ruft. Neugebaute Moscheen erhalten oft keine Minarette. Der Gebetsruf wird heute häufig von Schallplatten durch Lautsprecher übertragen.

Minderheit wird eine zahlenmäßig unterlegene Gruppe genannt. Innerhalb eines Staats kann es sich dabei um eine Partei, Angehörige eines Volkstums oder um Menschengruppen handeln, die sich in der Abstammung, Sprache, Religion und in den Gebräuchen von der Mehrheit unterscheiden.

Minderjährig sind Kinder und Jugendliche bis zu ihrer Volljährigkeit, die mit der Vollendung des 18. Lebensjahrs eintritt.

Minderwertigkeitsgefühle beruhen auf dem Gefühl eigener körperlicher oder geistiger Unzulänglichkeit gegenüber den Anforderungen der Umwelt oder den Leistungen anderer Menschen. Jugenderlebnisse sind eine häufige Ursache der Minderwertigkeitsgefühle. Sie sollten behoben werden, damit sich keine lebensbehindernden Komplexe bilden.

Mine ist ein Wort mit vielen Bedeutungen. Die Einlage von Schreibstiften, also Kugelschreibern, Bleistiften und Buntstiften, wird so genannt. Aber auch ein Bergwerk, ein Erzlager (Goldmine) und der unterirdische Gang dorthin, heißt Mine. Geballte Sprengladungen, meist in einem Behälter aus Metall oder Kunststoff, wie sie in Steinbrüchen und beim Tunnelbau verwendet werden, bezeichnet man ebenfalls als Mine. Gefährdete Grenzen werden

Mine

durch Minenfelder gesichert. Dabei wird die Explosion der Minen durch Berühren ausgelöst. Im Kriege gehören Land-, See-, Luft- und Atomminen zu den wirkungsvollsten und schrecklichsten Waffen.

Mineralien, auch Minerale genannt, sind alle anorganischen, chemisch einheitlichen und natürlich gebildeten Bestandteile der Erdkruste. Alle Erze gehören dazu, aber auch die im Verlauf riesiger Zeiträume anorganisch gewordenen Stoffe, wie Kohle, Torf und Bernstein. Mineralien sind entweder fest und kristallisiert, fest und amorph (form-, gestaltlos) oder flüssig wie Wasser und Quecksilber. Es gibt etwa 2000 Mineralarten. Die Mineralogie erforscht die chemischen und physikalischen Eigenschaften, die Entstehung, die Umbildung und das Vorkommen der Mineralien. (Siehe auch Stichwort »Gesteine«)

Mineralöl kann man im chemischen Sinne nicht als Öl bezeichnen, da es eine Kohlenwasserstoffverbindung ist, während sich echte Öle wie Fette zusammensetzen. Daher hat das Mineralöl den Vorteil, nicht ranzig, nicht sauer zu werden. Mineralöle werden zum größten Teil aus Erdöl, aber auch aus Kohle gewonnen. Zu den Mineralölen gehören Petroleum, Dieselöl, Heizöl, Schmieröl, Benzol und Benzin.

Mineralwässer haben als Quellwässer beim Durchgang durch die Erde Salze oder Gase, zum Beispiel Kochsalz oder Kohlensäure, in sich aufgelöst. Wegen ihrer heilkräftigen Wirkung werden sie ärztlich verordnet, wegen ihres erfrischenden Geschmacks auch als Tafelwässer getrunken. Künstliche Mineralwässer enthalten künstlich zugesetzte Stoffe.

Miniatur wird ein kleinformatig gemaltes Bild genannt. Im frühen Mittelalter wurden die Anfangsbuchstaben in den handgeschriebenen Büchern mit Zinnoberfarbe verziert. Später bereicherten gemalte Randleisten und kleine Bilder in derselben Farbe den Text. Minium, der lateinische Name für Zinnober (zu deutsch Mennige), ist die Wurzel des Wortes Miniatur.

Minimal bedeutet winzig, kleinstmöglich. Das Gegenteil von minimal ist maximal.

Ministerium ist die oberste Verwaltungsbehörde eines Staates oder Landes für einen bestimmten Aufgabenbereich, zum Beispiel für die Außenpolitik oder die Wirtschaft. Ein Ministerium steht unter der Leitung eines Ministers. Dieser ist Mitglied der Regierung.

Ministerpräsident heißt in vielen Ländern der Leiter der Regierungsgeschäfte und Vorsitzende des Kabinetts, das von den Ministern gebildet wird. Sowohl in der Bundesrepublik Deutschland als auch in Österreich wird der Regierungschef Bundeskanzler genannt, in Großbritannien und in den Ländern des British Commonwealth of Nations Premierminister. In den Bundesländern der Bundesrepublik Deutschland ist der Ministerpräsident Vorsitzender der Landesregierung, die sich in Bayern Staatsregierung nennt.

Minneapolis [-äh-] liegt am Mississippi und ist mit rund 450 000 Einwohnern die größte Stadt des USA-Staats Minnesota. Mit der Nachbarstadt Saint Paul ist Minneapolis zur Großraumsiedlung Twin Cities mit etwa 1,7 Millionen Einwohnern zusammengewachsen. Als Mittelpunkt eines fruchtbaren landwirtschaftlichen Gebiets hat die Stadt große Schlachthöfe. Außerdem ist sie einer der wichtigsten Weizenmärkte der Erde.

Minnesang wird die mittelhochdeutsche Liebeslyrik des 12. bis 14. Jahrhunderts genannt. Das Wort Minne bedeutete damals Liebe oder liebendes Gedenken. Die Minnesänger waren Adlige oder Ritter, die an Fürstenhöfen lebten oder als »Fahrende« durchs Land zogen. Sie vertonten ihre Liedtexte selbst und trugen sie auch, manchmal mit Fidel- oder Harfenbegleitung, selbst vor. Der berühmteste Minnesänger war Walther von der Vogelweide, dessen Lieder noch heute zu den schönsten deutschen Gedichten gehören.

Minnesota [minnißóhte], ein Staat der USA, liegt am oberen Mississippi und hat 3,8 Millionen Einwohner auf einer Fläche von 217 735 qkm. Hauptstadt ist Saint Paul. Die Stadt bildet zusammen mit Minneapolis das industrielle Zentrum. Getreidebau und Viehzucht bestimmen den Charakter des Landes. Bedeutend ist auch die Eisenerzförderung, die zwei Drittel der Gesamtförderung der USA beträgt.

Minsk heißt die Hauptstadt der an Polen grenzenden Sowjetrepublik Weißrußland. Die Stadt hat etwa 1 Million Einwohner und ist der kulturelle und wirtschaftliche Mittelpunkt der Weißrussen. Wichtig sind die Maschinen-, Textil-, Holz- und Lederindustrie.

Minute nennen wir als Zeitmaß den 60. Teil einer Stunde. Jede Minute ist wiederum in 60 Sekunden eingeteilt. Mit Minute bezeichnet man außerdem ein Winkelmaß, das auf den Kreisbogen bezogen ist und auch Bogenmaß genannt wird. Bei einem in 360 Bogengrade eingeteilten Kreis ist 1 Minute der 60. Teil eines Bogengrads. Bei einem in 400 Bogengrade eingeteilten Kreis ist die sogenannte Neuminute der 100. Teil eines Bogengrads.

Minze ist eine Gattung der Lippenblütler. Die würzig riechenden Pflanzen wachsen an feuchten Orten und sind reich an ätherischen Ölen. Am bekanntesten ist die Pfefferminze.

Mirabeau, Honoré, Graf von [mirabóh], lebte von 1749 bis 1791. Er war ein französischer Staatsmann, der durch seine Gedanken entscheidend zur Entstehung der Französischen Revolution beitrug, obwohl er eine freiheitliche Verfassung unter Führung der Monarchie anstrebte. Mirabeau war ein glänzender Redner, aber auch ein hemmungsloser Genußmensch. Er starb bereits mit vierzig Jahren. Nach seinem Tode war die radikale Entwicklung der Revolution nicht mehr aufzuhalten.

Mischpult nennt man ein für Rundfunk und Fernsehen unentbehrliches Gerät. Beim Rundfunk nimmt ein

Mise

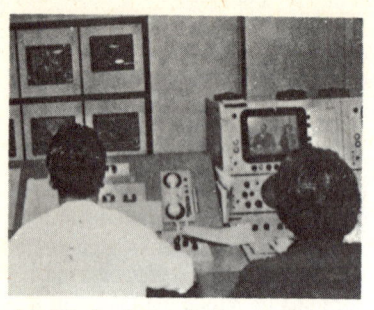

Am Mischpult entscheidet der Bildregisseur, welche der von Kameras aus verschiedenen Blickwinkeln aufgenommenen Bilder gesendet werden.

Toningenieur an dem mit Meßinstrumenten und Lautstärkereglern ausgestatteten Gerät die Zusammenschaltung verschiedener Band- oder Schallplattenaufnahmen zu einem einheitlichen Ganzen vor. Beim Fernsehen wird am Mischpult außerdem noch die Auswahl unter den von verschiedenen Kameras angebotenen Bildern getroffen.

Miserabel ist ein Fremdwort aus dem Französischen und bedeutet erbärmlich, armselig, sehr schlecht, aber auch nichtswürdig, gemein. Beispiele: »Ich fühle mich miserabel«, sagt jemand, dem es nicht gutgeht. Andererseits bezeichnet man einen nichtswürdigen Menschen als »miserables Subjekt«.

Mispel wird ein aus dem Vorderen Orient stammender Obst- und Zierstrauch genannt. Die Mispel hat große weiße Blüten und apfelartige bräunliche Früchte, die erst nach längerer Lagerung oder einigen Frösten genießbar werden. Die Pflanze gehört zu den Rosengewächsen.

Mißbildungen treten bei Menschen und Tieren durch Vererbung oder Störungen in der vorgeburtlichen Entwicklung auf. Es sind Abweichungen vom Normalen in der äußeren Erscheinung oder bei einzelnen Organen. Sie können geringfügig oder sehr entstellend und behindernd sein. Es gibt Kinder, die zum Beispiel mit einer Hasenscharte oder einem Loch in der Herzwand zur Welt kommen. Mißbildungen dieser Art werden heutzutage durch Operationen in Ordnung gebracht. Dagegen sind Riesen- und Zwergwuchs kaum zu beeinflussen. Schlimme Mißbildungen sind Verdoppelung, Fehlen und Fehlbildung von Gliedmaßen.

Mission bedeutet allgemein Sendung oder Auftrag. Missionen werden zur Erledigung besonderer Aufgaben in einen anderen Staat entsandt, zum Beispiel als Handelsmission. Für die christliche Kirche hat das Wort eine besondere Bedeutung. Unter Äußerer Mission versteht man die Ausbreitung des Christentums bei andersgläubigen Völkern. Geistliche, die in der Äußeren Mission tätig sind, heißen Missionare. Die Innere Mission ist eine Organisation der evangelischen Kirche. Sie entspricht etwa dem katholischen Caritasverband und hat sich die religiöse Erneuerung sowie die Sozialarbeit zur Aufgabe gesetzt.

Mississippi heißt auf indianisch Vater der Ströme. Diesen Namen trägt der Mississippi zu Recht, denn zusammen mit seinem Nebenfluß Missouri ist er 6420 km lang und damit der längste Strom Nordamerikas sowie der drittlängste der Erde. Der eigentliche Mississippi ist 3780 km lang, entspringt im kleinen Itascasee im Norden der USA und mündet mit einem gewaltigen Delta bei New Orleans in den Golf von Mexiko. Starke Dämme schützen in seinem Mittel- und Unterlauf das angrenzende Flachland vor seinen wilden Fluten. Trotzdem kommt es häufig zu Überschwemmungen. Einst lebten hier am Mississippi die Sioux als Nomaden von der Büffeljagd.

Mississippi ist auch der Name eines Staats der USA, der am Golf von Mexiko liegt und im Westen vom unteren Mississippi begrenzt wird. Auf einer Fläche von 123 584 qkm leben dort 2,2 Millionen Menschen. Fast die Hälfte von ihnen sind Neger und Mulatten. Angebaut werden Baumwolle, Reis, Mais, Zuckerrohr und Bananen. Als Bodenschätze gibt es Erdöl, Erdgas und Braunkohle. Die Hauptstadt des waldreichen Staats heißt Jackson.

Missouri ist ein 3969 km langer nordamerikanischer Strom. Er ist der größte Nebenfluß des Mississippi, in den er oberhalb von St. Louis mündet. Der Missouri entspringt in den Rocky Mountains. In seinem Oberlauf befinden sich mehrere Talsperren.

Missouri heißt auch ein Staat der USA, der beiderseits des unteren Missouri liegt. Er ist 180 486 qkm groß und hat 4,7 Mill. Einwohner. Die Hauptstadt heißt Jefferson City, die größte Stadt St. Louis. Das vorwiegend landwirtschaftlich genutzte Gebiet (Anbau von Weizen, Mais, Tabak und Obst, beträchtliche Viehzucht) besteht zum großen Teil aus Prärie. Im Bergbau werden Blei, Zink und Steinkohle gefördert.

Mistel wird ein kleiner, kugeliger Busch genannt, der als Halbschmarotzer auf Bäumen wächst. Sie senkt ihre Saugwurzeln in einen Ast ihrer Wirtspflanze und entnimmt dort Wasser und darin gelöste Salze. Mit Hilfe ihrer grünen Blätter kann sie die Nährstoffe selbst weiterver-

Im Spätherbst, wenn die Bäume kahl sind, kann man die immergrünen Misteln deutlich sehen.

arbeiten. Die Pflanze hat ledrige immergrüne Blätter und kleine weiße Beeren. In England hängt man in der Weihnachtszeit überall Mistelzweige auf. Wer sich darunter begegnet, darf sich küssen.

Mistkäfer gehören zu den Blatthornkäfern. Sie sind blauschwarz

Mist

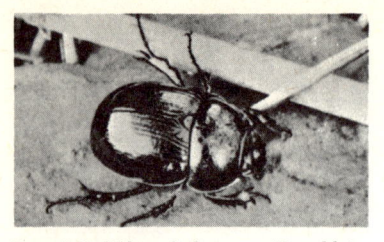

Der Mistkäfer dreht aus Kot kleine Kugeln, die er am Ort der Eiablage als Nahrungsvorrat für den Nachwuchs hinterläßt. Dieser Roßmistkäfer ist ein Vetter des Skarabäus (Pillendreher), den die alten Ägypter als heilig verehrten.

und glänzend. Sie nähren sich und ihre Larven von Mist.

Mistral nennt man im Südosten Frankreichs, besonders im Rhônedelta, einen heftigen, kalten Nordwestwind, der bei tiefblauem Himmel weht. Der von der Schiffahrt gefürchtete Mistral vertreibt die lästigen Stechmücken.

Mitbestimmung ist die Beteiligung der Arbeitnehmer an wichtigen Entscheidungen, die in ihrem Betrieb getroffen werden. Die Arbeitnehmer sind dem Arbeitgeber gegenüber durch den von ihnen gewählten Betriebsrat vertreten. Formen und Ausmaße der Mitbestimmung sind zur Zeit noch sehr umstritten.

Mitgift wird das Heiratsgut genannt, das die Eltern ihrer Tochter in die Ehe mitgeben.

Mittag oder Mittagszeit ist es, wenn es 12 Uhr ist. Mittag ist der Zeitpunkt, zu dem der Sonnenmittelpunkt den Ortsmeridian (den Längenkreis, der durch den Ort geht) schneidet. Die Sonne steht mittags im Süden.

Mittelalter nennt man die Zeit zwischen Altertum und Neuzeit, etwa von 500 bis 1500 n. Chr., die durch die Verbindung der Kultur des Altertums, der christlichen Religion und der Kultur der germanischen Völker bestimmt wurde. Man unterscheidet das Früh-Mittelalter (5. bis 10. Jhdt.), das Hoch-Mittelalter (11.–Mitte des 13. Jhdts.) und das Spät-Mittelalter (bis Anfang des 16. Jhdts.). Als das christliche und feudale (ritterliche) Mittelalter wird der Zeitraum bis etwa 1250 bezeichnet. Kulturträger waren Kirche und Adel. Im Mittelalter gewann auch das Bürgertum an Einfluß.

Mittelamerika oder Zentralamerika heißt die Landbrücke zwichen Nord- und Südamerika. Geographisch liegt Mittelamerika zwischen der Landenge von Tehuántepec im Nordwesten und der Landenge von Darien im Südosten an der kolumbianischen Grenze. Politisch wird auch Mexiko meistens zu Mittelamerika gerechnet, obwohl es nur mit seinem südlichen Teil dazu gehört. Mittelamerikanische Staaten sind Guatemala, El Salvador, Honduras, Nicaragua, Costa Rica und Panama. Belize (früher Britisch-Honduras) ist eine britische Kronkolonie, die Panamakanalzone ein Hoheitsgebiet der USA. Auf einer Fläche von etwa 1,4 Millionen qkm leben rund 50 Millionen Menschen, vor allem Mischlinge, aber auch Indianer, Neger und Weiße. Sie sind fast alle katholisch und sprechen Spanisch. Die einstige indianische Urbevölkerung wurde von den spanischen Eroberern beinahe völlig ausgerottet. Von der hohen Kultur der Mayavölker zeugen noch Reste imposanter Tempel- und Palastbauten, hauptsächlich auf der Halbinsel Yucatán. In den bis über 4000 m Höhe aufsteigenden Gebirgszügen entlang der Steilküste am Pazifischen Ozean gibt es viele tätige Vulkane. Nach Osten zu fällt das Land sanft ab und erstreckt sich als Tiefland bis zum Karibischen Meer. Das Klima ist je nach Höhenlage tropisch oder subtropisch. Angebaut und ausgeführt werden Kaffee, Bananen, Ananas, Tabak, Baumwolle, Zukkerrohr, Reis und Mais. Große Wälder liefern Edelhölzer und Kautschuk. Die Tierwelt mit Kolibris, Tukanen, Steißhühnern, Faultieren und vielen Moskitos ähnelt der südamerikanischen Fauna. Von großer wirtschaftlicher und strategischer Bedeutung als Verbindung zwischen dem Atlantischen und dem Pazifischen Ozean ist der Panamakanal, den die Vereinigten Staaten fertigbauten und in ihren Besitz brachten. Mittelamerika ist wirtschaftlich weitgehend von den USA abhängig. Die Inseln des Amerikanischen Mittelmeers werden ebenfalls zu Mittelamerika gerechnet, sie sind jedoch unter dem Stichwort »Westindische Inseln« beschrieben.

Mittelgebirge unterscheidet sich von Hochgebirge in erster Linie durch die Höhe, die selten 1500 m, nie aber 2000 m übersteigt. Doch auch die Formen sind andere. Eine Mittelgebirgslandschaft ist weit und leicht gewellt, die Gipfel sind gerundet und die Flußtäler weniger tief eingeschnitten. Der Harz und die Rhön sind typische Mittelgebirge.

Mittellandkanal wird ein Kanalsystem genannt, das den Rhein mit der Weser und der Elbe verbindet und für Schiffe bis zu 1000 Tonnen Gewicht benutzbar ist.

Mittelmeer oder Mittelländisches Meer heißt das rund 2,5 Millionen qkm große Binnenmeer, an dessen Küsten die Länder Südeuropas, Vorderasiens und Nordafrikas liegen. Mit dem Atlantischen Ozean ist es durch die Straße von Gibraltar, mit dem Schwarzen Meer durch die Dardanellen, das Marmarameer sowie den Bosporus und mit dem Roten Meer durch den Suezkanal verbunden. Die Apenninenhalbinsel (Italien) und Sizilien, die größte Insel, gliedern das Mittelmeer in zwei Becken. Im kleineren westlichen Teil liegen die großen Inseln Sardinien und Korsika, die kleinen, aber sehr bekannten Inseln Capri und Elba sowie die Inselgruppe der Balearen mit Mallorca und Menorca, ferner die Ägadischen, die Liparischen und die Pontinischen Inseln. Zum größeren östlichen Teil gehören Kreta, Zypern, Malta, Pantelleria sowie die Pelagischen Inseln, außerdem die Welt der Ägäischen, Ionischen und Adriatischen Inseln. Das Klima dieses großen Gebiets mit seinen heißen Sommern und milden Wintern ist zum Begriff »Mittelmeerklima« geworden. Mittelmeerische Küsten und Inseln sind die beliebtesten Ferienziele der sonnenhungrigen Urlauber ganz Europas. Es wachsen dort Oliven, Wein,

Mitt

Edelkastanien, Mandeln, Obst und Südfrüchte. Im Meer, das bis zu 5000 m tief ist, gibt es Delphine, Thunfische, Sardellen, Sardinen, Anchovis, Tintenfische, Langusten und Austern. Die Kultur des Mittelmeerraums ist sehr alt. Sie hat die Kultur Europas entscheidend geprägt.

Mittelstand bedeutete ursprünglich die Bevölkerungsschicht zwischen den Armen und den Reichen. Heute rechnet man zum Mittelstand die Inhaber gewerblicher, kaufmännischer und landwirtschaftlicher Mittel- und Kleinbetriebe, die Angehörigen der freien Berufe, Beamte, Angestellte und Facharbeiter.

Mittelsteinzeit (Mesolithikum) ist die Übergangszeit zwischen Alt- und Jungsteinzeit. Sie dauerte von 10 000 bis 3500 v. Chr. Mit der Entwicklung des Menschen vom Sammler und Jäger zum Bauern brachte sie Ackerbau und Viehzucht sowie feste Häuser aus Holz oder Lehm. Es erscheinen kleine Geräte, wie Feuersteinmesser, Sicheln und Beile. Der Hund wird zum Hausgenossen gezähmt.

Mitternacht (Mitte der Nacht) oder null Uhr nennt man den Anfang des neuen Tags. Mitternacht ist 12 Stunden nach Mittag.

Mitternachtssonne heißt eine Erscheinung, die man sowohl auf der nördlichen als auch auf der südlichen Halbkugel der Erde beobachten kann. Im Gebiet zwischen den Polarkreisen und den Polen bleibt nämlich die Sonne im Sommer während der ganzen Nacht am Horizont stehen, sie geht nicht unter. Genau auf den Polarkreisen gibt es die Mitternachtssonne nur während einer einzigen Nacht, und zwar am Tage der Sommersonnenwende. Die Zahl der Nächte, an denen die Sonne am Himmel zu sehen ist, nimmt zu den Polen hin zu. Am Pol selbst dauert die Mitternachtssonne, die auch Polartag genannt wird, ein halbes Jahr. Während dieser Zeit herrscht am entgegengesetzten Pol die Polarnacht.

Mittlere Reife wird in der Regel beim erfolgreichen Abschluß des zehnten Schuljahrs bescheinigt. Das Zeugnis der mittleren Reife kann eine Realschule, aber auch eine auf die Volksschule folgende Fachschule ausstellen. Beim Abgang von einem Gymnasium wird es auch Obersekundareife genannt.

Mittlerer Osten umfaßt die Länder zwischen dem Nahen und dem Fernen Osten, und zwar: Iran, Afghanistan, Pakistan, Indien, Ceylon (Sri Lanka) und Bangla Desh.

mm ist die Abkürzung für Millimeter.

Mobilmachung bedeutet die Umstellung einer Wehrmacht vom Friedens- auf den Kriegszustand. Durch Einberufung der Reservisten (Staatsbürger, die eine militärische Ausbildung bekommen haben) werden neue Truppenteile aufgestellt.

Mode
Wenn es Mode wird...

Sind sie nicht pfui teuflisch anzuschauen?
Plötzlich färben sich die »Klassefrauen«,
weil es Mode ist, die Nägel rot!
Wenn es Mode wird, sie abzukauen,
oder mit dem Hammer blau zu hauen,
tun sie's auch. Und freuen sich halbtot.

Aus einem Gedicht von Erich Kästner

Mit dem Wort Mode bezeichnet man das, was gerade modern, was »Mode ist«. Plötzlich ist es Mode, einen Pudel zu haben, Federball zu spielen oder sich eine Nickelbrille auf die Nase zu setzen, auch wenn nur Fensterglas darin ist. Kaum jemand kann sich dem Modezwang entziehen, vor allem wenn es sich um Kleidung oder Haartracht handelt. Mit einmal gehen alle Frauen »mini« oder in Hosen, tragen die Mädchen Halsbänder aus Samt, haben die Männer Koteletten, sind die Schuhsohlen ganz dick und die Absätze eckig. Warum? Weil es Mode ist!

Bei einer Mode kommt es überhaupt nicht darauf an, ob sie zweckmäßig, gesund oder kleidsam ist – sie muß nur neu und auffallend sein. Darum ist sie einem ständigen Wechsel unterworfen. Was gestern noch todschick war, ist heute langweilig, ein »alter Hut«. Von einem Tag auf den andern ist die neue Mode da, und sie wird auch sofort und meist ohne Kritik von allen übernommen, die mit der Mode gehen. Zeitungen, Zeitschriften, Fernsehen und Modeschauen verbreiten sie schnell.

Von diesen fortwährenden Veränderungen der Mode leben ganze Industrien. Die Mode ist heutzutage zu einem wichtigen Wirtschaftsfaktor geworden. Käme sie zum Stillstand, wäre die Existenz vieler Menschen, die Kleidungsstücke, Stoffe, Schuhe, Schmuck, Kosmetikartikel usw. herstellen, gefährdet. Also muß Paris, das Modezentrum der Welt, dafür sorgen, daß es immer weitergeht: heute lang, morgen kurz, bald gestreift, bald geblümt, mit Knöpfen

Wer läuft denn wirklich so auf der Straße herum? Immer, wenn die Modemacher ihre neuesten Kreationen vorführen, sind sie dem Kreuzfeuer der Kritik ausgesetzt. Mode muß Spaß machen, sagen die einen, die anderen wollen ihre Schöpfungen als Kunst verstanden wissen, und wieder andere nutzen die Launen der Mode, um ihre Kassen zu füllen.

Mode

oder mit Reißverschlüssen, aus Leder, aus Samt, aus Pelz, handgestrickt, handgestickt, hochgeschlossen oder tief ausgeschnitten, enger Rock, weiter Rock, silberblondes Haar, rote Perücken, lila Nagellack, grüne Lidschatten. Und alle machen mit!

Die Mode und der Stil einer Zeit gehören eng zusammen. Kleidung, Möbel, Häuser, Bilder, Musik, Literatur, auch die Sitten einer Zeit haben alle etwas gemeinsam, nämlich den Zeitgeist. Im Zeitalter der Renaissance war alles streng und starr, im darauffolgenden Barock schwer, üppig und großartig und im Rokoko, das den Barock ablöste, anmutig und zierlich bis zur Oberflächlichkeit.

Seltsamerweise haben sich die Menschen immer der Mode unterworfen, auch wenn sie völlig unsinnig war. Im alten China z. B. lebte ein Mandschukaiser, der bei den Frauen kleine Füße liebte. Also wurden die Füße der Mädchen, wenn sie noch Kinder waren, künstlich verkrüppelt. Infolgedessen konnten die Frauen dann kaum gehen. Diese Sitte verbreitete sich auch in Japan und erhielt sich bis in unsere Zeit.

Ebenso war es bei den reichen Chinesen einst Mode, die Fingernägel 30 cm lang und womöglich noch länger zu tragen. Leute, die arbeiten mußten, konnten sich das natürlich nicht leisten. Aber die Mode war früher sowieso nur für die Reichen da, für die Hofgesellschaft, den Adel und die wohlhabenden Bürger.

Im 14. Jahrhundert kamen bei uns die sogenannten Schnabelschuhe auf. Die Schuhschnäbel waren so lang, daß sie beim Gehen hinderten. Als bei einer Schlacht die Ritter zu Fuß weiterfechten wollten, mußten sie sich erst einmal mit dem Schwert die lästigen Schuhschnäbel abhauen. Nachher war das Schlachtfeld mit diesen Schuhschnäbeln förmlich übersät. Man sammelte sie ein und fuhr sie wagenweise fort.

Um 1600 trug man riesige Halskrausen aus gefälteltem Leinen. Sie wurden auch Mühlsteinkragen genannt und waren so groß, daß man nicht mehr mit der Hand zum Mund kam. Erst als Gabeln mit besonders langem Stiel hergestellt wurden, konnten die Menschen, die sich so »schön« gemacht hatten, auch wieder etwas essen.

An modischen Auswüchsen besonders reich war das Rokoko. Damals trugen Damen von Stand hochaufgetürmte Perücken, die zudem mit den merkwürdigsten Dingen geschmückt waren: mit einer kleinen Landschaft beispielsweise, in der sich ein Schäfer mit seiner Schafherde befand, oder mit einem Dreimaster unter vollen Segeln, mit Grotten, Fontänen, Putten und anderem. Um den Kopfputz der Damen fertigzustellen, brauchten die Friseure kleine Leitern. Ebenfalls im Rokoko, aber auch im Biedermeier und in den Gründerjahren waren die Wespentaillen große Mode. Die Frauen waren so eng geschnürt, daß sie dauernd in Ohnmacht fielen.

Um eine Vorstellung vom Luxus früherer Zeiten zu geben: Kaiserin Elisabeth von Rußland soll 15 000

Seidenkleider und 5000 Paar Schuhe besessen haben!

Seit der Jahrhundertwende haben zwei Dinge die Mode der Frau nachhaltig beeinflußt: die zunehmende Berufstätigkeit und der Sport. Eine berufstätige Frau im Reifrock läßt sich ebensowenig denken wie eine Tennisspielerin oder Skiläuferin im Korsett. Unsere Mode ist tatsächlich vernünftiger geworden, aber doch nicht weniger kleidsam. Außerdem ist sie nicht mehr das Vorrecht der Reichen. Die Konfektion stellt nach den von Paris entworfenen Modellen, die zwischen 6000 und 30000 Mark kosten, tragbare und erschwingliche Kleider her. Aber auch diese Kleider trifft das Gesetz der Mode – anders müssen sie immer wieder sein, neu, modern! (Siehe auch Farbtafeln »Kleidung« Band 5)

• • •

Modena heißt die Hauptstadt der gleichnamigen italienischen Provinz. Die südlich der Poebene gelegene Stadt hat 170000 Einwohner, die hauptsächlich in der Maschinen-, Auto-, Leder- und Lebensmittelindustrie beschäftigt sind. Viele Bauten, zum Beispiel der im 11. Jahrhundert errichtete Dom, die schon 1182 gegründete Universität und die bedeutende Bibliothek, sind Zeugen der alten Kultur dieser schönen Stadt.

Moderne Kunst heißt der Sammelbegriff für die seit etwa 1890 aufgekommenen verschiedenartigen Kunststile in Malerei, Grafik und Plastik. Impressionismus, Jugendstil, Expressionismus, Fauvismus, die »Brücke«, der »Blaue Reiter«, Kubismus, Futurismus, Dadaismus und Surrealismus sind wohl die bekanntesten modernen Kunstrichtungen vor dem Zweiten Weltkrieg. Die 50er und 60er Jahre brachten wieder neue Stilrichtungen, z. B. Pop Art, Op Art, kinetische Kunst, Land Art. Sogar der Computer dient zur Herstellung moderner Grafiken.

Moderne Malerei wird ausführlich behandelt unter »Zeitgenössische Malerei«.

Modersohn-Becker, Paula, die von 1876 bis 1907 lebte, war eine bedeutende deutsche Malerin. Ihre einfachen, eindringlichen Bildnisse und Landschaften gehören schon zum Expressionismus.

Modigliani, Amedeo [modiljáhni], lebte von 1884 bis 1920. Er war ein italienischer Maler, der seine in feinen Farben gemalten Porträts und Akte zu auffallend langen Formen streckte.

Möbel sind Einrichtungsgegenstände. Sie sollten zweckmäßig, aber auch schön sein. Die Form eines Möbelstücks gibt Auskunft darüber, in welcher Stilepoche es hergestellt worden ist. Möbelstücke können großen Kunstwert besitzen. Während früher die Möbel fast ausschließlich aus Holz angefertigt wurden, spielen heute auch Metall und Kunststoff bei der Herstellung eine große Rolle. Möbel sind beweglich, der Name verrät das schon, denn er kommt vom lateinischen mobilis, was beweglich heißt. Lediglich Einbaumöbel sind an einen festen Standort gebunden.

Mönch ist ursprünglich die Bezeichnung für einen Menschen, der aus religiösen Gründen als Einsiedler oder in einer Klostergemeinschaft lebt. Heute versteht man darunter ein Mitglied eines Männerordens mit feierlichen Gelübden, z. B. die Benediktiner und die Franziskaner.

Mönchengladbach heißt eine Stadt in Nordrhein-Westfalen. 150 000 Einwohner leben dort. Mönchengladbach hat Textil- und Metallindustrie.

Mörike, Eduard, war einer der großen deutschen Dichter. In seinen Gedichten der Nachromantik verbindet sich Innigkeit des Gefühls mit meisterhafter Beherrschung der Form. Viele von Mörikes Liedern wurden vertont. Er lebte von 1804 bis 1875.

Mörtel ist ein Gemisch aus einem Bindemittel (Kalk oder Zement), Sand und Wasser. Kalkmörtel bindet nur an der Luft ab und wird daher auch Luftmörtel genannt. Zementmörtel erhärtet sogar unter Wasser und heißt deshalb auch Wassermörtel. Mörtel wird beim Mauern zum Verbinden der Steine, zum Ausgleichen von Fugen sowie als Verputz verwendet.

Mößbauer, Rudolf, ein deutscher Physiker, wurde 1929 geboren. Er entdeckte den sogenannten Mößbauer-Effekt der Gammastrahlen, wofür er 1961 den Nobelpreis erhielt.

Möwen sind Wasservögel, die vor al-

Kein seltenes Bild: Scharenweise wie die Tauben umflattern Möwen den ackernden Bauern. Die Wasservögel, die sich sonst von Fischen ernähren, freuen sich auch einmal über fette Regenwürmer.

lem an Meeresküsten, aber auch an Binnengewässern leben. Sie ruhen und schlafen gern auf dem Wasser. Alle Möwen können ebenso gut fliegen wie schwimmen. Sie ziehen tierische Nahrung (Fische, Mäuse, Würmer) vor, sind jedoch Allesfresser. Als gesellige Vögel brüten sie meist in Kolonien. Die Lachmöwe gehört zu den kleineren Arten. Sie lebt und brütet an Binnenseen und Flüssen. Den Namen verdankt sie ihrem eigenartig lachend-kreischenden Ruf. Großmöwen, wie die Sturm-, Silber-, Herings- und Mantelmöwen, gehören zum Meer. Seeschwalben sind Möwen mit gegabeltem Schwanz. Die düster gefärbten Raubmöwen leben hauptsächlich in nordischen Tundren und Mooren. Außerhalb ihrer Brutzeit wandern sie jedoch auch übers Meer nach Süden.

Mohair [mohǻhr] werden die langen Seidenhaare der Angoraziege genannt. Aus ihnen stellt man Kammgarnstoffe her, die ebenfalls Mohair heißen, außerdem leichte, haltbare Strickwaren.

Mohammed, der Begründer des Islams, der Religion der Mohammedaner, lebte von 570 bis 632. Im Alter von 40 Jahren fühlte er sich dazu berufen, seinen der Vielgötterei anhängenden Landsleuten einen neuen Glauben mit einem einzigen Gott, Allah, zu verkünden. Als er von Gegnern aus seiner Heimatstadt Mekka vertrieben wurde, flüchtete er 622 nach Medina. Mit diesem Jahr beginnt die Zeitrechnung der Mohammedaner. 630 kehrte Mohammed im Triumph nach Mekka zurück, das seitdem zum religiösen Mittelpunkt des Islams wurde. Mohammeds Lehren und Offenbarungen sind im Koran aufgezeichnet. Seine Anhänger verbreiteten als fanatische Glaubenskämpfer den Islam »mit Feuer und Schwert« über Nordafrika und Vorderasien.

Mohn, wie wir ihn leuchtend rot in Kornfeldern blühen sehen, heißt Feldmohn und ist ein Unkraut. Aus ihm hat man den prächtigen Garten- oder Klatschmohn gezüchtet. Wer in den Bergen mindestens 1900 m hochsteigt, kann auf öden Schutthalden den lieblichen weiß-, gelb- oder orangeblütigen Alpenmohn entdecken. Er sollte ihn nicht pflücken! Ebenfalls zur Familie der Mohngewächse gehört der aus dem Orient stammende Schlafmohn, der dort auf Feldern angebaut wird. Seine Blätter und Stengel sind blaugrün, seine Blüten purpurviolett, rosa oder weiß. Die kleinkörnigen blaugrauen, auch bläulichweißen Samen werden zu Mehlspeisen verwendet oder zu Mohnöl verarbeitet. Der Milchsaft der halbreifen Fruchtkapseln liefert das Opium, aus dem Morphium und andere Medikamente gewonnen werden.

Mohrrübe (Möhre, gelbe Rübe) heißt ein Doldengewächs, das als Gemüsepflanze in Gärten und Gärtnereien angebaut wird. Die fleischigen orangefarbigen Pfahlwurzeln sind durch ihren Karotingehalt reich an Vitaminen. In einer kurzen, stumpfen Form mit zartem Geschmack heißen sie Karotten.

Mokassin bedeutet in der Sprache der nordamerikanischen Algonkin-Indianer »Schuh aus Hirschleder«. Die absatzlosen, leichten Wildlederschuhe wurden von den Indianern meistens bunt bestickt, z. B. mit gefärbten Stachelschweinsborsten. Abbildung unter dem Stichwort »Indianer«.

Mokassinschlange nennt man eine sehr giftige Art der Grubenottern in Nordamerika.

Mokka, eine kleine Hafenstadt der Republik Jemen, liegt am Südende des Roten Meers. Sie wurde einst durch ihren Kaffeehandel bekannt. Nach ihr ist ein besonders starker Kaffee »Mokka« genannt, den man nur aus kleinen Tassen trinkt. Mokka heißt auch eine gute kleinbohnige Kaffeesorte.

Molche und Salamander gehören zu den Schwanzlurchen, die zu den Wechselblütern, den Amphibien, gehören. Aber während die Salamander einen runden Schwanz haben, ist der Schwanz der Molche

Mold

meist seitlich zusammengedrückt. Zu den Wassermolchen gehören bei uns der Teichmolch, der Fadenmolch, der Bergmolch sowie der Kammolch, die sich voneinander in der Größe, Farbe oder Zeichnung unterscheiden. Zur Paarungszeit bekommen manche Molchmännchen einen gezackten Rückenkamm. Molche haben Lungen und leben am Wasser. Zur Paarung und Eiablage gehen sie ins Wasser, doch zum Luftholen müssen sie immer wieder an der Oberfläche erscheinen. Ihre Larven besitzen, solange sie im Wasser leben, Kiemen. Diese verschwinden später und werden durch Lungen ersetzt. Schwanzlurche sind im Gegensatz zu Froschlurchen stumm. Als Landmolche werden die Salamander bezeichnet. Sie sind unter den Stichwörtern »Salamander« und »Lurche« beschrieben.

Moldau (Vltava) heißt ein linker Nebenfluß der Elbe, an dem Prag, die Hauptstadt der Tschechoslowakei, liegt. Die Moldau entspringt im Böhmerwald und ist bis zur Mündung in die Elbe 435 km lang.

Moldau (Moldova) ist auch der Name einer rumänischen Landschaft zwischen den Ostkarpaten und dem Pruth. Die größte Stadt in dem fruchtbaren Hügelland heißt Jassy.

Moldauische Sozialistische Sowjetrepublik nennt sich eine kleine, dichtbesiedelte Unionsrepublik der UdSSR. Auf einer Fläche von 33 700 qkm leben 3,7 Millionen Menschen. Die Hauptstadt heißt Kischinew. Das Staatsgebiet liegt zwischen dem Pruth und dem Dnjestr, hat Erdölvorkommen und gehört zu den fruchtbaren Schwarzerdegebieten. Neben dem Anbau von Weizen und Zuckerrüben spielt der Weinbau eine große Rolle.

Molekül ist die Verbindung von mindestens zwei, meist aber mehreren Atomen. Das Molekül eines chemischen Elements (Elementmolekül) besteht aus gleichartigen Atomen, das Molekül einer chemischen Verbindung (Verbindungsmolekül) aus verschiedenartigen Atomen. Als Beispiel für die Schreibweisen diene das Wasserstoffatom (chemisches Zeichen H): Zwei einzelne Wasserstoffatome sind einfach nur 2 H. Zwei miteinander verbundene Wasserstoffatome bilden dagegen das Wasserstoffmolekül H_2. Verbindet sich ein solches Wasserstoffmolekül mit einem Sauerstoffatom (chemisches Zeichen O), entsteht die chemische Verbindung H_2O = Wasser. Moleküle werden durch starke elektrische Kräfte zusammengehalten.

Molekulargenetik wird auch Erbchemie genannt. Dieses neue Forschungsgebiet befaßt sich mit dem Zusammenhang zwischen der Vererbung und den chemisch-physikalischen Eigenschaften der Erbfaktoren (Gene).

Molière [molljähr] hieß eigentlich Jean Baptiste Poquelin. Er lebte von 1622 bis 1673. Der bedeutendste französische Lustspieldichter war ein Meister witzig-geistreicher Dialoge und genauer Charakterzeichnung. Molière war Schauspieler und Theaterdirektor einer Schauspielergruppe. Ab 1658 setzte er sich mit

Mond

ihr in Paris durch und wurde von Ludwig dem XIV. begünstigt. Molières meistgespielte Werke sind ›Der eingebildete Kranke‹, ›Der Geizige‹ und ›Tartuffe‹.

Molkerei nennt man einen gewerblichen Betrieb, in dem die angelieferte Milch zum Verkauf fertiggemacht wird. Auch die Weiterverarbeitung der Milch zu Molkereiprodukten wird in Molkereien vorgenommen. (Siehe auch Stichwort »Milch«)

Molukken, auch Gewürzinseln genannt, sind eine Inselgruppe, die nördlich von Australien zwischen Celebes und Neuguinea liegt. Sie bilden eine Provinz der Republik Indonesien. Auf einer Gesamtfläche von 83 675 qkm leben eine Million Menschen, eine malaiisch-papuanische Mischbevölkerung. Die gebirgigen Inseln haben Tropenklima und führen, wie ihr Name verrät, hauptsächlich Gewürze (Pfeffer, Muskat, Nelke) aus. Die Hauptstadt heißt Amboina.

Molybdän ist ein silberweißes Schwermetall. Wegen seiner großen Widerstandsfähigkeit wird es zur Legierung von Stahl verwendet.

Monaco [mónnako] heißt ein kleines, unabhängiges Fürstentum an der französischen Riviera. Seine Hauptstadt trägt denselben Namen. Monaco ist nach der Verfassung von 1962 eine konstitutionelle Monarchie des Hauses Grimaldi: Der Fürst und der auf fünf Jahre gewählte Nationalrat üben die gesetzgebende Gewalt aus. Amtssprache ist Französisch. Mit Frankreich bildet Monaco ein einheitliches Zollgebiet. Auf einer Fläche von nur 1,57 qkm leben 25 000 Menschen. Der Fremdenverkehr bildet wegen des milden Klimas und der üppigen Vegetation des Landes die Haupteinnahmequelle der Bevölkerung. Anziehungspunkte sind das Spielkasino in Monte Carlo sowie das Ozeanographische Museum.

Monarchie wird eine Staatsform genannt, in der ein Monarch auf Lebenszeit regiert. Der Monarch kann ein Kaiser, König oder Fürst sein. Wird der Monarch gewählt wie im Mittelalter die deutschen Könige, spricht man von einer Wahlmonarchie. Bei einer Erbmonarchie folgt der gesetzlich bestimmte (legitimierte) Thronfolger. In einer absoluten Monarchie herrscht der Monarch allein und uneingeschränkt, während in einer konstituionellen Monarchie die Rechte des Monarchen durch die Verfassung eingeschränkt sind. In einer parlamentarischen Monarchie bestimmt das vom Volk gewählte Parlament den Regierungschef. Der Monarch repräsentiert dann lediglich den Staat und die Tradition des Landes, regiert es aber nicht. Großbritannien hat zum Beispiel eine parlamentarische Monarchie.

Monate sind Abschnitte im Jahresablauf. Das Jahr ist in zwölf Monate eingeteilt. Der Monat hat jeweils 30 oder 31 Tage, nur der Monat Februar hat 28 Tage und alle vier Jahre 29 Tage. (Siehe auch Stichwort »Jahr«)

Mond nennt man einen Himmelskörper, der einen Planeten begleitet

Mond

und ihn in Ellipsen umläuft. Im engeren Sinn versteht man darunter den Himmelskörper, der seit Jahrmilliarden seine Bahn um die Erde zieht. Der Mond steht mit seinem durchschnittlichen Abstand von 384 000 Kilometern von der Erde (in Erdnähe ist er nur 356 400, in Erdferne aber 406 700 Kilometer weit von uns weg) der Erde näher als irgendein anderer Himmelskörper.

Der Mond hat einen Durchmesser von 3476 Kilometern und ist damit nur gut ein Drittel so groß wie die Erde. Seine Oberfläche ist also kleiner als die Fläche Asiens. Seiner geringen Größe und der damit verbundenen geringen Masse ($1/81$stel der Erdmasse) ist es zuzuschreiben, daß der Mond keinerlei Atmosphäre und somit auch kein Wasser und keine Witterungserscheinungen besitzt oder jemals für längere Zeit besaß. Wegen der fehlenden Atmosphäre gibt es auf dem Mond sehr starke Temperaturschwankungen. Zur Mittagszeit wird der Mondboden von den Sonnenstrahlen bis auf 120 Grad aufgeheizt, zur Nachtzeit kühlt er sich bis auf 130 Grad unter Null ab.

Die Mondoberfläche läßt sich grob einteilen in flache Tiefebenen und gebirgige Gegenden. Der Mond benötigt zu einer Umdrehung um seine Achse die gleiche Zeitspanne wie zu einem Umlauf um die Erde (gebundene Rotation) und dreht der Erde deshalb stets die gleiche Seite zu. Von der Erde her können wir deshalb theoretisch nur knapp 50 Prozent der Mondoberfläche sehen, in der Praxis können wir aber wegen Unregelmäßigkeiten in der Mondbewegung 59 Prozent sehen. Auf der uns zugewandten Mondseite sind zwei Drittel der Oberfläche von Gebirge und ein Drittel von Tiefebenen, »Mare« (Meere) genannt, bedeckt. Die erdabgewandte Seite des Mondes, die wir erst seit wenigen Jahren dank unbemannter und bemannter Mondumfliegungen kennen, besteht nahezu vollständig aus »Terrae«, also Gebirgen. Der größte Teil des Berglandes ist mit merkwürdigen Ringgebirgen übersät. Die mächtigsten Krater von ihnen haben Durchmesser von mehr als 200 Kilometern. Aber auch Bergzüge, vergleichbar den Gebirgen der Erde, gibt es. Sie sind sogar viel höher als diese; die höchsten erheben sich an die 12 000 Meter.

1969 landeten zum erstenmal Menschen auf dem Mond.

Die Untersuchungen der amerikanischen Astronauten auf dem Mond und die Analysen der Messungen und Gesteinsproben durch die Wissenschaftler haben gezeigt, daß der Mond ein sehr kompliziert aufgebauter Körper ist. Er besitzt ähnlich der Erde eine Kruste, ist geschichtet und enthält vor allem in den äußeren Schichten auch radioaktive Elemente. Vor Jahrmilliarden muß der Mond einmal sehr aktiv gewesen sein; es hat zu dieser Zeit auf ihm zahlreiche Lava-Ausbrüche gegeben.

Kennt man auch die einzelnen Phasen der Entwicklung des Mondes noch nicht im Detail, so weiß man doch bereits, daß der Mond vor etwa 4,6 Milliarden Jahren entstanden sein muß, also etwa zur gleichen Zeit wie die Erde. Über den Ursprung des Mondes bestehen verschiedene Auffassungen. Nach den Forschungsergebnissen, durch Raumsonden unterstützt, ist der Mond wahrscheinlich nicht aus der Erde hervorgegangen, wie einige Theorien dies wahrhaben wollten, sondern er hat parallel zur Erde seine eigene, unabhängige Entwicklung durchgemacht.

Die erste weiche Landung auf dem Mond gelang den Russen mit der unbemannten Raumsonde Luna 9 am 3. 2. 1966. Die Amerikaner taten es ihnen am 2. 6. 1966 mit der Sonde Surveyor 1 gleich. Bemannte Raumschiffe landeten die Amerikaner in den Jahren 1969 bis 1972 gleich sechs Mal auf dem Mond:
am 20. 7. 1969 (Apollo 11),
am 19. 11. 1969 (Apollo 12),
am 5. 2. 1971 (Apollo 14),
am 30. 7. 1971 (Apollo 15),
am 20. 4. 1972 (Apollo 16) und
am 11. 12. 1972 (Apollo 17).
Der Amerikaner Neil Armstrong war der erste Mensch, der den Mondboden betrat (21. 7. 1969).

Monet, Claude [monnéh], lebte von 1840 bis 1926. Er war ein französischer Maler. Sein 1874 ausgestelltes Bild ›Impression, soleil levant‹ (Eindruck von der aufgehenden Sonne) gab dem Impressionismus den Namen. In Monets Spätwerken spielt die Atmosphäre eine größere Rolle als die naturgetreue Wiedergabe.

Mongolei heißt ein inneratisches Hochland. Das von Gebirgen umgebene Gebiet besteht zum größten Teil aus den Sandmeeren und Steppen der Wüste Gobi. Es hat ein streng kontinentales, das heißt binnenländisches, Klima. Nur wenige feste Städte gibt es dort. Die meisten Menschen leben als Nomaden von der Viehzucht (Jaks, Schafe, Ziegen, Pferde, Kamele). Die reichen Vorkommen an Steinkohle, Eisen und Erdöl sind noch kaum erschlossen. Politisch gliedert sich das Gebiet in die im Südosten gelegene Innere Mongolei und die im Nordwesten gelegene Äußere Mongolei. Die Innere Mongolei ist seit 1947 eine autonome Region der Chinesischen Volksrepublik. Auf einer Fläche von rund 1 180 000 qkm leben dort etwa 9,3 Millionen Menschen, hauptsächlich Chinesen. Huhehot heißt die Hauptstadt. Die Äußere Mongolei ist unter dem Stichwort »Mongolische Volksrepublik« beschrieben.

Mongolen nennt man eine Völkergruppe Innerasiens, die zum mongoliden Rassenkreis gehört. Die Mongolen sind gelbhäutig und mittelgroß, sie haben glattes, schwarzes Haar. Ein für sie typisches Merkmal ist die Mongolenfalte, die sich vom äußeren Rand des Oberlids zum inneren Augenwinkel zieht. Als Steppennomaden leben sie hauptsächlich von der Viehzucht. Ihre Behausung ist die Jurte, ein rundes Filzzelt. Aus der Geschichte kennen wir die Mongolen als kriegerische Reitervölker. Tschingis Chan begann mit einer großangelegten Eroberungspolitik im 13. Jahrhundert, die unter seinen

Nachfolgern zur Unterwerfung Chinas, des Kalifats von Bagdad, Rußlands, und sogar bis nach Schlesien führte. Ein riesiges Ostreich erstreckte sich damals vom ostchinesischen Meer bis nach Polen und vom Himalaja bis nach Sibirien. Der Hauptsitz war Peking. Im 14. Jahrhundert begann das Reich langsam in mehrere unabhängige Staaten zu zerfallen.

Mongolische Volksrepublik ist die amtliche Bezeichnung der Äußeren Mongolei. Sie liegt als innerasiatischer Staat zwischen der UdSSR und der Chinesischen Volksrepublik. Das Staatsgebiet umfaßt 1 565 000 qkm und hat 1,6 Millionen Einwohner, vorwiegend Mongolen. Es gibt jedoch auch russische und chinesische Minderheiten. Die Hauptstadt heißt Ulan Bator. Den Haupterwerbszweig der Bevölkerung bildet die Viehzucht. Ausgeführt werden Fleisch, Fett, Häute, Leder und Wolle. Der wichtigste Handelspartner ist die Sowjetunion, die großen Einfluß auf den kommunistisch regierten Staat ausübt.

Mono- (vor Vokalen mon-) bedeutet in zusammengesetzten Wörtern ein-, allein- oder einzel- (Beispiele: monoton = eintönig, Monarchie = Alleinherrschaft, Monokel = Einglas). Das Wort kommt aus dem Griechischen.

Monokultur wird der jahrelange Anbau der gleichen Nutzpflanze auf dem gleichen Feld genannt. Diese Art der Bodennutzung kann zur Ermüdung der Erde und Vermehrung der Schädlinge führen. Bei Plantagenwirtschaft, wie zum Beispiel Kaffee oder Baumwolle, ist Monokultur fast unvermeidlich. Der Gegensatz ist Fruchtfolge (Fruchtwechsel).

Monopol ist ein Alleinrecht. Im Wirtschaftsleben bedeutet ein Monopol, daß das Angebot einer bestimmten Ware oder, was seltener vorkommt, die Nachfrage in einer einzigen Hand liegen. Hierbei kann es sich um einzelne oder mehrere Personen bzw. Firmen (Privatmonopol) oder um den Staat (Staatsmonopol) handeln. Für den Käufer wirken sich Monopole insofern ungünstig aus, als der freie Wettbewerb ausgeschaltet ist, so daß der Preis willkürlich festgesetzt und die Qualität der Ware vernachlässigt werden kann.

In der Bundesrepublik Deutschland unterliegen z. B. Zündhölzer einem Staatsmonopol. Ob sie gut sind oder schlecht, man muß sie kaufen, weil es keine anderen gibt.

Monotheismus [mohnote-ißmuß] bezeichnet den Glauben an einen einzigen Gott. Monotheistische Religionen sind das Judentum, das Christentum sowie der Islam. Den Gegensatz zum Monotheismus bildet der Polytheismus (Vielgötterei).

Monotype [móhnoteip] wird eine in Druckereien verwendete Setzmaschine genannt. Bei dieser Maschine werden alle Buchstaben einzeln gegossen und dann zu Zeilen aneinandergereiht. Die häufiger verwendete Linotype liefert Zeilenguß.

Monotypie [mohnotüpíh] nennt man ein graphisches Verfahren, das nur einen einzigen Abdruck gestattet und bei der Herstellung von Kunstblättern angewandt wird.

Monrovia, die Hauptstadt der Republik Liberia an der westafrikanischen Küste, hat den bedeutendsten Hafen des Landes. Die Stadt hat 135 000 Einwohner und wurde 1822 von freigelassenen nordamerikanischen Negersklaven gegründet.

Monstranz heißt ein kostbar geschmücktes Gefäß, in dem die katholische Kirche die geweihte Hostie zur Schau stellt und verehrt.

Montana ist ein an der Grenze zu Kanada gelegener Bundesstaat der USA. Den Westen Montanas bilden die Hochgebirge der Rocky Mountains, den Osten hügelige Prärien. Ackerbau und Viehzucht sind teilweise nur mit Hilfe künstlicher Bewässerung möglich. Bedeutend sind der Bergbau (Steinkohle, Edelmetalle, Kupfer, Zink und Blei) sowie die Förderung von Erdöl. Auf einer Fläche von 381 087 qkm leben etwa 700 000 Menschen. Die Hauptstadt heißt Helena.

Montanindustrie wird die Gesamtheit der industriellen Unternehmen genannt, die sich mit der bergbaulichen Förderung von Rohstoffen, wie Erzen, Kohle, Salz, Erdöl, und deren Weiterverarbeitung in Hüttenwerken befassen.

Montanunion (Europäische Gemeinschaft für Kohle und Stahl, abgekürzt EGKS) ist eine Organisation zur Bildung eines gemeinsamen europäischen Markts für Kohle, Stahl, Eisenerz und Schrott. Zur Montanunion gehören Belgien, die Bundesrepublik Deutschland, Frankreich, Italien, Luxemburg und die Niederlande, seit 1973 auch Dänemark, Großbritannien und Irland. Die Montanunion wurde 1951 gegründet. Der Plan stammt von dem französischen Politiker und Staatsmann Robert Schuman, der die Idee des Vereinten Europa leidenschaftlich verfocht. (Siehe auch Stichwort »Europäische Gemeinschaften«)

Montblanc [moblã] heißt der mit 4810 m höchste Berg Europas. Er liegt in Frankreich in den Savoyer Alpen nahe der Grenze zu Italien. Aus dem stark vergletscherten Gebirgsmassiv der gewaltigen Montblancgruppe steigen zahlreiche spitze Zinnen (Aiguilles) auf. Zur 3842 m hohen Aiguille du Midi führt die höchste Seilschwebebahn der Erde. Chamonix, als Wintersportplatz und Ausgangspunkt für Hochtouren bekannt, liegt am Fuß der Montblancgruppe.

Montblanc-Tunnelstraße bildet die kürzeste Verbindung zwischen dem Genfer See und dem Aostatal. Sie ist 11,6 km lang.

Monte Cassino, das von Benedikt von Nursia um 529 gegründete Stammkloster der Benediktiner, liegt 519 m hoch über der Stadt Cassino, etwa 80 km nördlich von Neapel.

Montenegro (Crna Gora), eine jugoslawische Unionsrepublik, grenzt im Süden an Albanien. Das Gebiet besteht zum größten Teil aus dem verkarsteten Hochland der Dinarischen Alpen. Nur ein kleiner Küstenstreifen an der Adria sowie das Gelände am Skutarisee sind fruchtbar. Dort werden Mais, Weizen, Tabak und Wein angebaut. Im Gebirge fördert man Eisen, Kupfer und Bauxit. Daneben wird Schafzucht getrieben. Auf einer Fläche von 13 812 qkm leben 530 000 Menschen. Die Hauptstadt ist Titograd.

Montesquieu, Charles de [mōteßkjōh], lebte von 1689 bis 1755. Er war ein bedeutender französischer Staatsphilosoph. Als Gegner des Absolutismus forderte er die Aufteilung der Staatsgewalt in Gesetzgebung, Verwaltung und Rechtsprechung. Seine Lehre hatte auf die Französische Revolution großen Einfluß und wurde zum Verfassungsgrundsatz der westlichen Demokratien. Montesquieus Hauptwerk heißt ›Der Geist der Gesetze‹.

Monteverdi, Claudio, ein italienischer Komponist, schuf mit ›Orfeo‹ die erste bedeutende Oper. Er lebte von 1567 bis 1643.

Montevideo ist die Hauptstadt und der wichtigste Hafen von Uruguay. Die Stadt hat 1,3 Millionen Einwohner. Sie liegt an der breiten Mündung des Rio de la Plata. Riesige Schlachthäuser, Gefrierfleischanlagen und Konservenfabriken verarbeiten den großen Rinderbestand des Hinterlands.

Montezuma II., ein Herrscher der Azteken, kam 1520 bei einem Aufstand gegen den spanischen Eroberer Cortez ums Leben. Die Azteken waren die Ureinwohner Mexikos.

Montgolfier [mõgolfjéh] hießen zwei Brüder, die den ersten Heißluftballon bauten und auch den Fallschirm erfanden. Im Jahre 1783 stieg zum erstenmal eine nach den Brüdern benannte Montgolfière mit Menschen an Bord auf. (Siehe auch Stichwort »Luftfahrt«)

Montmartre [mõmártr] heißt ein Stadtteil von Paris, der mit der Kirche Sacré-Cœur auf einem Hügel liegt. In dem heutigen Vergnügungsviertel wohnten und arbeiteten früher viele bekannte Maler.

Montreal [montrióhl], eine kanadische Stadt am Sankt-Lorenz-Strom, ist der größte Getreidehafen Nordamerikas. Durch den Sankt-Lorenz-Seeweg ist er mit dem Atlantischen Ozean verbunden und auch für Seeschiffe erreichbar. Die Zufahrt wird jedoch vier Monate im Jahr durch Eis blockiert. Auch für andere Erzeugnisse Kanadas, wie Holz, Papier, Erze, Pelze und Textilien, ist Montreal der Hauptumschlagplatz. Eine bedeutende Industrie, unter anderem Fahrzeug- und Flugzeugbau, auch Ausstellungen und Messen machen die Stadt zum wirtschaftlichen Mittelpunkt Kanadas. Die 2,5 Millionen Einwohner der Stadt sind zu zwei Dritteln französischer Abstammung.

Mont-Saint-Michel [mõßãmihschähl] nennt sich eine kleine, aus einem Granitfelsen bestehende Insel. Sie liegt in der gleichnamigen Bucht direkt vor der normannischen Küste, südöstlich der Kanalinsel Jersey. Die im 11. und 12. Jahrhundert erbaute, stark befestigte Benediktinerabtei ist ein Wallfahrtsort.

Moore bilden sich dort, wo der Untergrund des Bodens wenig wasserdurchlässig ist und die Niederschläge größer sind als die Verdunstung. Auch ein hoher Grundwasserstand kann die Bildung von Mooren hervorrufen. Sie bestehen aus immer feuchtem, schlammigem Grund, durchsetzt mit bereits zersetzten Pflanzenresten und einer Gras- und Moosdecke.

Man unterscheidet Flachmoore und Hochmoore. Flachmoore haben eine ebene Oberfläche und sind oft der Beginn einer Verlandung feuchten, sumpfigen Geländes. Hochmoore haben eine gewölbte Oberfläche, die durch das ständig kuppenartig nachwachsende Torfmoos entsteht. Die unteren, absterbenden Teile dieser Pflanze verwesen nicht, sondern bilden den Torf. Die Tier- und Pflanzenwelt der Moore ist sehr ausgeprägt. Erlen, Birken, Binsen, Wollgras und Sumpfdotterblumen wachsen gern bei Mooren. Viele Sumpf- und Wasservögel, Lurche, Libellen sowie Mücken halten sich dort auf.

Moore, Henry [muhr], ein englischer Bildhauer und Zeichner, wurde 1898 geboren. Er gilt als ein Hauptvertreter der modernen Bildhauerkunst. Seine Großplastiken erinnern an Naturformen, die Moore bis zur Abstraktion vereinfacht. Sie besitzen eine urtümliche Ausdruckskraft.

Moorleichen gehören zu den Funden, die man aus norddeutschen, holländischen, dänischen und irischen Mooren ausgegraben hat. Sie stammen wahrscheinlich aus der frühen Eisenzeit um 800 v. Chr. und sind durch die konservierenden Eigenschaften des Moors so gut erhalten geblieben. Die bei ihnen gefundenen Gewebsreste, Schmuckgegenstände und Waffen geben Aufschluß über die Kultur dieser Zeit.

Moose heißen kleine, blüten- und wurzellose Pflanzen, die mit Blattgrün ausgestattet sind. Sie nehmen Nährstoffe mit wurzelähnlichen Fäden auf, mit denen sie sich auch am Untergrund festhalten. Moose pflanzen sich in regelmäßigem Wechsel geschlechtlich und ungeschlechtlich fort (Generationswechsel). Man unterscheidet Laubmoose, die Stämmchen und Blättchen haben, von Lebermoosen, deren Stämmchen blattartig verbreitert sind. Die kleinen Moospflanzen erfüllen verschiedene wichtige Aufgaben. Da sie genügsam und gegen Kälte fast unempfindlich sind, können sie sich zusammen mit den Flechten sogar in Polarzonen, Tundren und im Hochgebirge unter ungünstigen Bedingungen halten. Sie können austrocknen, ohne abzusterben, und werden bei Regen wieder grün. An kargen Stellen vermehren und verbessern sie die Erdkrume, weil sie ständig oben weiterwachsen und unten absterben. So bereiten sie zugleich auch den Boden vor für andere Pflanzen, die sich auf diesen Flächen ansiedeln. In unseren Wäldern sammeln die schattenliebenden Moospolster in Regenzeiten das Wasser und geben es bei Trockenheit langsam an ihre Umgebung ab.

Moped nennt man ein Kleinkraftrad mit einem Hubraum bis 50 ccm und einer Geschwindigkeit bis 40 km in der Stunde. Jedes Moped braucht ein Versicherungskennzeichen. Der Be-

Morä

nutzer muß mindestens 16 Jahre alt und im Besitz eines Führerscheins der Klasse V sein. Früher wurden Fahrräder mit Hilfsmotor Mopeds genannt.

Moräne wird der von Gletschern mitgeführte und abgelagerte Gesteinsschutt genannt. An den Gletscherrändern bilden sich die beiden Seitenmoränen. Fließen zwei Gletscher zusammen, entsteht aus den zusammenstoßenden Seitenmoränen die Mittelmoräne des vereinten Gletschers. Grundmoräne wird das zermahlene, oft rund geschliffene Geröll genannt, auf dem sich das Eis im Gletscherbett dahinschiebt. Endmoräne heißen die am Gletscherende aufgehäuften Schuttmassen. In Gebieten ehemaliger Vergletscherung, zum Beispiel im Voralpenland, haben sich die charakteristischen Moränenlandschaften mit Moränenseen gebildet.

Moral kommt aus dem Lateinischen und bedeutet sittliches Verhalten oder Sittengesetz. Die Moralbegriffe sind je nach Zeiten und Völkern verschieden stark ausgeprägt.

Mord ist im Gegensatz zum Totschlag die vorsätzliche Tötung eines Menschen. Dieses Verbrechen wird in der Bundesrepublik Deutschland mit lebenslanger Freiheitsstrafe geahndet.

Morgen nennt man den Anfang des Tages. Das klein geschriebene Wort morgen bezeichnet den kommenden Tag.

Morgenland bezeichnete ursprünglich alle östlichen Länder vom alten Italien aus gesehen. Es wird auch Orient genannt. Im Gegensatz dazu steht der Okzident, das Abendland.

Moritaten haben eine Schauergeschichte zum Inhalt. Sie wurden von Bänkelsängern mit Drehorgelbegleitung vorgetragen. Bildtafeln, auf denen der Sänger die entsprechenden Szenen mit einem Stock anzeigte, veranschaulichten die Moritaten.

Mormonen nennt man die Angehörigen einer Religionsgemeinschaft, die sie selbst als »Kirche Jesu Christi der Heiligen der letzten Tage« bezeichnen. Die Lehre der Mormonen entstand 1830 in Nordamerika. Ihre Grundlagen sind die Bibel, das Buch Mormon und die Offenbarungen J. Smiths, des Gründers der Mormonen. 1847 gründeten die Mormonen in der Wüste am Großen Salzsee in Utah einen Mormonenstaat, der sich bald zu einer blühenden Siedlung entwickelte. Er wurde 1850 Territorium und 1896 Bundesstaat der USA. Die Sekte hat heute etwa 2,6 Millionen Anhänger.

Morphin, früher Morphium genannt, ist für den Arzt ein Mittel zur Dämpfung schwerster Schmerzzustände. Mit der schmerzstillenden Wirkung ist fast immer die Nebenwirkung hoher Wohlgestimmtheit verbunden. Daher besteht die Gefahr, daß Men-

Als es noch keine Zeitungen und Zeitschriften gab, kein Radio und kein Fernsehen, da sorgten die Bänkelsänger für die Nachrichtenübermittlung von gar schaurigen Verbrechen und Abenteuern. Sie trugen sie in ihren Moritaten dem staunenden Volk vor.

Schaurige Mordthat des Schusters aus Treuenbrietzen.

Sabine war ein Frauenzimmer,
sie war auch tugendhaft;
deshalb war zufrieden immer
mit ihr auch die Herrschaft.

Da kam einstmals von Treuen-
　　　　　　　　　　brietzen
ein junger Mensch daher
und sprach: Ich möchte sie besitzen.
Es war ein Schuhmacher.

Sie hat sich nicht sehr lang
　　　　　　　　　bedenket
und sprach: Es mag so sein!
Sie hat zu leicht Vertrau'n
　　　　　　　　geschenket
des Schusters falschem Schein.

Er kam allnächtlich zu Sabinen
und sprach: Ich steck' in Noth.
Gerührt von seinen bittern Mienen
giebt sie ihm, was sie hat.

Da thut er es sogleich ver-
　　　　　　　　schwenden
in Schnaps und auch in Bier
und thut sich nochmals an sie
　　　　　　　　　wenden,
will wieder Geld von ihr.

Sie kann nicht mehr kein Geld
　　　　　　　　sich leihen,
drum geht sie auf der Stell'
und muß der Herrschaft ver-
　　　　　　　　untreuen
zwei silberne Löffel.

Als aber sind zwei Tag' ver-
　　　　　　　　　gangen,
da kommt der Diebstahl 'raus.
Die Herrschaft jug mit Schimpf
　　　　　　　　und Schanden
Sabinen aus dem Haus.

Sie klagt's in ihren Gewissens-
　　　　　　　　　bissen,
ihr ist das Herz so schwer;
doch will jetzt nichts mehr von
　　　　　　　　　ihr wissen
der Treuenbrietzener.

Sie seufzt: Du böser Pflicht-
　　　　　　　　vergess'ner,
du rabenschwarze Seel'!
Da nimmt er schnell ein Transchir-
　　　　　　　　　messer
und schneid't ihr ab die Kehl'.

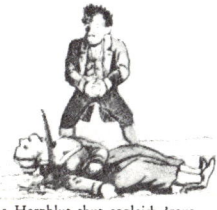

Das Herzblut thut sogleich 'raus-
　　　　　　　　　spritzen,
sie sinket um und um;
der falsche Schuster von Treuen-
　　　　　　　　　brietzen,
der steht um sie herum.

Sie thut auch gleich die Glieder
　　　　　　　　　strecken
nebst einem Todesschrei;
den bösen Wicht thun jetzt ein-
　　　　　　　　　stecken
zwei Mann von der Polizei.

Am Galgen wurd' der Treuen-
　　　　　　　　brietz'ner
gehängt durch einen Strick;
dazu hat ihn gebracht die Untreu'
und auch die falsche Tück'.

schen nach wiederholtem Gebrauch von Morphin süchtig werden. Der Morphinismus, die Sucht nach Morphin, führt unweigerlich zu körperlichem und geistigem Verfall. Schon kleine Mengen des starken Rauschgifts wirken tödlich. Aus diesem Grunde bestehen für das Medikament strenge Rezeptvorschriften. Morphin wird aus Mohn gewonnen.

Morse, Samuel, ein amerikanischer Erfinder, lebte von 1791 bis 1872. Er konstruierte 1837 den ersten elektromagnetischen Schreibtelegraphen, den sogenannten Morseapparat. Etwas später führte er das Morsealphabet, ein Alphabet aus Morsezeichen, ein.

Morsezeichen sind Kombinationen (Zusammenstellungen) aus Punkten und Strichen, die Buchstaben, Ziffern und Satzzeichen darstellen. Bei der Übermittlung von Nachrichten durch den Morseapparat werden die Punkte durch kurze und die Striche durch lange Stromstöße unterschieden. Der Hilferuf SOS sieht so aus:
· · · – – – · · ·

Morsealphabet

a	·–	j	·–––	t	–
ä	·–·–	k	–·–	u	··–
b	–···	l	·–··	ü	··––
c	–·–·	m	––	v	···–
ch	––––	n	–·	w	·––
d	–··	o	–––	x	–··–
e	·	ö	––––·	y	–·––
f	··–·	p	·––·	z	––··
g	––·	q	––·–	å	·––·–
h	····	r	·–·	é	··–··
i	··	s	···	ñ	––·––
1	·––––	5	·····	9	––––·
2	··–––	6	–····	0	–––––
3	···––	7	––···		
4	····–	8	–––··		

Punkt	·–·–·–
Komma	––··––
Doppelpunkt	–––···
Bindestrich	–····–
Apostroph	·––––·
Klammer	–·––·–
Fragezeichen	··––··
Anführungszeichen	·–··–·
Schluß des Verkehrs	···–·–
Notruf: SOS	···–––···
Anfangszeichen	–·–·–

Zwischen den Elementen eines Buchstabens ist der Abstand 1, zwischen Buchstaben 2, zwischen Wörtern 5 Punktlängen.

Mosaik heißt eine Einlegearbeit aus verschiedenfarbigen Stein- oder Glasstückchen. Das Mosaik war schon im alten Orient (Morgenland) und im antiken Griechenland bekannt. Die kunstvoll zusammengesetzten Muster oder Bilder, vor allem aus farbigem Marmor, dienten hauptsächlich zum Schmuck von Fußböden. In der frühchristlichen Kunst wurden auch die Kirchenwände reich mit Mosaikarbeiten ausgeschmückt. Einen Höhepunkt dieser Kunst bilden die byzantinischen Glasmosaiken auf Goldgrund mit ihrem geheimnisvollen Schimmer.

Mosambik (Moçambique) ist der Name einer portugiesischen Überseeprovinz. Sie liegt an der Ostküste Südafrikas gegenüber der Insel Madagaskar. Das Gebiet umfaßt 784 961 qkm und hat 8,3 Millionen Einwohner, hauptsächlich Bantus, aber auch Weiße und Inder. Hauptstadt und -hafen ist Lourenço Marques. Der Norden der Provinz ist ein Hochplateau mit Savannen und Buschwäldern, der Süden ein Niederungsgebiet mit tropischen Wäldern. Die beiden größten Flüsse sind der Sambesi und der Limpopo. Es bestehen Eisenbahnverbindungen nach Südafrika, Ngwana (Swasiland) und Malawi, außerdem über Rhodesien und Sambia zum Atlantikhafen Moçâmedes in Angola. Ausfuhrgüter: Erdnüsse, Zucker, Baumwolle, Sisal und Kopra. Die reichen Vorkommen an Steinkohle, Eisenerz, Gold, Uran und Asbest sind noch wenig erschlossen.

Seit 1964 kämpft die »Befreiungsfront« (FRELIMO) gegen die portugiesische Kolonialherrschaft für die Selbständigkeit von Mosambik. 1975 soll es unabhängig werden.

Mosambik heißt auch eine Hafenstadt im Norden der Provinz, die früher die Hauptstadt war. Sie liegt auf einer Koralleninsel vor der Küste und hat 13 000 Einwohner.

Moschee [-schéh] nennen die Mohammedaner ihr Gotteshaus. Meistens ist es ein Kuppelbau mit einem glockenlosen, schlanken Turm, dem Minarett. Der Innenraum ist mit Teppichen ausgelegt und mit Ornamenten verziert, doch ohne Bilder, da der Islam Bildlosigkeit vorschreibt.

Moschusochsen sind rinderähnliche Hornträger, die im arktischen Nordamerika und auf Grönland vorkommen, aber auch auf Spitzbergen und in Norwegen ausgesetzt wurden. Sie werden bis 2,5 m lang, aber nur 1,1 m hoch und leben in Rudeln. Ihre lang herabhängenden, schwarzbraunen Haare bieten guten Schutz gegen die Kälte. Die breit angesetzten, nach unten und vorn gekrümmten Hörner haben scharfe Spitzen.

Mosel (französisch Moselle) heißt ein linker Nebenfluß des Rheins. Er entspringt in Frankreich in den Südvogesen. Bei Trier durchbricht die Mosel das Rheinische Schiefergebirge und mündet bei Koblenz. Der Fluß ist 545 km lang. Er fließt etwa je zur Hälfte auf französischem und deutschem Gebiet. Auf den Hängen des enggewundenen Tals zwischen Trier und Koblenz wächst der Moselwein.

Moses war der Begründer der israelitischen Religion. Um 1250 v. Chr. führte er das Volk Israel aus der ägyptischen Knechtschaft und gab ihm den Glauben an Jahve (Jehova), den einzigen Gott der Israeliten. Als Mittler des göttlichen Willens verkündete er die 10 Gebote. Die ersten fünf Bücher des Alten Testaments werden ihm zugeschrieben. Nach ihm wird die israelitische Religion

Vor dem Betreten einer Moschee ziehen sich die Gläubigen die Schuhe aus und waschen sich die Füße. Keine Moschee darf mit Schuhen betreten werden. Die Gläubigen sitzen auf dem Boden. Der Hodscha (Geistlicher) hält keine Predigt, sondern liest Sprüche aus dem Koran vor.

Mosk

auch »mosaische« Religion genannt.

Moskau (russisch Moskwa) ist seit 1922 die Hauptstadt und mit 7,3 Millionen Einwohnern auch die größte Stadt der Sowjetunion. Als Bahnknotenpunkt und durch gutausgebaute, an die Moskwa angeschlossene Kanalsysteme hat Moskau beste Verbindungen mit allen Teilen der UdSSR. Die bedeutende Universität, zahlreiche Hochschulen, Akademien, Bibliotheken, Museen, Theater, Opernhäuser, Konzertsäle sowie ein angesehenes Konservatorium machen die Stadt zum kulturellen Mittelpunkt. Durch die vielen Fabriken der Stahl-, Eisen-, Maschinen-, Fahrzeug-, Elektro-, Textil- und chemischen Industrie, ein Hüttenwerk und ein großes Kraftwerk wurde Moskau auch zu einem wichtigen Wirtschaftszentrum. Der in der Mitte der Stadt gelegene Kreml, die ehemalige Residenz der Zaren, ist heute Sitz des Obersten Sowjets. Zum Nationalheiligtum wurde das Lenin-Mausoleum am Roten Platz. Drei Kathedralen und Hunderte von Kirchen beleben mit ihren grünen und goldenen Zwiebeltürmen und Kuppeln das Stadtbild. An den Stadträndern stehen großzügige Wohnblocks und auch Hochhäuser. Breite Straßen und eine moderne U-Bahn bewältigen den ständig zunehmenden Verkehr.

Moskitos nennt man in warmen Ländern die Stechmücken. Nur die Weibchen sind Blutsauger. Der gefährlichste Moskito ist die Anopheles. Sie überträgt die Erreger der Malariaarten. Auch das Gelbfieber wird in tropischen Gebieten durch einen Moskito verbreitet. Die Menschen schützen sich während des Schlafs durch ein engmaschiges, über das Bett gespanntes Moskitonetz.

Moslems sind gläubige Mohammedaner. Das Wort wurde zu Muselmanen eingedeutscht.

Mosul (Mossul) liegt am oberen Tigris im Irak. Die Stadt ist mit ihren 350 000 Einwohnern das Zentrum eines großen Erdölgebiets. Gegenüber der Stadt liegen am Tigrisufer die Ruinen der assyrischen Hauptstadt Ninive.

Motel wird ein Hotel an einer Autostraße genannt, in dem motorisierte Reisende für sich und ihr Fahrzeug Unterkunft finden. Das Wort ist eine Kurzform für Motorist's Hotel (englisch für »Autofahrer-Hotel«).

Motiv ist der Beweggrund für eine Handlung. Man spricht zum Beispiel vom Motiv für eine gute Tat. Motiv nennt man auch einen zur künstlerischen Gestaltung anregenden Gegenstand. Ein Blumenstrauß ist ein beliebtes Motiv in der Malerei. In der Musik heißt eine wiederkehrende Tonfolge, die in Opern oder Sinfonien einen Vorgang, ein Gefühl oder eine menschliche Gestalt kennzeichnet, das Leitmotiv.

Moto-Cross bezeichnet ein Querfeldein-Motorradrennen.

Motorrad nennt man ein zweirädriges, einspuriges Kraftrad (abgekürzt Krad), das durch einen luftgekühlten Verbrennungsmotor angetrieben wird. Von Maschinen ab 350 ccm Hubraum kann ein Beiwagen mitgeführt werden, so daß das Fahrzeug dadurch dreirädrig und zweispurig wird. Motorräder unterscheidet man nach der Größe ihres Hubraums, der zwischen 50 und 1200 ccm liegt. Die stärksten Maschinen erzielen Geschwindigkeiten über 200 km in der Stunde. Meistens haben Motorräder 4 Gänge, selten 3 oder 5. Geschaltet wird mit dem Fuß. Gesetzlich sind zwei voneinander unabhängige Bremsen vorgeschrieben. Die Hinterradbremse wird mit dem Fuß, die Vorderradbremse mit einem Hebel am Lenker bedient. Am Lenker sind außerdem der Gas- und der Kupplungshebel, der Lichtschalter, die Hupe, das Tachometer sowie unter Umständen auch der Tourenzähler angebracht. Der Kickstarter wirft den Motor an. Jedes Motorrad muß mit einem Scheinwerfer sowie mit Rück- und Bremslicht ausgestattet sein. Das Hinterrad als Antriebsrad hat Blockreifen, das Vorderrad als Lenkrad Rillenreifen. Beide Räder sind in Gabeln gefedert. Der Rahmen besteht aus nahtlos geschweißtem Stahl. Die Fassungskraft des Benzintanks liegt zwischen 9 und 40 Litern. Alle Motorräder brauchen eine behördliche Zulassung, sie sind versicherungs- und steuerpflichtig, auch müssen sie hinten mit dem polizeilichen Kennzeichen versehen sein. Der Fahrer braucht den Führerschein der Klasse I. Das erste Motorrad wurde 1885 von Daimler gebaut.

Motorschlitten werden durch eine Luftschraube oder durch Raupenkufen, die von einem Verbrennungsmotor angetrieben sind, bewegt und mit den Vorderkufen gelenkt.

Motorsport umfaßt sportliche Veranstaltungen für Kraftwagen und Krafträder. Schnelligkeitswettbewerbe, bei denen die Einteilung nach der Hubraumgröße erfolgt, finden für Sport- bzw. Rennwagen und Motorräder als Straßen- und Bahnrennen statt. Bekannte Rennstrecken sind der Nürburgring in der Eifel, der Hockenheimring in Baden-Württemberg, die Eilenriede bei Hannover, das Schleizer Dreieck in der DDR, Le Mans in Frankreich, Monza in Italien, Brands Hatch in England und Indianapolis in den USA. Eine Sternfahrt (Rallye), Zuverlässigkeits- und Geschicklichkeitsprüfungen stellen an Fahrer und Fahrzeug bestimmte Bedingungen, deren Nichterfüllung mit Strafpunkten bewertet wird.

So geht ein Weltmeister in die Kurve.

Motten gehören zu den Kleinschmetterlingen und sind meist Schädlinge. Die Weibchen der Kleidermotten legen ihre Eier in tierischen Fasern, also in Wolle, Pelz,

Moun

Seide und Federn, ab. Von diesen Stoffen ernähren sich die ausgeschlüpften Raupen und zerstören sie dabei. Kleidungsstücke sollten darum häufig geklopft und gelüftet werden. Insektengifte zum Räuchern oder Sprühen bekämpfen die Motten. Eulanisierte Gewebe sind durch chemische Behandlung ihrer Fasern gegen Mottenfraß geschützt. Die Kornmotte ist ein Getreideschädling.

Mount Everest ist unter dem Stichwort »Everest« zu finden.

Mozart, Wolfgang Amadeus, wurde 1756 in Salzburg geboren und starb 1791 in Wien. In dieser kurzen Lebensspanne beschenkte er die Welt mit einer Musik, die zum Schönsten gehört, was jemals komponiert worden ist. Sein reiches Werk umfaßt Opern, Sinfonien, Orchesterstücke, Konzertarien, Kirchen-, Kammer- und Klaviermusik. Die Oper ›Die Hochzeit des Figaro‹ ist der Inbegriff einer anmutig-genialen Oper. Mozart war ein Wunderkind. Sein Vater, der Komponist und Kapellmeister Leopold Mozart, unterrichtete ihn selbst. Mit fünf Jahren begann Mozart zu komponieren, mit sechs Jahren trat er als Pianist auf. Als er sieben Jahre alt war, machte er mit seiner Schwester Nannerl und dem Vater eine Konzertreise durch Europa. Er wurde in England, Frankreich und Italien mit Beifall überschüttet. Zehn Jahre lang war er Konzertmeister in Salzburg. 1781 ging er nach Wien, wo er seinen Lebensunterhalt mit Klavierunterricht verdiente. Obwohl er mit seinen

Schon als Bub war Mozart weit über seine Heimat hinaus als Wunderkind bekannt. Trotz vieler Arbeit, anstrengender Reisen und großer Erfolge war Mozart ein lustiges Kind. Seine vielen Briefe, die erhalten geblieben sind, beweisen das. An seine Schwester Nannerl schrieb er als 14-jähriger in Mundart:
». . . Haid homa gfres beym Herr Doll. Dos is a deutscha Compositör und a brawa Mo . . .«, was, ins Hochdeutsche übersetzt, bedeutet: »Heut' haben wir gefressen beim Herrn Doll. Das ist ein deutscher Komponist und ein braver Mann.«

Werken schon zu Lebzeiten große Erfolge hatte, kam er doch nie aus der Armut und den Schulden heraus. Er wurde in Wien in einem Armengrab bestattet. Alle seine Kompositionen sind, nach ihrer Entstehungszeit geordnet, in einem Verzeichnis aufgeführt, das nach seinem Verfasser, dem Musikgelehrten Ludwig von Köchel, benannt ist. Mozarts Musik wird mit Haydns und Beethovens Werken als »Wiener Klassik« bezeichnet.

Einige seiner bekanntesten Werke sind die Opern ›Die Entführung aus dem Serail‹, ›Die Hochzeit des Figaro‹, ›Don Giovanni‹, ›Così fan tutte‹, ›Sie Zauberflöte‹, seine Kirchenmusik: ›Krönungsmesse‹, ›c-Moll-Messe‹ und ›Requiem‹.

Mozarteum heißt die Akademie für Musik in Salzburg, der ein Institut für Mozartforschung angegliedert ist.

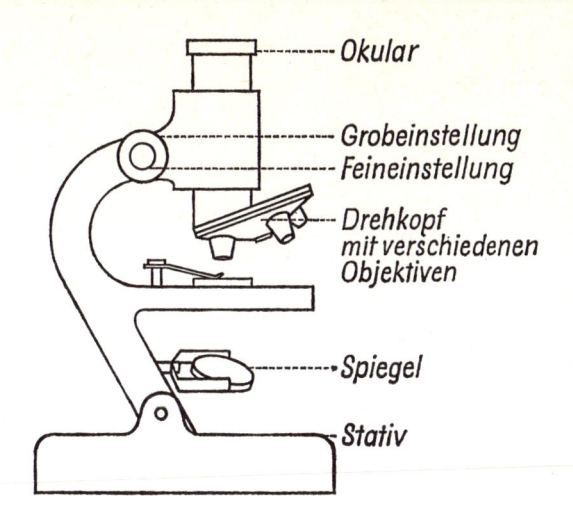

- Okular
- Grobeinstellung
- Feineinstellung
- Drehkopf mit verschiedenen Objektiven
- Spiegel
- Stativ

Sachbücher bei dtv junior

Franz Moisl:
Biologie I
Die Entwicklung des
Lebens
Mit vielen farbigen
Abbildungen von I. Szász
7122 / DM 4,80
Biologie II
Die Vererbung und die
Entwicklung der Lebewesen
Mit Lernprogramm und
vielen farbigen
Abbildungen
7123 / DM 5,80

Römpp / Raaf:
Chemische Experimente
mit einfachen Mitteln
Mit vielen informativen
Zeichnungen
7008 / DM 4,80

Hugo Linse:
Elektrotechnik
für alle
Mit zahlreichen
Abbildungen und
Fotos
7143 / DM 6,80

Heinz Richter:
Bastelbuch der Elektronik
Praktische Anleitungen
für Amateurbastler
Mit 135 Abbildungen
7094 / DM 4,80

Leonard de Vries:
Vom Basteln zum
Experiment
Einfache Versuche aus
Physik und Chemie
7107 / DM 4,80

Erzählungen
für kritische Leser
bei dtv junior

Marie Pujmanová:
Die Vorahnung
Das berühmte tschechische
Mädchenbuch. – Ab 13 J.
7087 / DM 3,80

An Rutgers:
Flieh, Wassilis, flieh!
Der Griechenjunge Wassilis
kommt mit dem Gesetz
in Konflikt. – Ab 13 J.
7024 / DM 3,80

Jan Procházka:
Lenka
Die eigenwillige Lenka
schließt Freundschaft
mit dem unbezähmbaren
Hengst Prim. – Ab 12 J.
7017 / DM 2,80

Lorenz Graham:
Stadt im Süden
Die Konflikte einer
farbigen Familie in
den Südstaaten. – Ab 13 J.
7062 / DM 3,80

Kurt Kuberzig:
Schärensommer
Ein modernes Mädchenbuch
aus dem Norden. – Ab 14 J.
7097 / DM 3,80

Luděk Pešek:
Die Erde ist nah
Die Marsexpedition
Science-Fiction, Sachbuch
und psychologische Erzählung
in einem. – Ab 12 J.
7110 / DM 3,80

Klassische Jugendbücher bei dtv junior

O. Julius Bierbaum:
Zäpfel Kerns Abenteuer
und lustige Streiche
Die Übersetzung des
Pinocchio-Märchens
Illustriert. – Ab 8 J.
7120 / DM 4,80

Lewis Carroll:
Alice im Wunderland
Farbig illustriert
von Frans Haacken
Ab 8 J. und zum Vorlesen
7100 / DM 5,80

Daniel Defoe:
Robinson Crusoe
Illustriert von G. Oberländer
Ab 10 J.
7064 / DM 4,80

Waldemar Bonsels:
Die Biene Maja
Ab 8 J. und zum Vorlesen
7088 / DM 2,80

Brüder Grimm:
König Drosselbart und
andere schöne Märchen
Illustriert
Ab 7 J. und zum Vorlesen
7067 / DM 3,80
Der Berggeist
Hundert und eine Sage
Illustriert. – Ab 10 J.
7068 / DM 3,80

Robert Louis Stevenson:
Die Entführung
Illustriert. – Ab 12 J.
7081 / DM 3,80

Erzählte Sachbücher bei dtv junior

Willem Enzinck:
Der große Berg
Eine Expedition zum
Mount Everest
7042 / DM 3,80

Wilfried Erdmann:
Mein Schicksal heißt
»Kathena« – Als Einhand-
segler um die Welt
Mit vielen Fotos
und einer Karte
7091 / DM 4,80

Frederik Hetmann:
Das Rätsel
der grünen Hügel
Ausgrabungen in Irland
Mit Fotos und
Zeichnungen
7083 / DM 3,80

Robert F. Leslie:
Meine Bären und ich
Ein Goldwäscher in der
kanadischen Wildnis
wird für drei kleine
Bären zur »Ersatzmutter«
7059 / DM 3,80

Kurt Lütgen:
Im Bannkreis der Arktis
4 fesselnde Geschichten
Von R. Stoye illustriert
7121 / DM 3,80

Robert Silverberg:
Paläste unterm Wüstensand
Die Entdeckung
und Ausgrabung von
Ninive und Nimrud
Mit Bildmaterial
7119 / DM 4,80